Berliner Platz 3

NEU

Deutsch im Alltag

Lehr- und Arbeitsbuch

Susan Kaufmann
Christiane Lemcke
Lutz Rohrmann
Paul Rusch
Theo Scherling
Ralf Sonntag

Margret Rodi: Testtraining

Langenscheidt

Berlin · Madrid · München · Warschau · Wien · Zürich

Von
Susan Kaufmann, Christiane Lemcke, Lutz Rohrmann, Paul Rusch, Theo Scherling und Ralf Sonntag

Testtraining: Margret Rodi

Redaktion: Annerose Bergmann, Lutz Rohrmann und Annalisa Scarpa-Diewald
Gestaltungskonzept und Layout: Andrea Pfeifer
Umschlaggestaltung: Svea Stoss, 4S_art direction
Coverfoto: Fotosearch, USA; Abbildung Straßenschild: Sodapix AG
Illustrationen: Nikola Lainović

Für die Audio-CDs zum Arbeitsbuchteil:
Tonstudio: White Mountain, München
Musik: Jan Faszbender
Aufnahme, Schnitt und Mischung: Andreas Scherling
Koordination und Regie: Bild & Ton, München

Verlag und Autoren danken Birgitta Fröhlich, Eva Harst, Anne Köker, Margret Rodi,
Barbara Sommer und Matthias Vogel, die *Berliner Platz NEU* begutachtet und mit wertvollen
Anregungen zur Entwicklung des Lehrwerks beigetragen haben.

Materialien zu *Berliner Platz 3 NEU*:

Lehr- und Arbeitsbuch	978-3-468-47241-1
2 CDs zum Lehrbuchteil	978-3-468-47243-5
Intensivtrainer 3 (Kapitel 25–36)	978-3-468-47245-9
Lehrerhandreichungen 3 (Kapitel 25–36)	978-3-468-47249-7
Testheft 3 (Kapitel 25–36)	978-3-468-47248-0
Treffpunkt D–A–CH 3	978-3-468-47256-5

Glossare finden Sie im Internet unter:
www.langenscheidt.de/berliner-platz

Symbole:

◉ 1.1   Zu dieser Aufgabe gibt es eine Tonaufnahme auf der CD zum Lehrbuchteil. (separat erhältlich)

◉ 3.1   Zu dieser Aufgabe gibt es eine Tonaufnahme auf der CD zum Arbeitsbuchteil. (im Buch eingelegt)

 Hier gibt es Vorschläge für Projektarbeit.

 Hier finden Sie Lösungshilfen unter der Aufgabe.

 Diese Aufgabe ist wie eine Aufgabe in der Prüfung (*DTZ* oder *ZD*) aufgebaut.

Umwelthinweis: Gedruckt auf chlorfrei gebleichtem Papier.

© 2011 Langenscheidt KG, Berlin und München

Satz: Franzis print & media GmbH, München
Gesamtherstellung: Stürtz GmbH, Würzburg

Printed in Germany – ISBN 978-3-468-47241-1
Für die Ausgabe mit Landeskundeheft: ISBN 978-3-468-47244-2

11021

Liebe Benutzerinnen und Benutzer,

Berliner Platz NEU ist ein Lehrwerk für Erwachsene und Jugendliche ab etwa 16 Jahren. Es ist für alle geeignet, die Deutsch lernen und sich schnell im **Alltag** der deutschsprachigen Länder zurechtfinden wollen. Deshalb konzentriert sich *Berliner Platz NEU* auf Themen, Situationen und sprachliche Handlungen, die im Alltag wichtig sind.

Berliner Platz NEU legt großen Wert auf das Training aller Fertigkeiten: **Hören** und **Sprechen** ebenso wie **Lesen** und **Schreiben**.

Für eine erfolgreiche Verständigung im Alltag ist eine verständliche **Aussprache** mindestens so wichtig wie Kenntnisse von Wortschatz und Grammatik. Deshalb spielt das Aussprachetraining eine große Rolle. In *Berliner Platz 3 NEU* wird das Aussprachetraining im Arbeitsbuchteil vertieft.

Berliner Platz NEU orientiert sich am Rahmencurriculum für Integrationskurse Deutsch als Zweitsprache. Der Kurs endet mit der Niveaustufe B1 des Gemeinsamen europäischen Referenzrahmens (GER).

Das Angebot

Ein Lehrwerk ist viel mehr als nur ein Buch. Zu *Berliner Platz NEU* gehören diese Materialien:

* die **Lehr- und Arbeitsbücher**
* die **Hörmaterialien** zum Lehr- und Arbeitsbuch
* die **Intensivtrainer** mit mehr Übungen zu Wortschatz und Grammatik
* die **Testhefte** zur Prüfungsvorbereitung
* die **Lehrerhandreichungen** mit zusätzlichen Tipps für einen abwechslungsreichen Unterricht
* die **Landeskundehefte** *Treffpunkt D–A–CH* mit vielen Informationen zu den deutschsprachigen Ländern
* die Zusatzangebote für Lerner/innen und Lehrer/innen im **Internet** unter: www.langenscheidt.de/berliner-platz
* **Glossare**

Der Aufbau

Berliner Platz NEU ist einfach und übersichtlich strukturiert, sodass man auch ohne lange Vorbereitung damit arbeiten kann. Die Niveaustufe B1 ist wie A1 und A2 zuvor in **zwölf Kapitel** aufgeteilt.

Im Lehrbuchteil hat jedes Kapitel zehn Seiten, die man nacheinander durcharbeiten kann.

* **Einführung** in das Kapitel (Seite 1 und 2)
* **Übung** der neuen Situationen und sprachlichen Elemente (Seite 3 bis 8); der Niveaustufe entsprechend ist das **Fertigkeitstraining** nun in den Ablauf der Kapitel integriert.
* **Zusammenfassung** der wichtigsten sprachlichen Elemente des Kapitels: *Im Alltag* und *Grammatik* (Seite 9 und 10). In einigen Kapiteln finden Sie hier auch Hinweise zur Wortbildung.
* Die vier **Raststätten** in B1 bieten
  – spielerische **Wiederholung**
  – zusätzliche Seiten zur **Landeskunde**
  – Trainingsseiten für die **mündliche Prüfung**

Der Arbeitsbuchteil folgt dem Lehrbuchteil. Zu jeder Aufgabe im Lehrbuchteil (1, 2, 3 …) gibt es eine Übung im Arbeitsbuchteil (1, 2, 3 …):

* **Vertiefende Übungen** zum Lehrbuchangebot
* Übungen zur **Aussprache**
* **Testtraining**

Prüfungsvorbereitung

Berliner Platz 3 NEU schließt den Grundkurs ab und führt zu den Prüfungen **Deutsch-Test für Zuwanderer** (DTZ) und **Zertifikat Deutsch** (ZD). Als Vorbereitung dazu dienen die dritten Doppelseiten in den **Raststätten** und die Abschnitte **Testtraining** im Arbeitsbuchteil. Aber auch einige Aufgaben in den Arbeitsbuchkapiteln sind so angelegt, dass sie zugleich die Prüfungsformate trainieren.

Wir wünschen Ihnen viel Spaß und Erfolg beim Deutschlernen mit *Berliner Platz 3 NEU*.

Die Autoren und der Verlag

Alt und Jung

(A)

(B)

Lernziele

- Personen beschreiben
- Informationen am Telefon erfragen
- Vorteile und Nachteile nennen

1 Eine, zwei, drei Generationen

  a Wählen Sie ein Bild aus. Notieren Sie fünf Wörter, die Ihnen dazu einfallen.

  b Was finden Sie an diesem Bild interessant?

Ich habe das Bild gewählt, weil …

Ich denke bei dem Bild an …

Das Bild erinnert mich an …

Mir gefällt das Bild, weil …

2 Bilder und Personen beschreiben
Suchen Sie zwei oder drei andere im Kurs, die das gleiche Bild gewählt haben. Wählen Sie in der Gruppe eine Aufgabe von 1–3 aus. Stellen Sie Ihre Ergebnisse dann im Kurs vor.

1 **Was sehen Sie auf Ihrem Bild? Beschreiben Sie es.**
Wer ist auf dem Bild?
Was machen die Personen?
In welcher Situation sind sie?

2 **Wählen Sie eine Person/Situation aus und beschreiben Sie den Alltag.**
Wo/Wie lebt sie?
– Stadt, Dorf
– allein, Familie, Freund, Kinder
– Wohnung, Haus
Wie ist ihr Tagesablauf?
– Arbeit, Freizeit

3 **Wählen Sie eine Person aus und schreiben Sie ihre Biografie.**
– Schule, Ausbildung
– Jobs, Arbeit
– Talente, Hobbys
– Familie, Freunde
– Partnerschaft, Liebe, Ehe

3 Termine

⊙ 1.2 a **Hören Sie. Zu welchem Foto passt der Dialog?**

b **Hören Sie noch einmal und beantworten Sie die Fragen. Sprechen Sie.**

Wer spricht?   Was ist das Problem?   Was ist die Lösung?

4 Das Wohnprojekt Meisenweg

a Was stellen Sie sich unter einem „Mehrgenerationenhaus" vor? Notieren Sie.

⊙ 1.3 **b Hören Sie den Dialog und vergleichen Sie mit Ihren Notizen.**

c Lesen Sie den Text und beantworten Sie die Fragen.

1. Wie lange hat die Gruppe das Mehrgenerationenhaus geplant, bis es gebaut wurde?
2. Warum wollten die Holtmanns nicht in ihrer Altbauwohnung bleiben?
3. Welche Probleme gab es vor dem Bau?
4. Wie wurde das Finanzierungsproblem gelöst?
5. Was haben die neuen Bewohner gemeinsam geplant?
6. Wer lebt jetzt im Mehrgenerationenhaus?
7. Was ist wichtig für die Gemeinschaft im Wohnprojekt?

2006 hat alles begonnen. Im Frühjahr trifft sich eine kleine Gruppe um das Ehepaar Dagmar und Horst Holtmann,
5 die über ein neues Wohnkonzept nachdenkt. Die Idee ist einfach: „Wir haben keine Kinder. Aber im Alter wollen wir nicht allein, sondern in
10 einer lebendigen Nachbarschaft wohnen, mit mehreren Generationen sozusagen. Mit jungen Familien, Kindern und Alten. Gemeinsam, aber
15 trotzdem individuell. Und am liebsten stadtnah und ökologisch", erzählt Frau Holtmann.

Das Mehrgenerationenhaus am Meisenweg – ein Wohnprojekt für Jung und Alt

Und ihr Mann ergänzt: „Wir haben über 30 Jahre am Karlsplatz in einer schönen Altbauwohnung gelebt, aber alt werden wollten wir da
20 nicht. Wir haben schon lange von einem Mehrgenerationenhaus geträumt."

Durch Anzeigen und viele Gespräche findet die Gruppe ein geeignetes Grundstück im Meisenweg. Die Planung für den Bau beginnt und das Projekt Mehrgenera-
25 tionenhaus findet großes Interesse. Die neuen Bewohner können zwar ihre eigene Wohnung planen, müssen sie aber auch finanzieren. Das ist ohne ein sicheres Einkommen nicht möglich und besonders für junge Familien mit Kindern nicht einfach.
30 Aber auch dieses Problem wurde gelöst, durch die finanzstarken „Alten"! Sie haben mehr in die Gemeinschaftsräume investiert und zwei Jahre später konnte mit dem Bau begonnen werden. Jede einzelne Wohnung wurde genau nach den Wünschen ihrer Besitzer gestaltet.

35 Die gemeinschaftlichen Räume und Flächen wurden von allen mitgeplant: eine Werkstatt, ein Raum für Sport und Fitness, eine Sauna, ein Ge-
40 meinschaftsraum, eine Dachterrasse und natürlich ein Garten.

Eingezogen sind inzwischen insgesamt 29 Personen
45 im Alter zwischen 5 und 69 Jahren, darunter Alleinstehende und Paare, Jugendliche und Kinder.

Bei der intensiven Planung
50 haben sich die Bewohner und Bewohnerinnen sehr gut kennengelernt. Und jede Woche trifft sich die Gruppe
55 zu ihren Beratungsabenden. Da geht es dann um die Gartengestaltung, Nebenkosten oder um die
60 Parkplatznutzung.

Treffpunkt Fitnessraum

Denn alle wissen: Das Wohnprojekt kann ohne das Engagement seiner Mitglieder und ohne gegenseitige Achtung und Hilfsbereitschaft nicht funktionieren. Dazu gehören auch Kompro-
65 misse. Manchmal muss man sich gegen die eigenen Wünsche entscheiden, weil einfach etwas anderes für die Gemeinschaft und das gemeinsame Projekt wichtiger ist.

d Würden Sie gerne in so einem Haus wohnen? Sprechen Sie über Vorteile und Nachteile.

Ein Vorteil vom Mehrgenerationenhaus ist …	Der Nachteil ist aber, dass die Bewohner …
Es spricht dafür, dass …	Es spricht dagegen, dass …
Für uns ist es ein Vorteil, wenn …	Für mich ist es ein Nachteil, wenn …
… ist ein großer Vorteil.	… kann aber ein Nachteil sein.

5 Präpositionen mit Akkusativ

a Markieren Sie diese Präpositionen im Text auf Seite 10: *durch, für, gegen, ohne, um.*

... trifft sich eine kleine Gruppe um das Ehepaar Dagmar und Horst Holtmann, ...

Präpositionen mit Akkusativ

durch	viele Gespräche
für	die Gemeinschaft
gegen	die eigenen Wünsche
ohne	ein sicheres Einkommen
um	das Ehepaar Holtmann (herum)

b Ergänzen Sie die Sätze.

durch • für • gegen • gegen • ohne • um • um

1. Es gibt eine Gruppe _____ Dagmar und Horst Holtmann.

2. Die Holtmanns haben sich _____ ihre Altbauwohnung in der Stadt entschieden.

3. Manche Familien haben sich _____ das Projekt entschieden, weil es _____ sie zu teuer ist.

4. Einmal in der Woche sitzen wir _____ den großen, runden Tisch herum und diskutieren.

5. Das Wohnprojekt funktioniert _____ engagierte Mitglieder nicht.

6. _____ die regelmäßigen Treffen haben sich die Mitglieder gut kennengelernt.

6 Alt und Jung

Karlsruher Bündnis für Familie

Alt & Jung Hand in Hand
Kinderbetreuung durch Senioren

⊙ 1.4 **a Frau Schmieder ist eine „Leihoma". Hören Sie zu und kreuzen Sie an: richtig oder falsch?**

	R	F
1. Die Tochter von Frau Schmieder lebt in Kanada.	☐	☐
2. Die „Leihenkel" sind 5 und 8 Jahre alt.	☐	☐
3. Frau Schmieder ist zweimal in der Woche bei der Familie.	☐	☐
4. Sie bekommt etwas Geld von der Familie.	☐	☐
5. Sie genießt besonders das Zusammensein mit den Kindern.	☐	☐
6. Für diese Tätigkeit braucht man keine besonderen Qualifikationen.	☐	☐

b Sprechen Sie im Kurs.

– Was ist eine Leihoma?
– Was glauben Sie: Welche Probleme kann es geben?
– Würden Sie einer Leihoma Ihre Kinder geben? Warum? Warum nicht?
– Was ist Ihrer Meinung nach für das Vertrauen zu einer Leihoma wichtig?

7 Telefongespräche

○ 1.5–7 **a Lesen Sie die Anzeigen und hören Sie zu. Welches Gespräch passt zu welcher Anzeige? Eine Anzeige passt nicht.**

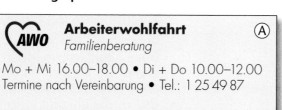

(A) **Arbeiterwohlfahrt**
Familienberatung

Mo + Mi 16.00–18.00 • Di + Do 10.00–12.00
Termine nach Vereinbarung • Tel.: 1 25 49 87

(B) **Das ErzählCafé**
Jeden 1. Samstag im Monat
von 15.30–18.00 Uhr bei Kaffee und Kuchen

Themen von Januar bis April:

Januar: Waschtag in den
50er Jahren
Februar: Begegnung
mit jungen und alten
Menschen
März: Mein erster Schultag
April: Mein Poesiealbum /
Mein Tagebuch

(C) **Sprachtipp**

Fremdsprachenkurse für Erwachsene
Italienisch, Französisch, Spanisch

Nachhilfe in allen Fächern
Grundschule / Sek. I (Kl. 5–10)
Ferienintensivkurse für Jugendliche
Hafenstraße 23 – Tel. 3 26 58 91

(D) **Modellprojekt „Alt hilft Jung"**
Senioren unterstützen Schüler und Schülerinnen beim Übergang ins Berufsleben.

➤ Hausaufgabenbetreuung
➤ Welcher Beruf passt zu mir?
➤ Hilfe bei Bewerbungen
➤ Bewerbungstraining

Kontakt: Martin Hellmich · montags + donnerstags 14–17 Uhr

Dialog   1   2   3

Anzeige   ____   ____   ____

b Hören Sie die Dialoge 1–3 noch einmal. Was möchten die Personen wissen? Ergänzen Sie Stichworte und formulieren Sie die Fragen.

Dialog 1
1. Platz für Englisch
2. Wie viel kostet …
3. Wann/stattfinden
4. in den Ferien …

Dialog 2
1. Teilnahme/Schüler
2. Wie viele Senioren …
3. Freunde mitbringen
4. andere Themen …

Dialog 3
…

Dialog 1: 1. Gibt es einen Platz für Englisch?

c Formulieren Sie Fragen zu Anzeige C und spielen Sie dann einen Dialog.

Wer?   *Wo?*   *Wann?*   *Gibt es …?*   *Kann ich …?*   *Haben Sie auch …?*

8 Wissen Sie, …

a Was möchten die Personen wissen? Ergänzen Sie mit den Fragen aus 7b.

direkte Frage	indirekte Frage		
Ja/Nein-Frage			
Gibt es Deutschkurse?	Ich möchte wissen,	ob es Deutschkurse	(gibt).
Kann man bar zahlen?	Können Sie mir sagen,	ob man bar zahlen	(kann)?
W-Frage			
Wie viel kostet der Kurs?	Tom will wissen,	wie viel der Kurs	(kostet).
Wie viele Personen sind da?	Wissen Sie,	wie viele Personen da	(sind)?

b Schreiben Sie Ihre Fragen aus 7c als indirekte Fragen.

Ich möchte mich erkundigen, …
Können Sie mir sagen, …?
Mich interessiert, …
Mein Mann möchte wissen, …
Meine Tochter interessiert, …

Ich möchte mich erkundigen, wann ich einen Termin haben kann.

9 **Ein Informationsgespräch am Telefon**
Üben Sie zu zweit: Sie interessieren sich für das Bewerbungstraining „Alt hilft Jung".
Sie rufen Martin Hellmich an und möchten Informationen zu den Angeboten.

Sie

Martin Hellmich
Gruß

Gruß
Grund für den Anruf:
  Interesse an Bewerbungstraining
  Frage nach freien Plätzen

maximal noch vier Plätze frei

Frage nach Ort und Zeit

Kaiserstraße 99
Kursbeginn: 6. Oktober, 18 Uhr
immer montags, 4 Mal

Frage nach Kursleiterin

Frau Sander, ehemalige Personalleiterin

Frage nach dem Preis

Kurs kostenlos / Materialkosten: 5 Euro

Dank und Verabschiedung

Verabschiedung

Projekt: Alt und Jung in Deutschland und in Ihrem Land
Sammeln Sie Bilder und Texte und machen Sie
Wandzeitungen oder Präsentationen zum Thema.

– Welche Unterschiede fallen Ihnen auf: Aussehen, Kleidung,
  Verhalten …?
– Welche Vorurteile haben Jugendliche gegenüber Älteren?
– Welche Vorurteile haben Ältere gegenüber Jugendlichen?
– Wie können junge und alte Menschen voneinander profitieren?
– Wie ist das Verhältnis zwischen Jung und Alt?

10 Schüler und Lehrer im EULE-Projekt

a Sehen Sie die Bilder an und lesen Sie die Überschrift.
Was können Senioren von Schülern lernen?
Sammeln Sie im Kurs.

> Sie können üben, wie man den Anrufbeantworter programmiert.

> Sie können lernen, wie man eine SMS schreibt.

b Lesen Sie nun den Text schnell und notieren Sie fünf Stichworte.

Die „Jugend von heute" mal ganz anders

Schüler unterrichten Senioren:
Das Projekt EULE fördert den Dialog zwischen den Generationen

—Mit 65 Jahren noch Englisch lernen? Oder im Internet surfen? Heutzutage kein Problem. Fast überall bieten Volkshochschulen oder spezielle Seniorenakademien diese Kurse an. Ein interessantes Projekt gibt es auch am Friedrich-Ebert-Gymnasium in Bonn. Dort unterrichten einmal in der Woche Schülerinnen und Schüler interessierte Seniorinnen und Senioren in verschiedenen Kursen: Sprachkurse, Computer und Internet, Theater, Fitness und vieles mehr.

—Der Name des Projekts EULE bedeutet: Erleben, Unterrichten, Lernen und Experimentieren.

—„Damit möchten wir einen lebendigen Austausch zwischen den Generationen unterstützen", erklärt die Schulleiterin. „Durch das Projekt können die Senioren ihr Alter aktiv gestalten, Kontakte zur Jugend knüpfen und – nicht zuletzt – neue Wissensgebiete erschließen. Unsere Schülerinnen und Schüler können durch EULE mit der älteren Generation ins Gespräch kommen und andere Lebensweisen kennenlernen. Teamfähigkeit, Selbstbewusstsein, Organisation – das lässt sich im Unterrichtsalltag niemals so vermitteln."

Ich bin überrascht, wie geduldig die jungen Leute mit uns sind.

Mir macht das Unterrichten viel Spaß und nebenbei verbessere ich mein Englisch.

Folgende Kurse bieten wir im Moment an:

Computer und Handy
Wie können Senioren mit Computer und Handy umgehen? Welchen Nutzen bringen diese Geräte? Möchten Sie auf Ihrem Notebook ein neues Programm installieren?
Kommen Sie, wir helfen gern bei der Lösung Ihrer Probleme!

Konversationskurse in Englisch und Französisch
Haben Sie Lust, sich mal wieder zu unterhalten und dabei Ihre Sprachkenntnisse aufzufrischen? Wir unterhalten uns gern über aktuelle Themen und sind gespannt auf den Informationsaustausch und Ihre Interessen.

Kunst und Bildbearbeitung
Haben Sie Interesse, mal wieder zu zeichnen, zu malen und mit Farbe zu experimentieren?
Oder haben Sie Fotos, die Sie gern bearbeiten oder individuell zusammenstellen möchten?
Wir freuen uns auf Ihre Teilnahme!

Laien-Schauspiel
Möchten Sie einmal auf der Bühne stehen? Kommen Sie und machen Sie in unserer Schul-Theater-AG mit!

Bewegung
Übungen für Senioren – auch für Nicht-Sportler! Trainieren Sie Konzentration und Geschicklichkeit und erfahren Sie die Vielfalt der Möglichkeiten, fit zu bleiben.

c Lesen Sie den Text noch einmal und ergänzen Sie die Sätze.

1. Fast alle Volkshochschulen bieten …
2. Am Friedrich-Ebert-Gymnasium in Bonn gibt es …
3. Einmal in der Woche unterrichten Schüler …
4. Die Schulleiterin sagt: Wir möchten einen lebendigen Austausch …
5. Durch das Projekt können Senioren …
6. Die Schüler lernen …
7. Eine Seniorin sagt: Ich bin überrascht, …

d Welche Vorteile bietet das Projekt für die Schüler-Lehrer und die Senioren? Ordnen Sie die Sätze zu und ergänzen Sie weitere Vorteile.

– viel Spaß haben
– Kontakt zu älteren Menschen bekommen
– soziales Engagement lernen
– geistig fit bleiben
– kostenlosen Unterricht erhalten
– Vorurteile abbauen
– Kontakt zu Jugendlichen bekommen
– weniger Angst vor Fehlern haben
– neue Fähigkeiten an sich entdecken
– das Selbstbewusstsein stärken
– das, was man selbst gelernt hat, festigen
– mehr Verständnis für die Probleme von anderen entwickeln
– …

Vorteile für die Schüler-Lehrer	Vorteile für die Senioren
	Man bekommt Kontakt zu Jugendlichen.

e Überlegen Sie in Gruppen, was Sie älteren Menschen beibringen könnten. Machen Sie ein Kursangebot und stellen Sie es im Kurs vor.

Projekt: Deutschlerner unterrichten Deutschlerner

1. Bilden Sie Gruppen und wählen Sie ein Thema aus (Grammatik/Wortschatz/Aussprache …).
2. Überlegen Sie: Was sind die wichtigsten Regeln? Worauf muss man achten?
3. Suchen Sie einen Text / eine Aufgabe / ein Spiel … und machen Sie Übungen dazu.
4. Planen Sie Ihren Unterricht: Was machen Sie zuerst? Was machen Sie danach?
5. Unterrichten Sie in Kleingruppen.

Auf einen Blick

Im Alltag

1 Über Vorteile und Nachteile von etwas sprechen

Ein Vorteil … ist, dass man …
Es spricht dafür, dass …
Für mich ist es ein Vorteil, wenn …
… ist ein großer Vorteil!

Der Nachteil ist aber, dass …
Es spricht dagegen, dass …
Für mich ist es ein Nachteil, wenn …
… kann aber ein Nachteil sein.

2 Informationen am Telefon erfragen

Informationen erfragen

Gruß + Einleitung
Bresser, guten Morgen/Tag.
Ich interessiere mich für Ihr Kursangebot.
Ich möchte mich erkundigen, ob noch Plätze frei sind.
Ich würde gerne wissen, wann der Kurs beginnt.

Nachfragen
Können Sie mir sagen, wie viele Teilnehmer im Kurs sind?
Mich interessiert noch, wie lange der Kurs dauert.
Ich möchte noch gerne wissen, was der Kurs kostet.

Um Wiederholung bitten
Können Sie mir noch einmal sagen, ob …?
Ich habe noch nicht verstanden, wo …
Könnten Sie bitte wiederholen, wann …?

Dank + Verabschiedung
Vielen Dank. Auf Wiederhören.

Auskünfte geben

sich melden
AWO Heidelberg, Kanter.

Auskunft erteilen
Der Kurs XY beginnt am … um …

Auskunft erteilen
Im Kurs sind maximal 20 Teilnehmer.
Es sind 30 Abende mit je 90 Minuten.
Die Kursgebühr ist …

Verabschiedung
Nichts zu danken. Auf Wiederhören.

3 Fragen höflich formulieren

Können Sie mir sagen, ob/wie/wann …?
Wissen Sie, ob/wie/wann …?
Tom will wissen, ob/wie/wann …

Ich wollte fragen, ob/wie/wann …
Ich würde gerne wissen, ob/wie/wann …
Ich wollte mich informieren, ob/wie/wann …

Grammatik

1 Präpositionen mit Akkusativ (Zusammenfassung)

durch	**Durch unser** Gespräch ist mir das Problem klar geworden.
	Wenn wir zum Markt laufen, gehen wir immer **durch den** Park.
für	Wir sammeln Geld **für die** neue Sporthalle.
	Das Projekt ist **für** junge Familien nicht einfach zu finanzieren.
gegen	Manchmal muss man sich **gegen den** eigenen Wunsch entscheiden.
	Ein gemeinsames Wohnprojekt hilft **gegen die** Einsamkeit im Alter.
ohne	**Ohne den** Einsatz von unseren Schülern funktioniert das Projekt nicht.
	Die Kosten sind **ohne ein** sicheres Einkommen zu hoch.
um	Es gibt eine Gruppe **um das** Ehepaar Holtmann.
	Wir setzen uns **um den** runden Tisch (herum).
bis	**Bis** nächst**en** Samstag musst du mit der Arbeit fertig sein.

2 Indirekter Fragesatz

Indirekte Fragesätze sind Nebensätze.

Mein Mann möchte wissen,	**ob**	der Kurs auch in den Ferien	stattfindet .
Ich möchte wissen,	**wann**	der Kurs	beginnt .

3 Direkte Fragen und indirekte Fragen

direkte Frage	indirekte Frage

Ja/Nein-Frage

Gibt es einen Platz?	Ich möchte wissen, **ob** es einen Platz gibt .
Können Schüler kommen ?	Wissen Sie, **ob** Schüler kommen können ?

W-Frage

Wie viel kostet der Kurs?	Tom will wissen, **wie viel** der Kurs kostet .
Wie viele Personen sind da?	Können Sie mir sagen, **wie viele** Personen da sind ?

Was kann ich für Sie tun?

Ⓐ

Ⓑ

Können Sie mir ein Taxi bestellen?

Lernziele
- ein Zimmer reservieren
- sich beschweren
- vergleichen und loben
- sich telefonisch bewerben
- einen Reiseprospekt verstehen

1 Im Hotel

a Ordnen Sie die Wörter und Ausdrücke den Fotos zu.

im Hotel einchecken Reparatur Gäste empfangen Empfang das Formular ausfüllen
Zimmerservice die Rechnung bezahlen Reinigung Barzahlung das Frühstück machen
telefonieren das Essen zubereiten ein Zimmer reservieren sich über das Zimmer beschweren

b Berufe im Hotel – Ordnen Sie die Tätigkeiten den Berufen zu.

Koch/Köchin, Küchenhilfe   Kellner/in   Rezeptionist/in   Zimmermädchen
Hotelkaufmann/-frau   Hausmeister/in   Portier

aufräumen • abwaschen • Gäste bedienen • ein Taxi bestellen •
Lampen reparieren • kochen • die Speisekarte festlegen •
Gemüse schneiden • Gäste begrüßen • Lebensmittel einkaufen •
staubsaugen • Einnahmen/Ausgaben kontrollieren •
das Menü planen • die Rechnungen schreiben • putzen •
die Buchhaltung machen • Koffer tragen

Das Zimmermädchen räumt auf.

Ich habe noch zwei Koffer im Auto.

Der Fernseher funktioniert nicht.

Ich bin in zehn Minuten draußen.

401

Guten Tag, was kann ich für Sie tun?

Ich möchte gern etwas zum Essen bestellen.

1.8–11

c Hören Sie vier Dialoge. Zu welchen Fotos passen sie?

Dialog	1	2	3	4
Foto	___	___	___	___

d Hören Sie noch einmal. Was haben Sie gehört? Markieren Sie.

1. Das Doppelzimmer kostet **mit/ohne Frühstück** 79 €.
2. Das Taxi kommt **sofort / in fünf Minuten**.
3. Das Zimmermädchen kann **gleich / erst in 10 Minuten** das Zimmer aufräumen.
4. Herr Bräuer bestellt **im Restaurant / in der Küche** sein Essen.

2 An der Rezeption

a Ein Einzelzimmer bitte … – Spielen Sie Dialoge.

Sie wünschen bitte?	Haben Sie ein Zimmer frei? / Ich suche ein …
Was kann ich für Sie tun?	Ich möchte / hätte gern ein Einzel-/Doppelzimmer mit Bad/Dusche.
Bitte sehr?	Ich möchte gern ein … mit … reservieren.
	Hat das Zimmer Internetanschluss / eine Minibar / …?
	Ist das Frühstück inklusive?
	Wir brauchen ein Zimmer mit Kinderbett/Extrabett.
	Kann man bei Ihnen parken? / Wo kann man in der Nähe parken?
	Was kostet das?

Guten Tag, was kann ich für Sie tun?

Ich möchte gern ein Einzelzimmer mit Balkon.

⊙ 1.12   **b Hören Sie den Dialog. Markieren Sie.**

1. Sie hören ein Gespräch zwischen zwei Kollegen. Richtig   Falsch

2. Was möchte Herr Henning?
   - a Er möchte ein Zimmer reservieren.
   - b Er möchte sein Zimmer bezahlen.
   - c Er möchte in das Hotel einchecken.

3. Der Rezeptionist findet die Reservierung nicht. Richtig   Falsch

4. Worum bittet er Herrn Henning?
   - a Um die Reservierung.
   - b Um die Adresse von der Firma.
   - c Um den schriftlichen Auftrag.

5. Herr Henning bekommt ein Einzelzimmer. Richtig   Falsch

6. Was hat die Firma reserviert?
   - a Zwei Einzelzimmer.
   - b Zwei Doppelzimmer.
   - c Ein Einzelzimmer.

c Die n-Deklination – Markieren Sie die Endungen der *kursiv* gedruckten Wörter.

1. Der Rezeptionist fragt *Herrn* Henning nach dem Namen.
2. Der Rezeptionist bittet seinen *Kollegen* um Hilfe.
3. Herr Petersen ist bei einem *Kunden*.
4. Der Gast bittet den *Rezeptionisten* um ein ruhiges Zimmer.
5. Das Hotel sucht einen *Praktikanten*.

Einige maskuline Bezeichnungen für Personen/Tiere haben die n-Deklination:	
Nominativ	der Kunde
Akkusativ	den Kunde**n**
Dativ	dem Kunde**n**

d n-Deklination oder nicht? Ergänzen Sie die Sätze mit den Nomen.

der Tourist • der Kunde • der Praktikant •
das Personal • Herr Henning • die Mitarbeiterin •
der Kollege • der Rezeptionist • die Verwaltung •
das Zimmermädchen • der Elefant • der Löwe

Hier ist der Schlüssel für …
Ich habe ein Problem mit …
Haben Sie ein Zimmer für …?
Diese E-Mail ist für …
Telefonieren Sie bitte mit …
Ich suche …

Ich suche meinen Elefanten.

3 Ich habe ein Problem …

a Sehen Sie die Bilder an. Welches Problem haben die Gäste vielleicht?

A ☐　　B ☐　　C ☐　　D ☐

⊙ 1.13　**b Sie hören vier Dialoge. Schreiben Sie die Dialognummern zu den Bildern.**

c Servicepersonal und Kundschaft – Lesen Sie die Sätze. Wer sagt was? Notieren Sie S (Service) oder K (Kunde).

1. ___ Entschuldigung, ich habe da ein Problem …　5. ___ Entschuldigung, wir überprüfen das.

2. ___ Oh, das tut mir leid.　6. ___ Augenblick, ich schicke sofort jemanden.

3. ___ Wir sind unzufrieden mit …　7. ___ Ich möchte mich über … beschweren.

4. ___ Natürlich, wir kümmern uns sofort darum.　8. ___ Verzeihung, das ist uns sehr peinlich.

d A ist Gast, B ist Mitarbeiter/in im Hotel. Spielen Sie Dialoge zu den Situationen 1–5.

1. Sie wollten ein ruhiges Zimmer haben, aber Ihr Zimmer liegt direkt an der Hauptverkehrsstraße.
2. Sie sitzen im Hotelrestaurant und warten schon seit über einer halben Stunde auf Ihr Essen.
3. Sie haben gestern eine Hose in die Reinigung gegeben. Sie sollte nach zwei Stunden wieder in Ihrem Zimmer sein, ist aber immer noch nicht da.
4. Sie rufen seit 15 Minuten immer wieder die Rezeption an. Dort ist aber dauernd besetzt.
5. Sie sind vor einer Stunde im Hotel angekommen. Man wollte Ihr Gepäck aufs Zimmer bringen. Es ist aber immer noch nicht da.

4 Jobs im Hotel

a Lesen Sie 1–5 und die Anzeigen. Welche Anzeige passt zu welcher Person? Für eine Person gibt es keine Lösung.

① Tessa Lowics (16)
ist mit der Schule fertig und
sucht einen Ausbildungsplatz
in der Hotelbranche.

② Markus Reiter (29)
hat Erfahrung als Kellner
und möchte in der
Schweiz leben.

③ Anna Buko (22) studiert
Tourismusmanagement
und möchte ein Praktikum
machen.

④ Dora Domke (42) sucht
einen Zweitjob und würde
gern ein paar Stunden
pro Woche putzen gehen.

⑤ Abdul Rahman Al-Saud (21)
hat gerade seine Lehre
als Koch beendet und sucht
einen festen Job.

(A)

Sie wollten schon immer auf einer Insel arbeiten? Hier ist Ihre Chance ...

Wir suchen für unsere Hotel- und Appartementanlage mit 108 Hotelzimmern und Appartements
auf der Nordseeinsel Langeoog eine/n

Jungkoch/-köchin Vollzeit – unbefristet.

Sie haben Ihre Ausbildung erfolgreich abgeschlossen und möchten sich
neu orientieren? Dann schicken Sie Ihre aussagekräftigen Bewerbungsunterlagen mit Lichtbild und Gehaltsvorstellungen an:

Hotel Goldenes Schiff
Friesenstraße 10, 26454 Langeoog, Deutschland.

(B)

Unser Team sucht eine Dame oder einen Herrn als

Auszubildende/r Hotelfachmann/-frau
mit Ausbildungsbeginn am 01. September.

Sie sehen in der Hotellerie Ihre Berufung
und suchen einen Ausbildungsplatz?
Während einer dreijährigen Ausbildung bildet unser Team
Sie zu einem Profi in diesem Gebiet aus!

Zögern Sie nicht und bewerben Sie sich als Auszubildende/r!

Senden Sie Ihre aussagekräftige Bewerbung an:
Leonardo-Hotel, Magdeburger Str. 1a, 01067 Dresden

(C)

Zur Verstärkung unseres Teams suchen wir zum **nächstmöglichen** Termin

eine Zimmerfrau / ein Zimmermädchen

in Voll- oder Teilzeit. Wir wünschen uns eine Mitarbeiterin, die mit Freude und
Engagement an die Arbeit geht.

Ihr Profil: Sie verfügen über Erfahrungen in der Zimmerreinigung und gewährleisten die Umsetzung unserer Standards.
Eine Ausbildung ist nicht unbedingt notwendig.

Bitte schicken Sie Ihre Bewerbungen mit möglichem Eintrittstermin an:
Harz-Bike, Dietrichstal 7, 37431 Bad Lauterberg · Ansprechpartnerin: Frau Linda Meisen

---

(D)

Für unser Service-Team suchen wir sofort oder
nach Vereinbarung

eine/n Restaurantfachangestellte/n. **A M A D A**

Sie haben eine einschlägige Ausbildung absolviert und möchten nun berufliche Erfahrungen bei uns in der Schweiz im Hotelrestaurant Filou im **Spätdienst-Team** sammeln?
Wir bieten Ihnen meistens durchgehende Schichten an einem attraktiven Arbeitsplatz
in einem jungen und dynamischen Umfeld an.
Fühlen Sie sich angesprochen? Wir freuen uns sehr auf Ihre Bewerbung per Post an:

Basel Hotel & Conference Center,
Messeplatz 12, 4058 Basel, Schweiz, Telefon: +41 (0) 61 / 5 60 40 00.

(E)

Sind Sie anspruchsvoll und hoch motiviert für eine
neue Herausforderung auf der wunderschönen Insel Sylt?

Wir suchen ab sofort eine/n Buchhalter/in.

Sie haben eine erfolgreich abgeschlossene kaufmännische
Ausbildung mit dem Schwerpunkt Buchhaltung und
verfügen über sehr gute MS-Office-Kenntnisse.
Sie arbeiten genau, zuverlässig und gerne im Team?
Dann sind Sie bei uns richtig.

Schicken Sie Ihre Bewerbung an:

Hotel Mirasylt, Friedrichstr. 43, 25980 Westerland-Sylt

---

b Informationen beschaffen – Was möchten Sie noch wissen? Suchen Sie sich zwei Anzeigen aus und schreiben Sie Fragen.

Wie viele Stunden muss man arbeiten? Von wann bis ...?

5 Ein Telefongespräch

⊙ 1.14 **a** Hören Sie zu. Zu welcher Anzeige von Aufgabe 4a passt das Gespräch?

b Hören Sie noch einmal. Entscheiden Sie beim Hören, ob die Aussagen richtig oder falsch sind.

	R	F
1. Alma hat eine Ausbildung als Restaurantfachfrau.	☐	☐
2. Sie hat schon mehrere Jahre Berufserfahrung.	☐	☐
3. Das Hotel sucht eine Vollzeitkraft.	☐	☐
4. Das Restaurant hat die ganze Woche offen.	☐	☐
5. Das Restaurant ist nur manchmal auch mittags geöffnet.	☐	☐
6. Die Arbeitszeiten sind am Wochenende anders als werktags.	☐	☐
7. Bei Überstunden bekommt man mehr Geld.	☐	☐
8. Das Grundgehalt ist am Anfang 2000 Euro.	☐	☐
9. Die Chefin lädt Alma zum Vorstellungsgespräch ein.	☐	☐
10. Alma fährt an diesem Wochenende zum Vorstellungsgespräch.	☐	☐

c Lesen Sie 1–10: Wer fragt was? Notieren Sie A für Arbeitgeber/in und B für Bewerber/in.

1. ___ Warum bewerben Sie sich gerade bei uns?
2. ___ Ab wann ist die Stelle frei?
3. ___ Wie stellen Sie sich die Arbeit bei uns vor?
4. ___ Als was haben Sie früher gearbeitet?
5. ___ Kann ich auch Teilzeit arbeiten?
6. ___ Was haben Sie für eine Ausbildung?
7. ___ Wo ist mein Einsatzort?
8. ___ Wie sind die Arbeitszeiten im Schichtdienst?
9. ___ Haben Sie Fremdsprachenkenntnisse?
10. ___ Muss ich auch am Wochenende arbeiten?

d Spielen Sie zu zweit ein Telefongespräch. Benutzen Sie die Redemittel.

offene Fragen klären	Nichtverstehen signalisieren	um Wiederholung bitten
Haben Sie noch Fragen? Gibt es noch ein Problem? Ist so weit alles klar?	Wie war das, bitte? Ich glaube, ich habe das nicht ganz verstanden. Entschuldigung, ich habe das nicht genau verstanden.	Würden Sie das bitte noch einmal wiederholen? Könnten Sie bitte wiederholen, was Sie über ... gesagt haben? Habe ich Sie richtig verstanden, Sie ...?

6 Ein Winterwochenende

    a „Winterurlaub" – Woran denken Sie dabei?

    b Lesen Sie das Reiseangebot. Welche Region wird vorgestellt und welche Attraktionen werden angeboten?

Auf die sanfte Tour den Winter genießen

Die kältesten Tage des Jahres sind die schönsten. Deshalb sollte man sie nicht in den eigenen vier Wänden
5 verbringen. Jetzt ist es Zeit, durchzuatmen und neue Kräfte zu sammeln. Das bedeutet Sportgenuss und Naturerlebnis im meterhohen
10 Schnee. Diese beiden Seiten des Winters können Sie in Garmisch-Partenkirchen erleben. Hier am Fuß von Zugspitze und Alpspitze können Naturliebhaber als Wochenendtouristen die sport-
15 lichste Jahreszeit von ihrer romantischsten Seite erleben und so dem Alltagsstress entkommen. Für jeden ist an einem Winterwochenende in Garmisch etwas dabei.

Das beliebteste Erlebnis für alle Generationen ist die märchenhafte Schlittenfahrt. Langsam und in voll-
20 kommener Ruhe zieht die schneebedeckte Landschaft des Wettersteingebirges an den Fahrgästen vorbei. Warm eingepackt unter dicken Decken genießen sie die klare Winterluft und erholen sich vom Alltag.

Die traumhafte Winterwelt kann man aber auch aktiv als Schnee-
25 schuhwanderer kennenlernen. Schneeschuhwandern – für viele die angenehmste Wintersportart überhaupt – ist ein echter Hit bei
30 Alt und Jung. Gerade Familien finden in unserem großen Netz von Wanderwegen viele abwechslungsreiche Touren mit den unterschiedlichsten Schwierigkeits-
35 graden.
Überhaupt bietet Garmisch-Partenkirchen Familien eine Reihe erlebnisreicher Alternativen. So finden Kinder die Schlittenpartys besonders spannend. Eine wunderbare Naturerfahrung für alle Großstadtkinder sind
40 die Wildfütterungen nahe der Almhütte. Während der kalten Tage kommen die Tiere, die sonst nur tief in den Wäldern versteckt leben, ins Tal und können bei der Fütterung ganz aus der Nähe beobachtet werden.
Wer den Winter von seiner schönsten Seite erleben
45 möchte, für den ist Garmisch ein Muss!
Unsere unzufriedensten Gäste sind die, die uns nicht besucht haben!

---

    c Lesen Sie das Reiseangebot noch einmal und kreuzen Sie an: richtig oder falsch?

	R	F
1. Die kältesten Tage im Jahr sollte man zu Hause verbringen.	☐	☐
2. In Garmisch-Partenkirchen kann man die Natur erleben und Sport treiben.	☐	☐
3. Die Schlittenfahrt gefällt allen Touristen sehr.	☐	☐
4. Das Schneeschuhwandern ist besonders bei den Jüngeren sehr beliebt.	☐	☐
5. Für Kinder sind die Schlittenpartys sehr interessant.	☐	☐
6. Im Winter kann man die Tiere selbst füttern.	☐	☐

    d Welche Aktivitäten gefallen Ihnen im Winter besonders?

7 Die schönste Zeit …

    a Markieren Sie im Text die Superlativformen. Machen Sie eine Tabelle wie im Beispiel.

Grundform	Komparativ	Superlativ
der kalte Tag	der kältere Tag	der kälteste Tag

b Loben Sie! – Was hat Ihnen am besten gefallen? Ergänzen Sie die Sätze.

1. Das ist der ____*freundlichste*____ (freundlich) Service, den ich bisher erlebt habe.

2. Das ist die _____ (schön) Landschaft, die ich bisher gesehen habe.

3. Das ist das _____ (sauber) Hotel, das ich bisher hatte.

4. Das ist die _____ (gut) Suppe, die ich bisher gegessen habe.

5. Das ist der _____ (stark) Kaffee, den ich bisher getrunken habe.

6. Das ist das _____ (nett) Personal, das ich bisher kennengelernt habe.

c Wo verbringen Sie Ihren Urlaub am liebsten?

> Wo verbringst du deinen Urlaub **am liebsten?**

> Ich fahre sehr gern in die Alpen.
> Dort ist es **am schönsten.**

> Ich fahre sehr gern nach / in die / ans …
> Ich bin **am liebsten** in/an …
> Mir gefällt es **am besten** in/an …

8 Reiseland Deutschland
a Beantworten Sie die Fragen. Raten Sie.

Trier • Rhein • Bodensee • Zugspitze • Rügen •
40,3° C • 2962 m • 930 km² • 571,2 km² •
1233 km • über 2000 Jahre • Kap Arkona (Rügen) •
–37,8° C

1. Wie heißt der höchste Berg Deutschlands?
2. Wie heißt der längste Fluss Deutschlands?
3. Wie heißt der größte See Deutschlands?
4. Was war bisher die niedrigste Temperatur in Deutschland?
5. Was war bisher die höchste Temperatur in Deutschland?
6. Wie heißt die größte Insel Deutschlands?
7. Welche Stadt ist die älteste Deutschlands?
8. Wo scheint in Deutschland die Sonne am längsten?

> Der höchste Berg heißt … Er ist … hoch.

Ostseebad Sellin auf der Insel Rügen

Das römische Stadttor „Porta Nigra" in Trier

b Notieren Sie Fragen für Ihr Heimatland. Stellen Sie die Fragen im Kurs.

Projekt: Werbung für Reisen
Wählen Sie 1 oder 2.

1. Reisen in Deutschland: Arbeiten Sie in Gruppen. Sammeln Sie Prospekte und machen Sie Collagen oder „Informationsbroschüren" zu Ihrer Stadt oder Ihrer Lieblingsstadt in Deutschland. Recherchieren Sie im Internet unter: www.*stadtname*.de
2. Ihr Land: Stellen Sie Ihr Land Touristen aus Deutschland vor.

Im Alltag

❶ Ein Zimmer reservieren und bezahlen

Was kann ich für Sie tun?

Ich reise ab und möchte bezahlen.

Bar oder mit Kreditkarte?

Ich zahle mit Kreditkarte.

Gast
Ich möchte gern ein Zimmer reservieren.
Ich möchte etwas zum Essen bestellen.
Ist das Frühstück inklusive?

Ich reise ab und möchte bezahlen.
Ich zahle mit Kreditkarte.

Rezeptionist/in
Ein Doppelzimmer oder ein Einzelzimmer?
Ich verbinde Sie mit der Küche.
Nein, das Frühstücksbüfett kostet 15 € extra.

Was kann ich für Sie tun?
Bar oder mit Kreditkarte?
Hier ist Ihre Rechnung.

❷ Sich beschweren/entschuldigen – Probleme lösen

Gast
Die Dusche funktioniert nicht / ist kalt.
Der Fernseher geht nicht.
Das Zimmer ist zu laut.

In meinem Zimmer riecht es nach Rauch.
Ich glaube, das Bad ist nicht geputzt.

Angestellte/r
Der Hausmeister kümmert sich sofort darum.

Ich kann Ihnen eins nach hinten anbieten.
Ich kann Ihnen heute leider kein anderes anbieten.
Wir haben noch ein Nichtraucherzimmer frei.
Ich schicke Ihnen gleich den Zimmerservice.

❸ Vergleichen und loben

Die schönste deutsche Stadt ist für mich Quedlinburg.
Am besten gefällt mir der Norden von Deutschland.
Das ist der beste Service, den ich bisher erlebt habe.
Das ist das schönste Hotel, das ich kenne.
Ich gehe am liebsten im Sommer in Urlaub.
Die Ostseestrände finde ich am schönsten.

Das kennen Sie schon:
Was gefällt euch besser: Hamburg oder Berlin?
Mir gefällt Hamburg **besser als** Berlin.
Mir gefällt Hamburg **genauso** gut **wie** Berlin.
Hamburg gefällt mir auch, aber **nicht so** sehr **wie** Berlin.

Quedlinburg

Grammatik

1 Maskuline Nomen: n-Deklination

	Singular		Plural	
Nominativ	der Mensch	der Junge	die Menschen	die Jungen
Akkusativ	den Menschen	den Jungen	die Menschen	die Jungen
Dativ	dem Menschen	dem Jungen	den Menschen	den Jungen

Zur n-Deklination gehören …

einige maskuline Nomen auf -*e*: Schwede, Russe, Junge, Name, Gedanke …	maskuline internationale Wörter: -ist: Polizist, Optimist … -ent: Student, Patient … -ant: Elefant, Konsonant … -at: Soldat, Demokrat …	einige andere maskuline Nomen (vor allem Personen und Tiere): Mensch, Herr, Nachbar, Bär …

TIPP Die Nomenendung -*(e)n* ist nicht immer Plural. Der Kontext hilft.

2 Komparation: regelmäßige Formen

Grundform	Komparativ	*am* + Superlativ	Artikel + Superlativ
schön	schöner	am schönsten	der/das/die schönste …

Ohne Substantiv: Die Stadt Bamberg ist am schönsten. → am + Adjektiv + sten

Mit Substantiv: Die schönste Stadt Deutschlands ist Bamberg. → Adjektiv + st + Adjektivendung

3 Komparation: unregelmäßige Formen

Grundform	Komparativ	Superlativ
gut	besser	am besten
gern	lieber	am liebsten
viel	mehr	am meisten
teuer	teurer	am teuersten
dunkel	dunkler	am dunkelsten
hoch	höher	am höchsten
kalt	kälter	am kältesten*

* Endet ein Adjektiv in der Grundform auf -*d, -s, -sch, -ß, -t, -x, -z* bildet man den Superlativ mit -*est*-.

4 Deklination: Artikel + Superlativ + Adjektivendung

Singular

Nominativ	der kälteste Tag	das schönste Erlebnis	die leichteste Sportart
Akkusativ	den kältesten Tag	das schönste Erlebnis	die leichteste Sportart
Dativ	dem kältesten Tag	dem schönsten Erlebnis	der leichtesten Sportart

Plural

Nominativ	die kältesten Tage	die schönsten Erlebnisse	die leichtesten Sportarten
Akkusativ	die kältesten Tage	die schönsten Erlebnisse	die leichtesten Sportarten
Dativ	den kältesten Tagen	den schönsten Erlebnissen	den leichtesten Sportarten

Man ist, was man isst

Ⓐ

Ⓑ

Lernziele

- über Essgewohnheiten sprechen
- Tipps für gesunde Ernährung verstehen
- im Restaurant bestellen und bezahlen
- Ratschläge geben

1 Meinungen zum Thema „Essen"
   a Welches Foto passt zu Ihren Gewohnheiten? Erzählen Sie.

   b Lesen Sie die Texte 1–4. Was ist Ihre Meinung? Sammeln Sie im Kurs.

> Ich finde nicht richtig, was Teresa sagt.
> Ich kenne viele Leute, die ihr Essen genießen …

> Frau Frisch hat recht. Ich habe eigentlich
> keine Zeit, aber ich mache trotzdem eine Pause …

> Essen und Kochen ist Erholung?
> So ein Blödsinn! Wenn ich von der Arbeit
> komme, sind die Kinder hungrig …

   c Was essen Sie oft und gern? Schreiben Sie.

① Ich finde, man kann in Österreich gut leben und ich fühle mich sehr wohl. Aber das Essen! Ich verstehe nicht, warum die Leute dieses langweilige Essen mögen. Kein Geschmack, keine Schärfe, nichts! Das macht mich krank. Richtiges Essen muss doch scharf sein. Wenn man gesund bleiben will, muss man scharf essen. Das ist gut für den Körper. Scharfes Essen gibt mir die Energie, die ich zum Leben brauche.
(Anthony Chukwuma Ogoke, Student aus Nigeria)

② Essen ist mein Hobby, eigentlich noch mehr das Kochen. Ich mache das sehr gern, wenn ich Zeit habe. Und dann genieße ich mit meiner Freundin das gute Essen. Das ist für mich eine Erholung nach der Arbeit.
(Christian Lohmann, Angestellter aus Deutschland)

③ Die Menschen nehmen sich kaum noch richtig Zeit für das Essen. Alles muss sehr schnell gehen. Das erklärt den Erfolg von Fast Food. Fast Food enthält aber viel Fett, viele Kalorien und wenige Vitamine. Es ist eine der Ursachen für Übergewicht und gesundheitliche Probleme.
(Carmen Frisch, Ernährungsberaterin aus der Schweiz)

④ Ich verstehe die Leute in Deutschland nicht: Sie reden beim Essen immer von Problemen. „Das schmeckt gut, aber es macht dick! Das mag ich gern, aber es ist ungesund! Ich würde noch gern ein Glas Wein trinken, aber ich muss noch arbeiten!" Warum können sie das Essen nicht einfach genießen? Meine deutschen Freunde sagen immer „aber, aber, aber".
(Teresa Landivar, Krankenschwester aus Bolivien)

2 Sprichwörter
Kennen Sie Sprichwörter zum Thema „Essen" in Ihrer Sprache? Notieren Sie sie auf Deutsch. Sammeln Sie im Kurs.

Człowiek je żeby żyć,
a nie żyje aby jeść.
Man isst, um zu leben,
man lebt nicht, um zu essen.
Polnisches Sprichwort

Fuq stonku vojt,
il-moħħ ma jaħsibx.
Wenn der Bauch leer ist,
kann der Kopf nicht denken.
Maltesisches Sprichwort

Los niños y los borrachos
siempre dicen la verdad.
Kinder und Betrunkene
sagen immer die Wahrheit.
Spanisches Sprichwort

Aç ayı oynamaz.
Der hungrige Bär tanzt nicht.
Türkisches Sprichwort

Liebe geht durch den Magen.
Deutsches Sprichwort

3 Gesunde Ernährung – Ernährungspyramide

a Wie oft soll man was essen oder trinken? Ordnen Sie die Nahrungsmittel der Pyramide zu.

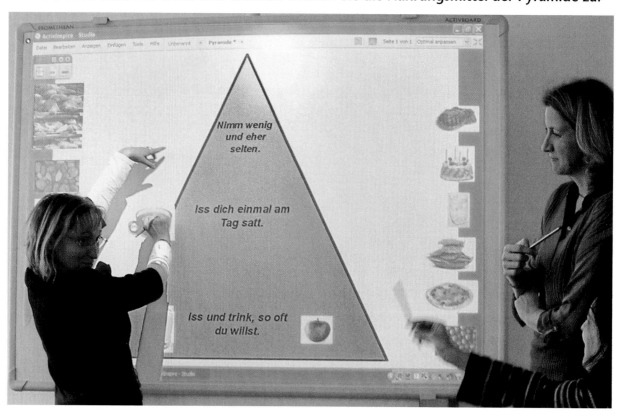

alkoholische Getränke • Brot • Fett • Fisch • Fleisch • Geflügel • Gemüse • Getreideprodukte •
Gewürze • Kaffee • Kartoffeln • Käse • Limonade • Milch • Nudeln • Nüsse • Obst • Öl • Quark •
Reis • Saft • Süßigkeiten • Tee • Vollkornbrot • Vollkornnudeln • Wasser • Joghurt • Zucker

⊙ 1.15   **b Interview mit einer Ernährungsberaterin – Hören Sie zu und kreuzen Sie an.**

	R	F
1. Viele Leute denken über ihre Essgewohnheiten nach.	☐	☐
2. Wenn man viel Wasser, Tee und Fruchtsäfte trinkt, hat man nicht so viel Hunger.	☐	☐
3. Ein erwachsener Mensch soll 2–3 Liter Flüssigkeit pro Tag trinken.	☐	☐
4. Alkohol ist immer ein Gift für den Körper, darum sollte man keinen Alkohol trinken.	☐	☐
5. Wenn man Süßigkeiten, Kuchen und Eis isst, fühlt man sich nur kurze Zeit gut.	☐	☐
6. Die Menschen nehmen doppelt so viel Fett zu sich, wie ihnen guttut.	☐	☐
7. In Käse, Wurst und Fleisch ist auch viel Fett enthalten.	☐	☐
8. Reis, Kartoffeln und Nudeln sind gut für den Körper.	☐	☐
9. Milchprodukte kann man den ganzen Tag essen, so viel man will.	☐	☐
10. Obst und Gemüse soll man immer wieder auch zwischendurch essen.	☐	☐

c Was denken Sie? Wo stimmen Sie der Ernährungsberaterin zu? Wo nicht?

*Ich kann nicht so viel trinken.
Ich habe keinen Durst!*

*Ich benutze viel Öl, Olivenöl. Bei uns in
Italien machen das alle und sind gesund.*

4 Gesund leben

a Tipps zum gesunden Essen – Markieren Sie die Verben mit zwei Farben.

1. Versuchen Sie, viel frisches Obst zu essen.
2. Beginnen Sie, an Ihrem Arbeitsplatz viel Wasser zu trinken.
3. Denken Sie daran, vor dem Essen viel zu trinken.
4. Vergessen Sie nie, Gemüse einzukaufen.
5. Entschließen Sie sich, wenig Fleisch zu essen.
6. Fangen Sie an, langsam zu essen!

b Was soll man tun? Schreiben Sie.

1. Man soll viel frisches Obst essen.

c Meinungen – Schreiben Sie fünf Aussagen.

Ich habe (keine) Zeit, …
Ich habe (keine) Lust, …
Ich finde es (nicht) wichtig,
Es ist sehr teuer, …
Es ist schön/langweilig, …
Es macht Spaß, …
Es ist verboten, …

langsam zu essen.

Sport zu machen.

am Arbeitsplatz zu essen.

krank zu werden.

viel Fleisch zu essen.

das zu essen, was mir am besten schmeckt.

früher aufzustehen und zu frühstücken.

Wein zu trinken.

Kaffee zu trinken.

auf die Gesundheit zu achten.

gesunde Lebensmittel einzukaufen.

mit Freunden viel zu trinken.   Übergewicht zu bekommen.   Wasser und Tee zu trinken.

d Infinitivgruppen mit *zu* – Ergänzen Sie die Tabelle mit Beispielen aus a und c.

Verben	Adjektive + sein/finden	Nomen + Verb
versuchen, beginnen, sich entschließen, träumen, wünschen …	Es ist (nicht) teuer, … Ich finde es (nicht) wichtig, … …	(keine) Zeit haben … …

e Wählen Sie einen Satzanfang. Rufen Sie dann den Namen eines Partners / einer Partnerin. Er/Sie ergänzt den Satz und macht weiter.

Es ist richtig, Gemüse zu essen. Ich versuche, … – Petar!

Ich versuche, langsam zu essen. Es macht Spaß, … – Kim!

Es ist richtig, … – Eliza!

5 **Ernährung und Lebensgewohnheiten**

a Lesen Sie die Texte 1–3 und A–F. Ordnen Sie jedem Text eine passende Überschrift zu.

Ⓐ Die Currywurst schlägt alle: Die Nummer 1 beim schnellen Essen

Ⓑ Qualität der Lebensmittel ist den Deutschen wichtig

Ⓒ Zum Mittagessen ein richtiges Menü: Französische Familien halten an Gewohnheiten fest

Ⓓ Die Deutschen lieben ihre Bäcker und Metzger – wenn es sie nicht mehr gibt

Ⓔ Die Essgewohnheiten der Jugendlichen sind international

Ⓕ Aus für die Wurst – Gesundes Essen ist „in"

Text	1	2	3
Überschrift	_____	_____	_____

Essen alle Deutschen Wurst und alle Franzosen Baguette? Trinken alle Deutschen Bier und die Franzosen Rotwein? Das durchschnittliche französische Mittagessen ist Pizza oder Sandwich, dazu eine Cola. Die Zeiten der Menüs mit Vor- und Nachspeise sind vorbei. Das Konsumverhalten der Jugendlichen wird immer internationaler. Genauso ist es in Deutschland üblich geworden, dass sich jeder etwas aus dem Kühlschrank holt, weil alle zu unterschiedlichen Zeiten nach Hause kommen. Viele Familien versuchen, am Abend gemeinsam zu essen. ①

Zwei Drittel der Deutschen kaufen Lebensmittel dort, wo sie am billigsten sind. Deutsche geben ungefähr 15 % ihres Einkommens für Lebensmittel aus. In Frankreich oder Italien ist es fast das Doppelte. Und weil viele auch alles an einem Ort kaufen wollen, gehen sie in den Supermarkt. Metzgereien, Bäckereien oder Gemüseläden bekommen deshalb immer mehr Probleme. In vielen Stadtteilen gibt es sie nicht mehr. Das finden wiederum viele Bundesbürger dann „sehr schade". ②

Die meisten Deutschen essen eher schnell und einfach. Die große Vorliebe der Deutschen ist traditionell die Wurst. Ob in Bayern die Weißwurst, in Ostdeutschland die Thüringer Bratwurst oder in Frankfurt das Frankfurter Würstchen, die regionalen Unterschiede sind groß. Und doch gibt es eine gesamtdeutsche Lieblingswurst. Auf Platz eins des schnellen Essens steht die Currywurst mit Pommes – eine gegrillte Wurst aus Schweine-, Kalb- und Rindfleisch mit einer Currysoße sowie Ketchup und Mayonnaise. Lecker! ③

b In welchem Text finden Sie Informationen dazu? Ergänzen Sie die Sätze.

Es ist in … üblich geworden, dass …
Die kleinen Geschäfte haben Probleme, weil …
Das Lieblingsessen … ist …

Man sagt, alle … essen …
Man gibt in … viel/wenig Geld für … aus.
In jeder Region in … gibt es …

Text 1: Es ist in Deutschland üblich geworden, dass sich jeder …

6 Was denken andere über …?

1.16–18 **a Was sagen die Leute? Kreuzen Sie die richtige Aussage an.**

1. Sigrid:
   - [a] Kaffee, Brötchen mit Butter und Marmelade, das ist das deutsche Frühstück.
   - [b] Überall gibt es etwas anderes zum Frühstück.
   - [c] Müsli und Tee sind das neue Frühstück in Deutschland. Das ist gesund.

2. Celia:
   - [a] Wir essen so um drei am Nachmittag zu Mittag.
   - [b] In meiner Familie haben wir meistens schon vor neun Uhr zu Abend gegessen.
   - [c] Viele Menschen in Spanien legen Mittag- und Abendessen zusammen.

3. George:
   - [a] In England trinkt man Bier nicht kälter und nicht wärmer als in Deutschland.
   - [b] Die Witze über das „warme" englische Bier stimmen zum Teil.
   - [c] In England ist das Essen nicht so wichtig.

b Gewohnheiten in Ihrer und anderen Kulturen – Schreiben Sie Aussagen auf ein Blatt. Verteilen Sie die Blätter im Kurs. Raten Sie: Wo ist das?

Die Leute sind gewohnt, …
Die Leute finden es wichtig, …
Es ist bei uns sehr teuer, …

Man hat keine Lust, …
Man versucht, …
Bei uns …

> *Die Leute sind gewohnt, Suppe zum Frühstück zu essen.*

7 Anders als erwartet – Nebensätze mit *obwohl*

a Unterstreichen Sie in den Aussagen *obwohl* und das Verb im Nebensatz.

Ich habe ziemlich viel gegessen, obwohl es mir nicht geschmeckt hat. Ich wollte höflich sein.

Ich hatte viel zu Mittag gegessen. Ich musste noch ein großes Stück Kuchen essen, obwohl ich schon satt war.

Obwohl das Hotel direkt am Meer war, hat es zum Abendessen nie Fisch gegeben. Und ich esse so gern Fisch.

Ich mache auch am Wochenende kein richtiges Frühstück, obwohl ich da Zeit habe. Ich bin es gewohnt, nur schnell eine Tasse Kaffee zu trinken.

> **Nebensatz mit *obwohl***
> Ich habe viel gegessen, **obwohl** es mir nicht ⟨geschmeckt⟩ ⟨hat⟩.

b Schreiben Sie Sätze mit *obwohl*.

1. Sigrid trinkt selten Kaffee. Sie mag gern Kaffee.
2. Celia kann sehr gut schlafen. Sie isst sehr spät zu Abend.
3. Max trinkt 2–3 Liter Wasser pro Tag. Er hat keinen Durst.
4. Frau Müller isst täglich Kuchen. Sie soll nichts Süßes essen.
5. Christine isst nie zu Mittag. Sie hat Hunger.
6. Herr Schuster isst in jeder Pause ein Wurstbrot. Er möchte abnehmen.

> *Sigrid trinkt selten Kaffee, obwohl sie …*

8 Essen gehen

a Wohin gehen die Personen? Ordnen Sie zu.

1. Die beiden Schüler gehen von der Schule direkt ins Kino. Auf dem Weg zum Kino wollen sie schnell etwas essen.

2. Familie Winter macht einen Ausflug aufs Land. In einem Dorf machen sie Pause und gehen essen.

3. Herr Özdemir hat Feierabend. Er geht nach der Arbeit mit einem Kollegen ein Bier trinken.

4. Frau Bergmann bleibt in der Mittagspause in der Firma. Sie geht mit ein paar Kolleginnen essen.

5. Frau Bertsch trifft sich mit ihren Freundinnen. Sie gehen am Nachmittag Kaffee trinken und Kuchen essen.

_____ a) Ins Café.

_____ b) In die Kantine.

_____ c) Zur Imbissbude.

_____ d) In die Kneipe.

_____ e) Ins Gasthaus/Restaurant.

b Welche Lokale besuchen Sie? Wann, warum und wie oft? Erzählen Sie.

Im Sommer gehe ich in der Türkei mit der ganzen Familie in einen Teegarten.

Ich gehe am liebsten in die Kneipe bei mir um die Ecke. Da treffe ich immer Freunde und Kollegen.

9 Im Restaurant

a Welche Überschriften passen? Ergänzen Sie die Speisekarte.

Fischgerichte • Für unsere kleinen Gäste • Hauptgerichte • Kalte Gerichte • Nachspeisen und Süßes • Lokale Spezialitäten • Vorspeisen und leichte Gerichte

Salate nach Saison mit gebratenen Hühnerstreifen und Toast	10,70
Salatschüssel mit Schinken, Ei und Käse	7,80
Kartoffelsuppe mit Speckwürfeln	3,20
Tagessuppe	2,80

Wiener Schnitzel mit Kartoffelsalat	13,60
Grillteller mit Pommes und Gemüse	11,70
Steak vom Rinderrücken mit Kroketten	14,70
Nudelauflauf mit Gemüse, vegetarisch	8,50

Forelle blau mit Petersilienkartoffeln	14,40
Gebratenes Dorschfilet mit Paprikareis	11,20

Kalter Schweinebraten mit Schwarzbrot und Meerrettich	7,10
Belegtes Brot (Schinken, Käse, Essiggurken)	4,80

Fränkischer Sauerbraten mit Kartoffelklößen	13,80
Nürnberger Rostbratwürstchen mit Sauerkraut	10,80
Ragout vom Reh aus heimischen Wäldern	12,60

Kaiserschmarrn	7,00
Hausgemachte Torten aus der Vitrine	2,80

Obelix – Spaghetti mit Tomatensoße	3,80
Wickie – Grillwürstchen mit Pommes	4,60

1.19–22 **b Hören Sie. Zu welchem Bild passen die Hörtexte?**

c Ordnen Sie die Ausdrücke den Bildern zu. Einige passen nicht.

Haben Sie einen Tisch für zwei Personen? • Danke, es war sehr gut. • Darf es noch eine Nachspeise sein? • Für mich einen Apfelsaft, bitte. • Haben Sie noch einen Wunsch? • Hat es Ihnen geschmeckt? • Herr Ober, die Rechnung, bitte. • Hier ist die Karte. • Ich habe eine Frage: Was ist …? • Ist dieser Tisch noch frei? • Macht zusammen 33,80 €. • Was darf es sein? • Möchten Sie noch ein Wasser? • Sonst noch ein Wunsch? • Tut mir leid, es ist kein Tisch frei. • Vielleicht noch eine Nachspeise? Oder einen Kaffee? • War's recht? • Zahlen, bitte. • Zusammen oder getrennt? • Kann ich statt Kartoffeln auch Nudeln haben? • Der Rest ist Trinkgeld.

> *Bild A*
> *Haben Sie einen Tisch für zwei Personen?*

d Kellner und zwei Gäste – Spielen Sie ein Gespräch.

10 Schmeckt's?

1.23–25 **a Ordnen Sie die Dialoge. Hören und kontrollieren Sie.**

Dialog 1

____ Schmeckt es dir nicht? Ist es zu scharf?

_1_ Das schmeckt aber interessant.

____ Ja, es ist ziemlich scharf. Und wie ist deines?

____ Echt super! Möchtest du probieren? Aber Vorsicht, es ist wirklich scharf.

Dialog 2

____ Das ist Borschtsch. Und, schmeckt's?

____ Rote Bete, das siehst du. Und sonst noch ganz viel. Das ist ein Geheimnis.

____ Ja, sehr lecker. Was ist da drin?

_1_ Was ist das? Das kenne ich nicht.

Dialog 3

____ Da hast du recht. Aber wenigstens der Wein ist gut.

____ Das ist wahr. Zum Wohl.

____ Es ist okay. Aber wenn ich an den Preis denke, …

____ Mein Fisch schmeckt aber nicht besonders. Wie ist dein Steak?

____ Prost!

b Beim Essen – Schreiben und spielen Sie selbst Dialoge.

Das schmeckt aber interessant.   *Möchtest du nicht probieren?*

Im Alltag

1 Über Essgewohnheiten sprechen

Ich esse	**nie**	Fleisch.	Fleisch schmeckt mir nicht.
Ich kaufe	**kaum**	Süßigkeiten.	Süßes mag ich nicht besonders.
Ich koche	**manchmal**	Fisch.	Fisch finde ich ganz okay.
Ich trinke	**regelmäßig**	Kaffee.	Kaffee brauche ich dreimal am Tag.
Ich esse	**oft**	Obst.	Frisches Obst ist für mich sehr wichtig.
Ich brauche	**immer**	Brot.	Ohne Brot geht bei mir gar nichts.

2 Thema „Essen" – Ratschläge geben

Trink den Tee, er wird kalt.
Du solltest mehr Salat essen, Salat ist gesund.
Du musst mehr essen, der Körper braucht das.
Denk daran, langsam zu essen.

Trinken Sie immer wieder Wasser, den ganzen Tag.
Denken Sie daran, öfter Fisch zu essen.
Versuchen Sie, wenig Süßigkeiten zu essen.
Sie müssen aufhören zu essen, wenn Sie satt sind.
Sie sollten oft zu Fuß gehen.

3 Im Restaurant bestellen und bezahlen

Gast
Haben Sie einen Tisch für fünf Personen?
Ist dieser Tisch noch frei?

Kellner
Hier ist die Karte. Was darf es zum Trinken sein?
Haben Sie schon gewählt?
Sonst noch ein Wunsch? / Haben Sie noch
einen Wunsch?
War's recht? / Hat es Ihnen geschmeckt?
Vielleicht noch eine Nachspeise?
Möchten Sie einen Kaffee?

Gast
Bringen Sie mir die Rechnung, bitte.
Zahlen, bitte.
Machen Sie 35. / Stimmt so.

Kellner
Tut mir leid, es ist kein Tisch mehr frei.
Ja, bitte! / Nein, der ist leider reserviert.

Gast
Für mich einen Apfelsaft, bitte.
Ich hätte gern eine Salatplatte mit Schinken.
Ich habe eine Frage: Was ist …?
Kann ich statt Kartoffeln auch Nudeln haben?
Danke, es war sehr gut.
Ja, gerne. Was haben Sie denn? / Nein, danke!
Ja, einen Espresso bitte.

Kellner
Zusammen oder getrennt?
Macht zusammen 33,80 €.
Danke. / Vielen Dank.

4 Gespräch beim Essen

Möchtest du noch? Es ist genug da.
Kannst du mir bitte das Brot geben?
Kann ich noch einen Saft haben?

Gern. Es schmeckt ganz toll.

Oh, Entschuldigung, das habe ich ganz vergessen.

> **TIPP** In Restaurants oder Cafés gibt man Trinkgeld, wenn man zufrieden ist. Bei kleinen Beträgen rundet man auf 50 Cent (2,30 € auf 2,50 €) oder einen ganzen Euro (2,70 € auf 3,– €) auf. Nach einem größeren Essen gibt man maximal 10 % Trinkgeld.

Grammatik

1 Infinitivgruppen mit *zu*

Verben	anfangen versuchen vergessen sich entschließen	Pavel fing an zu kochen. Er versuchte, etwas Neues zu machen. Er hatte vergessen, die richtigen Gewürze einzukaufen. Aber er entschloss sich, es trotzdem zu probieren.
Adjektive + Verb	wichtig sein nicht teuer sein gut tun schön finden	Es ist wichtig, sich richtig zu ernähren, sagt der Arzt. Es ist nicht teuer, gesund zu essen, sagt mein Chef. Es tut gut, viel zu trinken, sagt meine Freundin. Ich finde es einfach schön, das Essen zu genießen.
Nomen + haben	Lust haben keine Zeit haben Angst haben	Anna hatte Lust, im Restaurant zu essen. Sie hatte keine Zeit, vorher anzurufen. Deshalb hatte sie Angst, keinen Platz zu bekommen.

2 Nebensätze mit *obwohl*

Ich frühstücke nie, wenn ich arbeite, weil ich keine Zeit habe.

Ich (mache) aber auch sonntags kein richtiges Frühstück, obwohl ich da Zeit (habe).

Hauptsatz   Nebensatz

Ich war schon satt und wollte keinen Kuchen essen.

Ich (musste) ein großes Stück Kuchen essen,   obwohl ich schon satt (war).

Hauptsatz   Nebensatz

Wenn der Nebensatz zuerst steht, beginnt der Hauptsatz mit dem konjugierten Verb:

Obwohl ich schon satt (war), (musste) ich ein großes Stück Kuchen essen.

Wortbildung

Nomen bilden

gewohnt	**die** Gewohn**heit**	(sich) ernähren	**die** Ernähr**ung**
gesund	**die** Gesund**heit**	(sich) erholen	**die** Erhol**ung**
flüssig	**die** Flüssig**keit**	das Land	**die** Land**schaft**
süß	**die** Süßig**keit**	das Wissen	**die** Wissen**schaft**

die Qual**ität** / **die** Spezial**ität**, **die** Informat**ion** / **die** Nat**ion**, **die** Mus**ik** / **die** Grammat**ik**,
die Disko**thek** / **die** Apo**theke**

> **TIPP** Wörter mit diesen Endungen haben immer den Artikel *die*:
> Deutsche Wörter: *-ung, -heit, -keit, -schaft*
> Internationale Wörter: *-(i)tät, -(t)ion, -ik, -thek(e)*

Raststätte

1 **Wortschatz trainieren**

   a Hier finden Sie 120 Wörter aus Berliner Platz NEU 1–3. Arbeiten Sie in Gruppen. Sie haben 15 Minuten Zeit. Wie viele Wörter können Sie in Wortfeldern gruppieren? Es gibt verschiedene Möglichkeiten.

   b Stellen Sie Ihre Wortfelder im Kurs vor.

abnehmen	Eltern	kalt	Reservierung
alleinstehend	E-Mail	Karriere	Rezept
ankommen	Energie	Käse	schicken
Anmeldung	Erholung	Kasse	schlank
anschalten	essen	Kellner	Sekretär/in
anstrengend	feiern	kochen	Sessel
Anzeige	Fett	Koffer	sich interessieren für
arbeiten	Flasche	krank	sich kümmern um
Arbeitszeit	Freizeit	Küche	spät
aufstehen	Freundeskreis	Kuchen	Speisekarte
Ausbildung	frühstücken	Kuli	sportlich
Ausflug	Gabel	kurz	stellen
ausgeben	Gasthaus	lieben	studieren
Aushilfe	Geburtstag	locker	Stundenlohn
Aussehen	Gehalt	Messer	sympathisch
Bewerbung	gehen	mieten	Tasse
Bier	genießen	Mitglied	Talent
Brief	Geld	miteinander	Tee
Bruder	Gepäck	Nebenkosten	Termin
Butter	Geschenk	Ordnung	teuer
Cafeteria	gesund	Packung	treffen
Chefin	Gewicht	Partner	trinken
dauern	Grippe	praktisch	Verkäufer/in
Doppelzimmer	groß	Projekt	Vorhang
Durst	Hauptschulabschluss	Prospekt	Vorwahl
Ehe	Hochzeit	Prüfung	Wand
einladen	Hotel	pünktlich	Wochenende
einziehen	Hunger	Regierung	Wohnort
Einzelkind	jobben	renovieren	Wohnung
Einzelzimmer	Kalorien	Reparatur	zunehmen

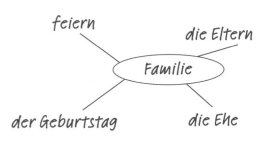

   c Ergänzen Sie gemeinsam die Wortfelder mit weiteren Wörtern, die Sie kennen.

   d Für Erzähler/innen: Schreiben Sie eine Geschichte, in der mindestens 20 von den Wörtern aus der Liste vorkommen.

② Sprechen und schreiben trainieren

Suchen Sie sich zwei Bilder aus und schreiben Sie einen Dialog oder einen Text.

① ② ③

④ **Konversationskurs Deutsch**

Niveau B1/B2

Wir sprechen über die Themen, die Sie interessieren.
Als Vorbereitung sehen wir Ausschnitte aus
Fernsehsendungen.

12 Abende, mittwochs ab 19 Uhr
Beginn: 13.4.
Ort: VHS, Bergstraße 72, Raum 11
Kursleiterin: A. Reiter (MA)

⑤ ⑥

⑦ ⑧

⑨ Hotel Maier

Fischbach am Bodensee

Wir suchen

eine Restaurantfachkraft
für unser Hotelrestaurant.
Rufen Sie an (0 75 41–34 51)
oder schreiben Sie uns:
hotelmaier@info.com

⑩ ⑪ ⑫

● Hallo Mama, ich brauche deine Hilfe.

○ Was ist denn los?

● Silke ist krank. Sie hat Fieber. Kannst du kommen? Ich muss in einer Stunde zu einem Kunden.

○ Klar, ich komme gleich.

● Danke, Mama, du bist ein Schatz.

Sehr geehrter Herr Schmidt,
meine Tochter Silke ist leider krank.
Der Arzt sagt, dass sie bis Freitag
zu Hause bleiben muss.

Mit freundlichen Grüßen
Ada Kuzlowa

Warum ist es am Rhein so schön …?

❸ Vereinsausflug an den Rhein

⊙ 1.26   **a Hören Sie, was der Vereinsvorsitzende sagt. Korrigieren Sie die falschen Aussagen.**

1. Der Rhein fließt von der Nordsee zu den Alpen.
2. Der Rhein ist über 1000 Kilometer lang.
3. Mehr als zehn Länder liegen am Rhein.
4. Der Rhein ist der längste Fluss der Welt.

⊙ 1.27   **b Hören Sie weiter und kontrollieren Sie mit der Karte. Wo beginnt die Reise und wie geht sie weiter? Ordnen Sie die Informationen in die richtige Reihenfolge.**

_____ Die Marksburg aus dem 12. Jahrhundert ist die einzige unzerstörte Höhenburg am Mittelrhein. Sie wird von Touristen aus aller Welt besucht. In Japan steht in einem Vergnügungspark sogar eine Kopie, weil die Burgenvereinigung nicht erlaubt hat, dass das Original für viel Geld verkauft und in Japan wieder aufgebaut wird. Ⓐ

_____ An einer sehr engen Stelle im Rheintal gibt es eine bekannte Touristenattraktion, die „Loreley". Zu diesem 132 Meter hohen Felsen gibt es die uralte Geschichte von der schönen Tochter des Rheinkönigs, die die Schiffer vom Rhein so verrückt macht, dass sie in den Tod fahren. Das Gedicht von Heinrich Heine hat sie weltberühmt gemacht. Ⓑ

_____ Die Burg Rheinfels war einmal die größte Burganlage am Rhein. Graf Diether von Katzenelnbogen gründete sie 1245. Diese Burg haben so berühmte Künstler wie Albrecht Dürer und der Engländer William Turner gemalt. Heute ist sie teilweise Hotel und Gaststätte. Ⓒ

_____ Seit 2002 sind das Rheintal von Bingen bis Koblenz und die Stadt Rüdesheim UNESCO-Weltkulturerbe. Mit seinen Weinbergen und mittelalterlichen Burgen gilt das Tal in der ganzen Welt als Inbegriff der romantischen Rheinlandschaft. Ⓓ

4 Heinrich Heine: Ich weiß nicht, was soll es bedeuten

⊙ 1.28 **a Hören Sie Heines Gedicht als Lied.**

Ich weiß nicht, was soll es bedeuten,
Dass ich so traurig bin;
Ein Märchen aus alten Zeiten,
Das kommt mir nicht aus dem Sinn.

Die Luft ist kühl und es dunkelt
Und ruhig fließt der Rhein;
Der Gipfel des Berges funkelt
Im Abendsonnenschein.

Die schönste Jungfrau sitzet
Dort oben wunderbar,
Ihr goldnes Geschmeide blitzet,
Sie kämmt ihr goldenes Haar.

Sie kämmt es mit goldenem Kamme
Und singt ein Lied dabei;
Das hat eine wundersame,
Gewaltige Melodei.

Den Schiffer im kleinen Schiffe
Ergreift es mit wildem Weh;
Er schaut nicht die Felsenriffe,
Er schaut nur hinauf in die Höh.

Ich glaube, die Wellen verschlingen
Am Ende Schiffer und Kahn;
Und das hat mit ihrem Singen
Die Lore-Ley getan.

b In dem Gedicht gibt es veraltete Ausdrücke. Ordnen Sie die Bedeutung zu.

1. das kommt mir nicht aus dem Sinn

2. es dunkelt

3. ihr goldnes Geschmeide blitzet

4. goldenes Haar

5. eine wundersame, gewaltige Melodei

6. mit wildem Weh

7. die Wellen verschlingen … Kahn

____ a) es wird Abend

____ b) das Boot geht unter

____ c) blondes Haar

____ d) ich kann das Märchen nicht vergessen

____ e) ihr goldener Schmuck glänzt

____ f) eine schöne Melodie / ein schönes Lied

____ g) mit großer Sehnsucht

c Erarbeiten Sie in Gruppen je eine Strophe mit dem Wörterbuch und sprechen Sie im Kurs.

d Kennen Sie ähnliche Geschichten von schönen Frauen, die Männern den Tod bringen?

Projekt: Eine Reise an den Rhein

Wählen Sie einen Abschnitt des Rheins. Planen Sie eine Reise wie in Aufgabe 3 und stellen Sie Ihre Reise im Kurs vor. Auf der Homepage www.rheintal.de finden Sie viele Informationen.

Prüfungsvorbereitung: Sprechen

❺ Gespräch über Esskultur
Wählen Sie ein Foto. Arbeiten Sie zuerst allein. Lesen Sie die Aufgaben a und b und die Redemittelkästen.

a Das Foto betrachten – Beantworten Sie die Fragen.

– Wer ist zu sehen?
– Was machen die Personen?
– Welche Situation ist auf dem Foto dargestellt?
– Wo sind die Personen?

– Welche Tageszeit könnte das sein?
– Wie ist die Atmosphäre?
– Welches Problem zeigt das Foto?

b Das Foto beschreiben

1. Beschreiben Sie Ihrem Partner / Ihrer Partnerin das Foto.
2. Ihr Partner / Ihre Partnerin stellt Ihnen Fragen dazu. Reagieren Sie darauf.

Personen	Situation	Tätigkeiten
Auf dem Bild sieht man viele Personen, die … Das könnte ein/e … sein. Die Personen sehen … aus. Sie scheinen … zu sein, weil …	Man kann hier deutlich erkennen, dass … Es ist klar zu sehen, dass … Man versteht sofort, dass … Ich vermute, dass … Ich glaube, dass … Vielleicht ist das ein/e …	Die Personen sind gerade dabei … zu … Ich glaube, dass die Personen gerade … Man kann (nicht) deutlich erkennen, was die Personen machen.
Ort und Zeit	**Atmosphäre**	**Problem**
Die Personen befinden sich in einem/einer … Das könnte in einem/einer … sein. Das könnte morgens/mittags/ abends sein, weil man … sehen kann.	Auf dem Foto herrscht eine freundliche/familiäre Atmosphäre. Die Personen sehen sehr … aus. Das ist typisch Alltag. Das ist ein nettes/schönes Foto, weil …	Das Foto spricht das Problem … an. Das Foto macht auf das Problem … aufmerksam. Wenn ich das Foto anschaue, dann denke ich sofort an …

c Über das Foto sprechen

1. Welche Erfahrungen haben Sie mit der dargestellten Situation gemacht?
2. Wie ist das in Ihrem Heimatland?
3. Könnte es dieses Foto auch in Ihrem Heimatland geben?

Bei mir persönlich ist Also, bei uns zu Hause ist In meinem Land gibt es Ich könnte mir nicht vorstellen, Ich glaube, Es ist unvorstellbar, Ich bin sicher, dass	das genauso/ähnlich / ganz anders: … die Situation sehr ähnlich / ganz anders: … ähnliche / ganz andere Traditionen. das genauso zu machen, weil … so ein Foto könnte man in meinem Heimatland nicht/auch machen. so ein Foto bei uns / in … zu machen. man so eine Situation in meinem Heimatland (nicht) finden könnte, weil …

Gesprächspartner A

Gesprächspartner B

TIPP Vor der Prüfung haben Sie keine Vorbereitungszeit. Sie bekommen das Foto in der mündlichen Prüfung von Ihrem Prüfer / Ihrer Prüferin. Sie haben kurz Zeit, sich das Foto anzuschauen. Nutzen Sie die Zeit! Überlegen Sie, was Sie zu diesem Foto sagen können. Reden Sie nicht einfach darauf los!

Geschichte

(A)

① Anfang Mai 1945 eroberte die sowjetische Armee Berlin. Der Zweite Weltkrieg, den Deutschland 1939 mit dem Angriff auf Polen begonnen hatte, war zu Ende. Deutschland und halb Europa waren zerstört. Über 50 Millionen Menschen, fast die Hälfte davon Bürger der Sowjetunion, hatten ihr Leben verloren. Darüber hinaus hatten die Nazis Millionen Menschen in den Konzentrationslagern ermordet, etwa sechs Millionen davon waren Juden.

(B)

(C)

Lernziele

- Texte zur Geschichte verstehen
- über Ereignisse in der Vergangenheit sprechen
- über Migration sprechen
- Meinungen zu Europa äußern

② In den siebziger Jahren wollte eine neue Generation anders leben als ihre Eltern. Sie gründeten Wohngemeinschaften und neue Arten von Kindergärten. Man protestierte gegen den Bau von Atomkraftwerken und die Umweltverschmutzung. Es entstand die Ökobewegung. Energiesparen, Sonnen- und Windenergie und ökologische Landwirtschaft wurden wichtige Themen.

1 Geschichte in Bildern und Texten

   a Sehen Sie die Bilder an. Sammeln Sie Assoziationen und Informationen im Kurs.

   b Lesen Sie die Texte und ordnen Sie die Bilder zu.

③ Nachdem Carl Benz 1886 das erste Auto gebaut hatte, machte seine Frau Berta im August 1888 mit ihren beiden Söhnen die erste „Fernreise". Sie fuhren von Mannheim 80 Kilometer zur Großmutter nach Pforzheim. Unterwegs hatten sie zwar kleine Pannen und mussten Benzin in der Apotheke einkaufen, aber am Abend hatten sie die erste Autofernfahrt der Welt geschafft.

Am 10. September 1964 kam der Millionste Gastarbeiter, der Portugiese Armando Rodriguez, in Köln an. Er bekam bei seiner Ankunft ein Moped als Geschenk.

④ Als sich die Wirtschaft in den 50er Jahren erholte, brauchte Deutschland Arbeitskräfte. Die ersten „Gastarbeiter" kamen ab 1955. Es waren Italiener. Ihnen folgten Griechen, Spanier, Portugiesen, Türken, Serben, Kroaten usw. Es kamen 20- bis 40-jährige Männer ohne Familien, die in Deutschland in kurzer Zeit möglichst viel Geld verdienen wollten. Dann wollten sie wieder nach Hause. Aber viele blieben, heirateten und bekamen Kinder. Deutschland wurde ihre zweite Heimat.

⑤ Als die DDR-Regierung am 9. November 1989 um 19 Uhr 7 erklärte, dass DDR-Bürger ab sofort frei reisen durften, konnte es erst niemand glauben. Nachdem sie die Nachricht im Fernsehen gesehen oder im Radio gehört hatten, gingen Tausende von DDR-Bürgern und -Bürgerinnen zu den Grenzübergängen. Gegen 21 Uhr wurde die Grenze in Berlin geöffnet. Ost- und Westberliner lagen sich in den Armen und feierten.

② Geschichte hören

1.29–30 **a Hören Sie die Texte. Zu welchen Bildern passen sie?**

b Hören Sie Text 1 noch einmal. Was hören Sie zu diesen Stichworten?

1958 • allein • Spaghetti • nach Italien zurückgehen • Pizzeria • Familie • 70

c Hören Sie Text 2 noch einmal. Kreuzen Sie an: richtig oder falsch?

	R	F
1. Klaus Steffens hat 1989 in Berlin gewohnt.	☐	☐
2. Er wusste, dass die Mauer bald offen sein wird.	☐	☐
3. Er ist mit seiner Freundin noch in der Nacht nach Westberlin gegangen.	☐	☐
4. Die Westberliner fanden den Besuch aus dem Osten nicht gut.	☐	☐

3 Zwanzig Jahre

a Von 1989 bis heute – Sammeln Sie Stichworte zu Ereignissen in der Welt in diesen Jahren.

> *1990 war bei uns in Chile die Pinochet-Diktatur zu Ende.*

b Lesen Sie den Text. Wie stehen 1–5 im Text?

1. Die Wiedervereinigung war teuer.   2. Der Wirtschaft im Osten ging es zuerst sehr schlecht.
3. Die EU wird größer.   4. Die EU bekommt eine eigene Währung.   5. Der 3. Oktober wird gefeiert.

Nachdem die Grenze zwischen der DDR und der BRD gefallen war, dauerte es nur knapp ein Jahr, bis sich die beiden deutschen Staaten zusammenschlossen. Seitdem ist der 3. Oktober ein Nationalfeiertag. Jedes Jahr findet ein Bürgerfest in einem anderen Bundesland statt.

Mit dem 3. Oktober war die Wiedervereinigung nicht abgeschlossen, sie hatte gerade erst begonnen. Der Staat investierte Milliarden in die Erneuerung der Infrastruktur Ostdeutschlands. Neue Straßen wurden gebaut, Innenstädte saniert, die Verwaltung umstrukturiert.

In den Jahren nach 1990 gingen viele Wirtschaftsbetriebe der ehemaligen DDR bankrott, andere wurden privatisiert. Viele Menschen verloren ihre Arbeitsplätze. Für die Menschen im Osten war das sehr schwer. Erst langsam wurde die Situation besser. Neue Industrien kamen und neue Arbeitsplätze entstanden, aber bis heute gibt es große soziale Unterschiede zwischen Ost und West.

Nachdem man die Grenzen zwischen Osteuropa und Westeuropa geöffnet hatte, ging auch die europäische Einigung schnell voran. Von 1995 bis 2009 traten 15 neue Länder der Europäischen Union bei. Seit 2002 wird der Euro in immer mehr Staaten Europas als

Währung eingeführt. 2009 trat der Vertrag von Lissabon in Kraft. Durch ihn soll die EU nach innen und außen handlungsfähiger werden.

Der zwanzigste Jahrestag des Mauerfalls wurde 2009 mit einem großen Fest in Berlin gefeiert. Hunderttausende von Menschen aus der ganzen Welt feierten auf den Straßen von Berlin.

4 Wichtige Daten

a Sammeln Sie wichtige Ereignisse zu Ihrem Heimatland. Sprechen Sie im Kurs.

Seit wann ist … eine Diktatur/Demokratie?	… hat es eine Revolution / einen Putsch / eine Überschwemmung / einen Hurrikan gegeben.
Hat es bei euch einmal einen Krieg/… gegeben?	… gab es einen Krieg / ein Erdbeben …
Weißt du, ob / seit wann / wie lange …?	… war der Krieg zu Ende und …
Seit wann ist … unabhängig?	Seit … ist … eine Republik.
Bis wann war … eine Monarchie?	Ich bin mir nicht sicher, aber ich glaube, dass …

b Gibt es einen Tag, der Ihr Leben verändert hat? Sprechen Sie im Kurs.

> *… habe ich meine erste Arbeitsstelle bekommen.*

> *Am 3. März 20… bin ich nach … gekommen.*

> *Vor vier Jahren wurde meine Tochter geboren. Das hat mein Leben verändert.*

5 Vergangenheit: schriftlich und mündlich

a Markieren Sie in 1–6 die Präteritumformen. Notieren Sie die Infinitive und die Perfektform.

1. Carl Benz erfand 1886 das Auto.
2. Hitler kam 1933 an die Macht.
3. Der Ingenieur Conrad Zuse baute 1941 den ersten Computer.
4. Die ersten Gastarbeiter trafen 1955 in Westdeutschland ein.
5. 1956 gründeten sechs Länder die Europäische Wirtschaftsgemeinschaft (EWG).
6. Am 9. November 1989 öffnete die DDR die Mauer.

Der Z3 von Conrad Zuse war der erste funktionsfähige Computer.

b Wenn man spricht, benutzt man meistens das Perfekt. Fragen und antworten Sie.

Wann hat Benz das Auto erfunden?

Wann sind die ersten ...?

6 Zeitpunkt in der Vergangenheit: *als*

Lesen Sie das Beispiel und verbinden Sie die Sätze in 1–5.

1. Die Wirtschaft wuchs. Deutschland brauchte Arbeitskräfte.
2. Die DDR-Regierung erlaubte das Reisen. Niemand konnte es glauben.
3. Der Euro wurde eingeführt. Viele hatten Angst vor der Inflation.
4. Leos Vater durfte zum ersten Mal wählen. Er war über 50.
5. Olga war schon 22. Sie hat ihren Führerschein gemacht.

Das passierte:

Die Mauer (fiel) am 9.11.   Niemand (glaubte) das.

Nebensatz   Hauptsatz

Als die Mauer am 9.11. (fiel), (glaubte) das niemand.

1. Als die Wirtschaft wuchs, brauchte ...

7 Zuerst – danach: *nachdem*

a Markieren Sie in 1–4 *nachdem* und die Verbformen im Nebensatz und im Hauptsatz.

1. Nachdem Benz das erste Auto gebaut hatte, machte seine Frau Berta die erste „Fernreise".
2. Viele DDR-Bürger gingen zu den Grenzübergängen, nachdem sie die Nachricht gehört hatten.
3. Die europäische Einigung ging schnell voran, nachdem man die Grenzen geöffnet hatte.
4. Nachdem die Grenze gefallen war, dauerte es nur ein Jahr, bis Deutschland vereint war.

b Notieren Sie die Informationen aus 1–4 an der Tafel wie im Beispiel.

Das passierte zuerst.
Benz baute das Auto.

Das passierte danach.
Berta machte eine Fernreise.

c Plusquamperfekt – Ergänzen Sie die Regel. Wann benutzt man *haben* und wann *sein*?

Das Plusquamperfekt bildet man mit dem P... von *haben* oder *sein* und dem P... II vom Verb.

Nachdem er den Test (bestanden) (hatte), fuhr Tom nach Hause.

Er rief Lena an, **nachdem** er (angekommen) (war).

8 Gastarbeiter, Migranten …

a Lesen Sie die Porträts. Kennen Sie ähnliche Geschichten? Sprechen Sie im Kurs.

Nachdem Chim mit 20 Jahren aus Vietnam in die DDR gekommen war, arbeitete er in einer Fabrik. Nach 1989 hatte er es zuerst sehr schwer. Dann machte er mit seiner Frau zusammen ein Restaurant in Leipzig auf.

Clara kam 1965 aus Spanien nach Deutschland. Sie arbeitete hier und später heiratete sie. 1999 ging sie nach Spanien zurück, aber heute lebt sie wieder in Bochum, weil ihre Kinder in Deutschland wohnen.

Als Sedat drei Jahre in Köln war, kam seine Frau auch nach Deutschland. Das war vor 25 Jahren. Heute sind seine drei Kinder erwachsen. Sein ältester Sohn lebt in Toronto, Kanada, seine Tochter in Köln und der Jüngste wohnt in Ankara.

Dene kam 2003 aus dem Sudan nach Deutschland. Der Anfang war sehr schwer. Sie hatte Probleme mit der Sprache, den Leuten und dem Wetter. Heute arbeitet sie als Kindergärtnerin.

> Mein Onkel ist 1989 nach Berlin gekommen. Nachdem er …

> Meine Freundin kommt aus … Sie musste … fliehen und ist zuerst nach …

> Mein Ururgroßvater ist 1929 in die USA ausgewandert. Mein Großvater …

b Ergänzen Sie den Text mit den Verbformen im Plusquamperfekt.

Mit dem Wirtschaftswunder in den 50er Jahren begann auch die Zuwanderung nach Deutschland. Nachdem zuerst Italiener (1) _____ (kommen), folgten bis Ende der sechziger Jahre Menschen aus Griechenland, Spanien, Portugal und der Türkei. Zu Anfang (2) _____ man sie als „Fremdarbeiter" _____ (bezeichnen), aber bald hießen sie offiziell „Gastarbeiter". Viele blieben in Deutschland und fanden hier eine neue Heimat, aber viele gingen auch zurück in ihre Heimat.

Nachdem die Wirtschaftskrise der 70er Jahre (3) _____ (anfangen), durften

keine Gastarbeiter mehr kommen. Nach der Krise kamen wieder viele Migranten nach Deutschland, vor allem aus der Türkei.

Nachdem Anfang der 90er Jahre auf dem Balkan der Krieg (4) _____ (beginnen), flohen viele Menschen nach Deutschland. Die meisten Flüchtlinge kehrten später in ihre Heimat zurück.

Nach dem Ende der Sowjetunion kamen auch viele Aussiedler nach Deutschland.

9 **Europa und ich**

a **Lesen Sie den Text. Zu welchen Textstellen passen die Bilder?**

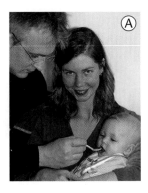

Ich heiße Lucie Berger und komme aus Toulouse. Unsere kleine Emma gäbe es wahrscheinlich nicht ohne Europa. Ich habe meinen Mann vor fünf Jahren bei einem EU-Programm in Schottland kennen-
5 gelernt. Sebastian ist ein echter Niederbayer aus Passau, wo wir vor einem Jahr hingezogen sind.
Europa bringt die Menschen zusammen. Viele Freunde von uns haben „binationale Beziehungen". Die Europäische Union mit ihren heute 27 Mit-
10 gliedsstaaten hat uns eine lange Periode von Frieden und wirtschaftlichem Fortschritt gebracht. Das ist das Wichtigste und das darf man nie vergessen.
Ich verstehe nicht, warum viele Leute Angst vor dem „Monster in Brüssel" haben, denn dieses Mons-
15 ter ist bürgerfreundlicher, als die meisten glauben. Es hat nicht nur das Reisen, Leben und Arbeiten in der EU viel leichter gemacht, auch die meisten der oft kritisierten EU-Verordnungen helfen den Bürgern. Dank der EU müssen wir heute nicht mehr so

20 hohe Gebühren für Banküberweisungen im EU-Raum bezahlen. Die EU hat dafür gesorgt, dass ich jetzt viel billiger mit dem Handy meine Mutter in Toulouse anrufen kann. Dass heute auf meinem Flugticket nach Toulouse der Preis steht, den ich
25 auch wirklich bezahlen muss und nicht noch versteckte Gebühren und Steuern dazukommen, liegt auch an der EU.
Viele Menschen wissen zu wenig über die Europäische Union und glauben deshalb leicht Berichten,
30 die sie als demokratiefeindliche Bürokratie darstellen. Es stimmt, dass es viele Probleme gibt und die EU noch viel demokratischer und bürgerfreundlicher werden muss. Sie muss auch offener sein für Menschen aus anderen Ländern. Trotzdem ist die
35 Europäische Union eine Erfolgsgeschichte.
Für unsere Tochter wird Europa die Heimat sein. Sie wächst dreisprachig auf mit Deutsch, Französisch und – Niederbairisch.

b **Was sagt der Text? Kreuzen Sie an: richtig (R), falsch (F), dazu steht nichts im Text (0).**

	R	F	0
1. Lucie lebt in Schottland.	☐	☐	☐
2. Der Euro gilt heute in ganz Europa.	☐	☐	☐
3. Viele Europäer haben Probleme mit der EU.	☐	☐	☐
4. Die EU hat viele Dinge einfacher gemacht.	☐	☐	☐
5. Die EU kontrolliert die Banken.	☐	☐	☐
6. Man kann heute in der EU billiger mit dem Handy telefonieren als früher.	☐	☐	☐

Projekt: Stadtgeschichte/Regionalgeschichte

Entscheiden Sie zuerst, ob Sie über Ihre Heimatstadt/-region oder eine Stadt/Region in Deutschland berichten wollen.
– Wie alt ist diese Stadt? Was sind die ältesten Orte in der Region?
– Welche interessanten Personen kommen aus der Gegend?
– Was war ihre beste/schlechteste Zeit?
– Welche Partnerstädte/-regionen in Europa hat sie?

10 Drei Meinungen zu Europa

1.31–33 **a Hören Sie. Was sagen die drei Personen zu den Stichworten?**

Bhadrak Singh, Indien   *Jiri Dmytrák, Tschechien*   *Me Sun Shin, Süd-Korea*

freier Handel   Hoffnung   Geschichte   Bürokratie   eigene Kultur

Chancen   Angst   ohne Pass reisen   junge Leute   Amerika

Wirtschaft   Währung/Euro

b Hören Sie noch einmal. Wer sagt was? Notieren Sie B (Bhadrak), J (Jiri) oder M (Me Sun).

1. _____ glaubt, dass Europa für die Leute in seinem Land immer positive und negative Seiten hat.

2. _____ betont, dass Europa eine interessante Geschichte hat.

3. _____ findet, dass die Jugend in Europa mehr eigene Ideen haben sollte.

4. _____ verbindet Positives und Negatives mit dem Begriff „Europa".

5. _____ interessiert sich besonders für die europäische Kultur.

6. _____ meint, dass es ein Vorteil ist, wenn man ohne Pass reisen kann.

11 Meine Meinung

a Europäische Union pro und contra – Sammeln Sie an der Tafel.

> PRO
> einfacher Reisen
>
> CONTRA
> zu wenige Bürgerrechte

b Schreiben Sie kurze Texte. Hängen Sie sie im Kursraum auf und sprechen Sie darüber.

> Ich finde nicht, dass der Euro überall die Währung sein muss.

> Warum nicht? Das ist doch praktisch.

> Der größte Vorteil ist für mich …

> Ich finde es einen Nachteil, dass …

12 **Biografien**

a Lesen Sie den Text. Erster Eindruck – Welche Stichwörter passen zum Text und warum?

Freizeit • Politik • Beruf • mein Leben • Geld • Macht • Spaß

Eine zweite Chance?

Zum Thema „Eine zweite Chance" hatte der Talkshow-Moderator einen wichtigen Politiker, eine berühmte Schauspielerin und eine alte Dame
5 eingeladen, die niemand kannte.

Zuerst sprach der Moderator lange mit der Schauspielerin. Nachdem sie von Filmen, von Partys und von ihren großen Erfolgen und kleinen
10 Problemen erzählt hatte, fragte der Moderator: „Stellen Sie sich vor, Sie können Ihr Leben noch einmal leben. Was machen Sie anders?" Die berühmte Schauspielerin überlegte nicht lange und antwortete: „Ich mache alles
15 genauso wieder!" Das Publikum im Studio applaudierte laut und lange.

Danach sprach der Moderator mit dem Politiker. Und nachdem dieser von seinen großen Erfolgen, kleinen Niederlagen und von den
20 Treffen mit Politikern aus der ganzen Welt erzählt hatte, fragte der Moderator auch ihn: „Stellen Sie sich vor, Sie können Ihr Leben noch einmal leben. Was machen Sie anders?" Der Politiker überlegte nur etwas länger als die
25 Schauspielerin und antwortete: „Ich mache alles genauso wieder, aber vielleicht ein oder zwei Fehler weniger." Und das Publikum im Studio applaudierte wieder laut und lange.

Dann unterhielt sich der Moderator mit der al-
30 ten Dame und sagte: „Leider ist unsere Sende-

zeit schon fast zu Ende, aber ich möchte auch Ihnen wenigstens diese eine Frage stellen: Stellen Sie sich vor, Sie können Ihr Leben noch einmal leben. Was machen Sie anders?"
35 Die alte Dame, die niemand kannte, überlegte lange und sagte dann langsam und sehr entschlossen: „Ich mache natürlich alles anders! Aber Ihre Frage ist nicht ganz richtig. Sie müssen fragen: ‚Was können Sie anders machen?'
40 Kann ich die Kriege verhindern? Kann ich die Arbeitslosigkeit abschaffen? Kann ich die Klimakatastrophe verhindern und die Umwelt retten? Kann ich die Menschen toleranter machen? Wenn ich das kann, dann tue ich
45 das! Aber kann ich das?" Und das Publikum applaudierte – lange, sehr lange, aber leise und nachdenklich. Nach der Sendung kam Werbung für Autos, Haarshampoo und Hundefutter und danach kamen die Nachrichten
50 mit Überschwemmungen, Erdbeben und Kriegen.

b Lesen Sie 1–6 und noch einmal den Text. Wer könnte das gesagt haben? Notieren Sie S (Schauspielerin), P (Politiker) oder D (Dame).

1. _____ Ich allein kann nicht viel ändern.

2. _____ Mir gefällt mein Leben. Hauptsache, es geht mir gut.

3. _____ Die da oben machen doch sowieso, was sie wollen.

4. _____ Ich habe mich immer gern engagiert. Man kann schon etwas verändern.

5. _____ Ich will gar nichts ändern. Die große Politik interessiert mich nicht.

6. _____ In meinem Beruf ist es wichtig, dass man den Menschen Mut macht.

c Ihre Meinung: Was würden Sie anders machen? Ist das möglich? Machen Sie Notizen. Sprechen Sie dann im Kurs.

Im Alltag

1 Über wichtige Ereignisse im Leben sprechen

Seit wann ist dein Land eine Diktatur/Demokratie/ Monarchie?
Seit wann ist dein Land unabhängig?
Bis wann war … eine …?

2000 hat es eine Revolution / einen Putsch/Krieg gegeben.
2003 war der Krieg zu Ende und …
2010 gab es eine Überschwemmung / einen Hurrikan / ein Erdbeben …
Seit 1985 ist mein Land eine Republik.

Ich bin mir nicht sicher, aber ich glaube, dass …

Als meine Tochter geboren wurde, hat sich mein Leben verändert.
Nachdem ich ein Jahr in Deutschland gelebt hatte, habe ich mich langsam an das Leben gewöhnt.

2 Über Zeitabläufe berichten (Zusammenfassung)

zuerst	Zuerst habe ich Deutsch gelernt, das war nicht leicht.
am Anfang	Am Anfang war alles schwer für mich.
nach dem/der/den	Nach dem Deutschkurs / Nach den ersten Monaten wurde es leichter.
dann	Dann habe ich eine Elektrikerlehre gemacht und
danach	danach habe ich eine Stelle in einem Baumarkt bekommen.
anschließend	Anschließend bin ich noch einmal zur Schule gegangen.
später	Später habe ich mich immer wieder fortgebildet.
schließlich	Schließlich hatte ich meinen Meisterbrief als Elektriker.
zum Schluss	Zum Schluss war ich Meister.
am Ende	Am Ende habe ich eine Firma gegründet, die bis heute sehr gut geht.

3 Meinungen zu Europa äußern

Kasimir glaubt, dass Europa eine große Zukunft hat.
Olga betont, dass es viele Probleme gibt.
Wir finden, dass die Jugend in Europa ihre eigene Kultur entwickeln sollte.
Ich meine, dass es ein Vorteil ist, wenn man ohne Pass reisen kann.
Ich finde es einen Nachteil, dass/wenn …

Es ist (nicht) gut, dass …
Die EU ist eine gute Idee, aber …
Der größte Vorteil/Nachteil ist für mich …

Grammatik

1 Über die Vergangenheit sprechen: Präteritum und Perfekt

Im Deutschen kann man mit dem Perfekt über die Vergangenheit sprechen.

In schriftlichen Texten findet man oft das Präteritum.

Mein Urururgroßvater ist aus Polen nach Deutschland gekommen. Er hat beim Aufbau der Industrie im Ruhrgebiet geholfen und ist in Deutschland geblieben.

Die ersten „Gastarbeiter" <u>kamen</u> Ende des 19. Jahrhunderts nach Deutschland als polnische Arbeiter, die beim Aufbau der Kohle- und Stahlindustrie im Ruhrgebiet <u>halfen</u>. Viele <u>blieben</u> in Deutschland. Deshalb gibt es im Ruhrgebiet heute häufig polnische Familiennamen wie Grabowski oder Kowalski.

 Bei *sein* und *haben* nimmt man fast immer das Präteritum.

2 Plusquamperfekt

Mit dem Plusquamperfekt berichtet man über Ereignisse, die vor anderen Ereignissen in der Vergangenheit passierten.

Das passierte **zuerst**.

Nachdem ich meinen Schulabschluss (gemacht) (hatte),

Ich (hatte) meinen Schulabschluss (gemacht)

Nachdem man die Grenzen (geöffnet) (hatte),

Das passierte **danach**.

(begann) ich eine Lehre als Elektriker.

und (studierte) danach in den USA.

(wurde) das Reisen viel leichter.

Das Plusquamperfekt
– bildet man mit *sein/haben* (konjugiert) und dem Partizip II vom Verb.
– nimmt man meistens in schriftlichen Texten.

Für *haben* oder *sein* gelten die gleichen Regeln wie beim Perfekt: *passieren, bleiben, sein* und Verben der Bewegung/Zustandsveränderung bilden das Plusquamperfekt mit *sein*, alle anderen mit *haben*.

3 Nebensätze mit *als* und *nachdem*

als
Zeitpunkt in der Vergangenheit

Als ich 2010 nach Deutschland (kam),

Als ich in der Fabrik (arbeitete),

Das passierte:

(begann) ich sofort einen Deutschkurs.

(lernte) ich meine Frau kennen.

nachdem
Das passierte **zuerst**.

Nachdem die Mauer (gefallen) (war),

Nachdem ich die Prüfung (bestanden) (hatte),

Das passierte **danach**.

(konnten) die DDR-Bürger frei reisen.

(habe) ich eine Arbeitsstelle (gesucht).

Der Nebensatz kann auch nach dem Hauptsatz stehen.
Ich (habe) eine Arbeitsstelle (gesucht), nachdem ich die Prüfung (bestanden) (hatte).

Männer und Frauen

Ⓐ

Lernziele

- über Beziehungen sprechen
- Gefühle äußern
- Gegensätze ausdrücken
- ein Konfliktgespräch führen
- Probleme benennen und Wünsche äußern

1 **Liebe?**

a **Was fällt Ihnen zu „Liebe" ein? Finden Sie ein passendes Wort für jeden Buchstaben im Wort.**

L
I
erstEr Kuss
Blumenwiese
E

b **Wählen Sie ein Bild aus. Beschreiben Sie die Situation und die Gefühle, die dazu passen. Die anderen raten, welches Bild es ist.**

gern haben • sehr gern mögen • lieben • keine Worte finden • sich verlieben • den Verstand verlieren • sich aufeinander verlassen • gemeinsam alt werden • traurig • romantisch • es geht mir gar nicht gut • getrennt • es tut mir leid, dass … • es tut mir weh, dass … • enttäuscht • ich freue mich, dass … • nervös • der Streit / streiten • sympathisch finden • die Enttäuschung • nicht mehr miteinander reden • rot werden • unterschiedliche Meinungen haben

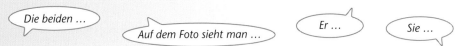

Die beiden …   *Auf dem Foto sieht man …*   *Er …*   *Sie …*

2 Wie Anna und Michael sich kennenlernten

⊙ 1.34 **Hören Sie die Geschichte. Bringen Sie die Sätze in die richtige Reihenfolge.**

_____ Erst als ich in Annas Büro zu tun hatte, kamen wir ins Gespräch.

_1_ Wir kennen uns seit über zwei Jahren, weil Michael häufig in meiner Firma zu tun hatte.

_____ Aber Michael kann nicht nur erzählen, sondern auch gut zuhören.

_____ Ich habe danach häufig bei Anna angerufen und gefragt, ob sie meine Hilfe braucht.

_____ Obwohl Michael mit seiner Arbeit fertig war, ist er noch bei mir im Büro geblieben.

_____ Bei unserem ersten Treffen habe ich Anna viel von mir erzählt, z. B. dass ich Vater bin.

_____ Ich habe schnell gemerkt, dass er nicht nur wegen der Telefonanlage anruft, und mich mit ihm verabredet.

3 Liebenswürdigkeiten und Macken

**a Über wen wird gesprochen: Anna oder Michael?
Ergänzen Sie die Namen bzw. Personalpronomen.**

① Also, _____ hat viele positive Eigenschaften, aber auch einige negative. Hm, was
soll ich da so spontan sagen? Also, was mich
wirklich immer ärgert, ist, dass _____ nie die
Schranktüren zumacht. Nicht nur in der Küche, sondern auch in allen anderen Räumen
vergisst _____ einfach, Türen und Schubladen
zuzumachen. In der Küche stört mich das
am meisten. _____ stört das überhaupt nicht.
Wenn ich _____ das sage, lacht _____ nur.

② Was ich an _____ toll finde, ist, dass
_____ so viel Humor hat. Man kann immer
Spaß mit _____ haben, wirklich immer.
Wenn ich mal so richtig niedergeschlagen
bin, baut _____ mich auf, sowohl durch
_____ Fähigkeit, zuzuhören, als auch
durch einen lockeren Spruch. Mit _____
kann ich wirklich durch dick und dünn
gehen. _____ ist 100-prozentig zuverlässig.

③ Ach, und da fällt mir noch ein, dass
ich jedes Mal fast einen Herzinfarkt bekomme, wenn ich mit _____ Auto fahre.
_____ fährt wie verrückt und meistens viel
zu schnell. Dann sieht _____ weder Ge-
schwindigkeitsbegrenzungen noch andere
Verkehrszeichen. Wenn _____ noch mehr
Strafzettel bekommt, dann ist bald _____
Führerschein weg. _____ sagt nur, dass das
Quatsch ist. Zum Glück ist noch nichts
passiert.

④ _____ ist leider ganz schrecklich unpünktlich, während ich sehr pünktlich bin.
Man muss immer eine halbe Stunde mehr
einkalkulieren, wenn man sich mit _____
verabredet. Das liegt meistens daran, dass
_____ die Zeit nicht richtig einteilen kann.
Entweder fällt _____ kurz davor etwas ganz
Wichtiges ein, was _____ noch machen
muss, oder _____ vergisst die Termine einfach und sie fallen _____ erst in letzter
Sekunde ein. Das finde ich sehr nervig.

⊙ 1.35–38   **b Hören Sie zur Kontrolle. Waren Ihre Vermutungen richtig?**

4 Weder ... noch ...

a Markieren Sie in Aufgabe 3a die Sätze mit diesen Konjunktionen.

nicht nur ..., sondern auch ... • sowohl ... als auch ... • weder ... noch ... • entweder ... oder ...

b Geburtstag – Hören Sie und schreiben Sie die Konjunktionen zu den Zeichnungen.

1.39

  (A)   (B)   (C)

_____   _____   _____

_____   _____   _____

c Schreiben Sie die Sätze zu Ende.

1. Anna gefällt sowohl Michaels Humor ...		a) wir gehen ins Kino.
2. Anna mag weder Michaels Unpünktlichkeit ...		b) gut zuhören.
3. Michael kann nicht nur erzählen, ...	sondern auch	c) etwas mit anderen machen.
4. Anna fährt manchmal weder langsam ...	als auch	d) gut tanzen.
5. Am Samstag kann man entweder ausruhen ...	noch	e) beachtet sie Verkehrszeichen.
6. Macken können nicht nur nerven, ...	oder	f) seine Fähigkeit zuzuhören.
7. Auf Partys kannst du sowohl Leute treffen ...		g) liebenswürdig sein.
8. Entweder schauen wir den Krimi an ...		h) seine Vergesslichkeit.

1f Anna gefällt sowohl Michaels Humor als auch seine Fähigkeit zuzuhören.

5 Macken

a Sammeln Sie im Kurs. Welche Macken finden Sie nervig, lustig oder sympathisch?

... singt immer in der Badewanne.	Das finde ich lustig.
... trägt manchmal ganz verrückte Sachen.	Das finde ich nervig.
... gibt alten Leuten Computerunterricht.	Das ist doch furchtbar.
... verbessert immer mein Deutsch.	Ich finde das sympathisch.
... Handy klingelt manchmal im Unterricht.	Ich finde das toll.
Wenn ... etwas toll findet, sagt sie immer: „Supi!"	Das stört mich.
...	

Mein Freund spielt immer mit seinem Handy. Das finde ich nervig.

b Macken-Hitparade – Was sind die drei sympathischsten und die drei nervigsten Macken?

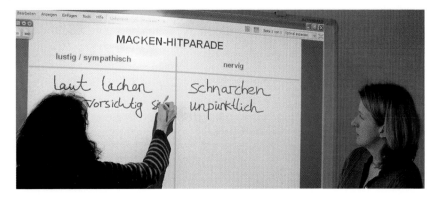

6 Gegensätze ausdrücken – Nebensätze mit *während*

a Sammeln Sie Gegensätze im Kurs.

> Branco hat sieben Geschwister.
> Sofia ist ein Einzelkind.
>
> Hamide arbeitet seit sieben Jahren.
> Helena ...

b Schreiben Sie mit Ihren Beispielen Sätze mit *während*.

> Sofia ist ein Einzelkind, während Branco sieben Geschwister hat.
> Während Hamide seit sieben Jahren arbeitet, hat Helena ...

7 Wenn falsche Worte fallen – Killerphrasen

a Lesen Sie den Text. Welche Überschriften passen zu 1–4? Ordnen Sie zu.

____ Mann und Frau denken unterschiedlich.

____ Der Ton macht die Musik.

____ *Ich-Aussagen* verwenden, Wünsche äußern!

____ *Du/Sie-Aussagen* vermeiden.

Nie hörst du mir zu!

Manchmal ist das Miteinanderreden gar nicht so einfach. Aber man kann es lernen. Gerade in Konfliktsituationen können Sätze falsch ankommen und zu Missverständnissen führen. Daran sind besonders die „Killerphrasen" schuld, die garantiert zum Streit führen, z. B.: „Nie machen Sie ..." oder „Immer sagst du ..." und Ähnliches.

Was raten die Psychologen? Wir haben Dr. Verena Schleiermacher-Varnhagen gefragt.

1 Vermeiden Sie bei Konflikten Phrasen wie: „**Sie** sind ..." oder „**Du** hast ..." – Hier steckt ein Vorwurf drin und die Gesprächspartner fühlen sich angegriffen oder beschuldigt. Benutzen Sie auch keine Verallgemeinerungen: „Sie haben schon **immer** ..." oder „**Niemals** tust du ...!". Auch hier fühlt sich der Gesprächspartner provoziert und reagiert vermutlich mit Vorwürfen.

2 Sorgen Sie dafür, dass Ihr Partner / Ihre Partnerin Sie versteht. Sprechen Sie darüber, wie es Ihnen geht und was Sie empfinden. Erklären Sie Ihre Meinung und Ihre Wünsche. Wir nennen das „Ich-Aussagen".
Ein Beispiel: Sagen Sie nicht „**Du** sitzt jeden Abend vor dem Fernseher.", sondern „**Ich** möchte mal wieder ins Kino gehen."

3 Der Ton ist genauso wichtig wie der Text. Wer seinen Partner anschreit, darf sich nicht wundern, dass zurückgebrüllt wird.

4 Gerade im Gespräch zwischen Männern und Frauen kann es Missverständnisse geben: Wir sprechen zwar dieselbe Sprache, aber wir meinen oft etwas Unterschiedliches. Männer planen und organisieren mehr, während für Frauen Gefühle eine viel größere Rolle spielen.

b Lesen Sie die Textabschnitte 1–2 noch einmal und ordnen Sie dann die Aussagen.

1. Ich finde, / mal wieder / wir / ausgehen / sollten / .
2. Du / im Kopf / hast / nur Fußball / .
3. möchte / Ich / Ihnen erklären, / warum / mich / in der Firma / nicht wohlfühle / ich / .
4. mit deiner Arbeit / Du / verheiratet / bist / doch / .
5. muss / allein / ich / einkaufen / Immer / .
6. Ich / für uns / mehr Zeit / wünsche / mir / .
7. Du / geholfen / mir / hast / noch nie / in der Küche / .
8. Sie / einfach / zu / mir / nicht / hören / .

– In Konfliktsituationen vermeiden	+ In Konfliktsituationen benutzen
Du hast nur Fußball im Kopf.	Ich finde, wir sollten mal wieder ausgehen.

8 Streitgespräche
a Erfinden Sie einen Dialog zwischen einem Paar mit „Killerphrasen".

Du

nie/immer/dauernd / jeden Tag ...
zu viel Geld ausgeben
Wäsche aufhängen
sich um die Kinder kümmern
sich nur für Fußball interessieren
sich unterhalten
ins Kino gehen
verstehen/schreien/zuhören
dauernd telefonieren / SMS schreiben
zu spät kommen
Mutter immer da sein
zu viel arbeiten/einkaufen/fernsehen
nie kochen/aufräumen/putzen ...
spazieren gehen
im Internet surfen

b Spielen Sie den Dialog mit Ihrem Partner / Ihrer Partnerin. Achten Sie auch auf den „Ton".

c Wie sieht Ihr Dialog mit Ich-Aussagen aus? Schreiben und spielen Sie eine Variante.

Ich

wünsche mir, dass ...
möchte, dass ...
finde es gut, wenn ...
fühle mich manchmal ...
denke, dass ...
würde gern ...

9 Elterngeld

a Lesen Sie den Text. Welche Abbildung passt zu welchem Textabschnitt?

Die meisten Menschen in Deutschland wünschen sich eine Familie als Lebensform. Damit Deutschland familienfreundlicher wird, hat die Bundesregierung 2007 das Elterngeld ein-
5 geführt. Es soll die finanzielle Situation von Familien verbessern und mehr Vätern die Möglichkeit geben, sich um ihre Kinder zu kümmern, damit die Frauen nach der Babypause schneller zurück in den Beruf können.
10 Die Mutterschutzfrist von 14 Wochen ist aber weiterhin selbstverständlich (in der Regel sechs Wochen vor und acht Wochen nach der Geburt).

Das Elterngeld wird maximal 14 Monate ge-
15 zahlt. Es beträgt zwei Drittel des letzten Nettoeinkommens, höchstens 1.800 Euro und mindestens 300 Euro. Beide Elternteile können die 14 Monate frei untereinander aufteilen. Ein Elternteil kann jedoch höchstens zwölf Monate
20 das Elterngeld in Anspruch nehmen. Zwei weitere Monate bekommt der Partner, wenn er in dieser Zeit das Kind betreut. Die Politik fördert damit vor allem Paare, die sich die Erziehungsarbeit teilen.

25 Seit seiner Einführung am 1.1.2007 wird das neue Elterngeld immer beliebter – auch bei den Vätern. Am Anfang haben nur etwa 3,5 % aller Väter Anträge auf Elterngeld gestellt. Dieser Anteil ist bis heute auf 18 % gestiegen. Vor
30 allem Väter aus Berlin und Bayern nehmen dieses Angebot gerne an. Die meisten Männer beantragen das Elterngeld aber nur für zwei Monate. Nur jeder fünfte Vater steigt für ein Jahr aus dem Berufsleben aus.

b Lesen Sie den Text noch einmal. Was passt zusammen?

1. Das Elterngeld hilft bei der Entscheidung: ___ a) werden von Männern gestellt.

2. Anträge auf Elterngeld   ___ b) seit dem Jahr 2007.

3. 18 % der Anträge auf Elterngeld   ___ c) Karriere machen und Familie gründen.

4. Eltern bekommen maximal 14 Monate   ___ d) können Väter und Mütter stellen.

5. Die meisten Väter beantragen Elterngeld   ___ e) bis zu 67 % des letzten Nettogehalts.

6. Das neue Elterngeld gibt es   ___ f) für zwei Monate.

c Was halten Sie von einer „Babypause"? Diskutieren Sie im Kurs.

10 Die wichtigste Erfahrung meines Lebens!

○ 1.40   **a Hören Sie das Interview und kreuzen Sie an: a, b oder c.**

1. Wie lange hat Herr Lehner seinen Sohn betreut?
   - [a] Ein Jahr.
   - [b] Bis zum achten Monat.
   - [c] Vier Monate.

2. Was sagt er über seine Babypause?
   - [a] Elternzeit ist Frauensache.
   - [b] Die wichtigste Erfahrung in seinem Leben.
   - [c] Er ist froh, wenn die Babypause vorbei ist.

3. Sollen alle Väter Elternzeit beantragen?
   - [a] Nein, auf keinen Fall!
   - [b] Ja, unbedingt!
   - [c] Herr Lehner hat keine Meinung dazu.

4. Wie waren die Reaktionen seiner Partner?
   - [a] Alle fanden seine Entscheidung gut.
   - [b] Einige fanden das richtig, andere nicht.
   - [c] Alle fanden die Entscheidung falsch.

b Kinderpflege, Babypause für Männer … – Wie ist das in Ihrer Heimat?

11 Nebensätze mit *bis* und *bevor*

> Sie machen A,   → ○ bis Sie B machen.
> Sie machen zuerst A, ← bevor Sie B machen.

Schreiben Sie Sätze wie in den Beispielen.

1. Rosa arbeitet als Informatikerin.   In sechs Wochen beginnt ihr Mutterschutz.
2. Ich warte im Besucherraum.   Ich sehe meine Tochter zum ersten Mal.
3. Es dauert fast eine halbe Stunde.   Endlich kommt das Taxi.

1. Rosa arbeitet als Informatikerin, bis …

4. Martin diskutiert lange mit Karin.   Er stellt einen Antrag auf Elterngeld.
5. Sie informieren Ihre Kollegen.   Sie gehen in Elternzeit.
6. Wir ziehen in die neue Wohnung.   Unsere Tochter kommt zur Welt.

4. Martin diskutiert lange mit Karin, bevor er einen …

12 Pro und Contra: Familie oder Beruf?
Notieren Sie Ihre Meinung zu den vier Thesen und diskutieren Sie im Kurs.

Kinder oder Karriere. Beides zusammen geht nicht.

Zuerst kommt der Beruf, dann die Familie.

Der Staat muss Familie und Beruf möglich machen.

Die Familie ist das Wichtigste im Leben.

Ich denke, Kinder brauchen …
Meiner Meinung nach können Frauen …
Ich glaube, Männer wollen …

Der Staat sollte …
Familien brauchen …
Wir müssen …

Im Alltag

1 Gefühle äußern

Ich habe ihn/sie wirklich gern.
Ich mag ihn/sie sehr.
Ich finde ihn/sie wirklich sympathisch/nett.
Ich freue mich, dass …
Ich bin traurig, weil …
Ich bin sauer auf …
Es tut mir weh, dass …
Ich habe das Gefühl, dass …
Ich fühle mich immer/manchmal so …

2 Probleme benennen und Wünsche äußern

Du machst immer/nie …
Das ärgert mich! / Mich ärgert, dass/wenn …
Das stört mich! / Mich stört, dass/wenn …
Das nervt mich! / Mich nervt, dass/wenn …

Ich wünsche mir / möchte, dass …
Ich würde gern …
Es wäre gut/schön, wenn …
Können wir nicht …?

3 Ein Konfliktgespräch führen

Ich möchte mal wieder ausgehen und nicht nur fernsehen.
Ich habe das Gefühl, dass ich hier alles alleine machen muss.
Ich möchte, dass du mir hilfst.
Ich möchte, dass du mir zuhörst.
Warum versuchst du nicht, mich zu verstehen?

Ich sehe das anders.
Ich bin da anderer Meinung.
Das verstehe ich nicht.
Ich verstehe dich nicht.
Erklär mir doch bitte, warum …

4 Kompromisse schließen

Wollen wir nicht …?
Wir könnten doch …
Was hältst du davon, wenn wir …?
Wie wäre es, wenn …?

Ich habe einen Vorschlag: …
Ich verstehe, dass du …, aber …
Ich kann dich/Sie verstehen, aber …

Grammatik

1 Zweigliedrige Konjunktionen

+ positive Aufzählung +	– negative Aufzählung –
natürlich das eine, aber auch noch das andere	das eine nicht, aber auch das andere nicht
nicht nur ..., (sondern) auch	**weder ... noch**
das eine und das andere	→ Alternative ←
	das eine oder das andere
sowohl ... als auch	**entweder ... oder**

● Meine Mutter mag sowohl Rot als auch Gelb. Das sind ihre beiden Lieblingsfarben.
 Ich nehme nicht nur rote, sondern auch gelbe Rosen. Ich kaufe ihr einen gemischten Strauß.
○ Ich würde weder rote noch gelbe Rosen kaufen. Oder willst du sie heiraten?
● Gut, dann kaufe ich ihr doch keine Rosen. Ich nehme entweder Tulpen oder Sonnenblumen.

2 Nebensätze mit *während* als Gegensatz

Anna ist sehr **pünktlich**.

Während Anna sehr pünktlich (ist),

Anna (ist) sehr pünktlich,

Michael ist schrecklich **unpünktlich**.

(ist) Michael schrecklich unpünktlich.

während Michael schrecklich unpünktlich (ist).

> ⚠ Mit *während* kann man auch sagen, dass zwei Dinge zur gleichen Zeit stattfinden.
> Während Anna die Wohnung aufräumt, macht Michael das Mittagessen.

3 Temporale Nebensätze mit *bis* und *bevor*

Sie machen **A**, → ● BIS zum Zeitpunkt **B**.

Ich (arbeite), bis die Babypause (kommt).

Sie machen zuerst **A**, ← BEVOR **B** passiert.

Martin (diskutiert) lange mit Karin, bevor er einen Antrag (stellt).

Wortbildung

1 Personenbezeichnungen aus Verben

	VERB + er	**VERB** + er + in
fahren	**der** Fahrer	**die** Fahrerin
Auto fahren	**der** Autofahrer	**die** Autofahrerin
lieb haben	**der** Liebhaber	**die** Liebhaberin

2 Verkleinerungsformen (Diminutive)

	das -chen	das -lein
der Mann	das Männchen	das Männlein
die Blume	das Blümchen	das Blümlein
das Herz	das Herzchen	das Herzlein

 -chen und -lein machen alles klein!

Krankenhaus

▶ Innere Medizin	▲ Chirurgie
▶ HNO	▲ Zahn-, Mund-, Kieferklinik
▲ Kinderklinik	▶ Gynäkologie
◀ Anästhesie	▶ Orthopädie
◀ Radiologie	▶ Notfallambulanz

Lernziele
- einen Notfall melden
- ein Gespräch mit dem Arzt / der Ärztin führen
- ein Konfliktgespräch führen
- über Pflegeberufe sprechen

1 Im Krankenhaus

a Welche Wörter passen zu den Bildern A–G?

das Aufnahmeformular • die Schmerzen • die Diagnose • der Chefarzt • Blumen mitbringen • die Diät • verletzt • die Station • die Stationsärztin • Medikamente bekommen • die Versichertenkarte • die Untersuchung • die Besucher • die Narkose • das Blut • die Visite • das Pflegebett • der Notarzt • der Befund • die Entbindung • der Rettungsassistent • die Lebensgefahr • die Patienteninformation • das Tablett • die Operation • die Notaufnahme • das Unglück • die Unfallstation

b Sammeln Sie weitere Wörter zu den Begriffen.

warten

Patienten

die Untersuchung

die Krankenschwester

Krankenhauspersonal

c Beschreiben Sie eine Situation zu einem von den Bildern.

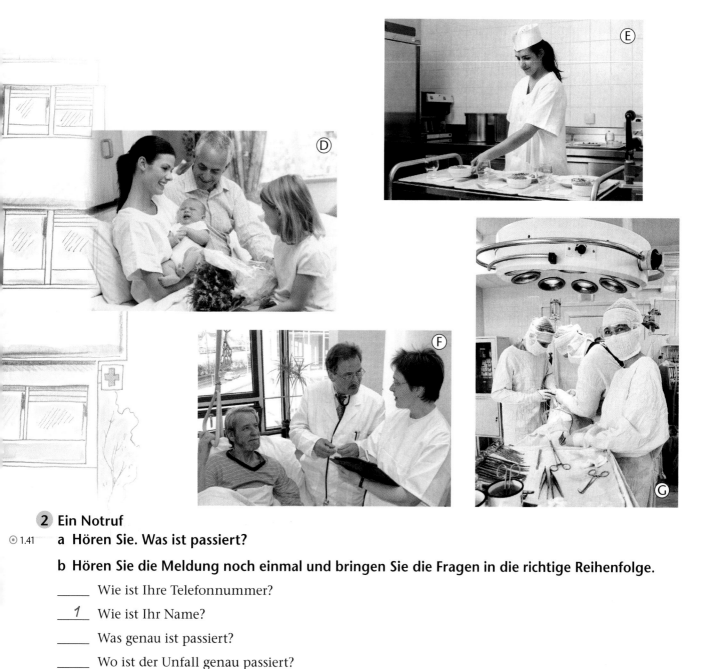

2 Ein Notruf

1.41

a Hören Sie. Was ist passiert?

b Hören Sie die Meldung noch einmal und bringen Sie die Fragen in die richtige Reihenfolge.

_____ Wie ist Ihre Telefonnummer?

__1__ Wie ist Ihr Name?

_____ Was genau ist passiert?

_____ Wo ist der Unfall genau passiert?

_____ Wann ist der Unfall passiert?

_____ Welche Verletzungen hat Ihr Mitarbeiter? Ist er ansprechbar?

_____ Gibt es noch mehr Verletzte?

c Notieren Sie wichtige Informationen für den Rettungsdienst.

Wer ruft an? Herr Kölmel. Was ...?

d Wählen Sie einen Notfall. Spielen Sie einen Notruf.

1. Eine alte Dame ist auf der Straße gestürzt.
2. Ihr Kind hat sich mit einem Messer verletzt.

3. Sie haben starke Schmerzen in der Brust.
4. Ein Fahrradfahrer ist gestürzt.

3 Das Aufnahmegespräch

a Ordnen Sie die Äußerungen von Herrn Schiller dem Arzt zu.

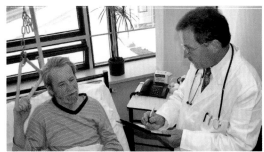

Arzt

1. Haben Sie Schmerzen? Wo? ____

2. Können Sie den Arm bewegen? ____

3. Ist Ihnen schlecht? ____

4. Wir müssen Sie erst einmal röntgen. Wann wurden Sie das letzte Mal geröntgt? ____

5. Hatten Sie schon einmal eine Operation? ____

6. Vielleicht. Nehmen Sie Medikamente ein? ____

7. Das kann ich noch nicht genau sagen. ____

Herr Schiller

a) Das ist schon lange her, vielleicht 12 Jahre.

b) Ja, mein Kopf tut sehr weh und ich habe starke Schmerzen im Arm.

c) Ja, ein bisschen.

d) Ich nehme nur ab und zu eine Kopfschmerztablette. Wie lange muss ich im Krankenhaus bleiben?

e) Hoffentlich kann ich bald wieder nach Hause.

f) Nicht so gut. Er tut schrecklich weh.

g) Nur eine Zahnoperation. Müssen Sie mich operieren?

⊙ 1.42 **b Hören Sie und vergleichen Sie Ihre Ergebnisse.**

c Welche Fragen könnte Herr Schiller noch stellen?

1. Gips?
2. wieder Fußball spielen – wann?
…

1. Bekomme ich einen Gips?

d Spielen Sie das Gespräch zwischen dem Arzt und dem Patienten.

4 Ich bin im Krankenhaus.

⊙ 1.43 **a Paul Schiller ruft seine Frau Doris an. Hören Sie und kreuzen Sie an: richtig oder falsch?**

	R	F
1. Doris soll die Versichertenkarte, den Impfpass und den Personalausweis mitbringen.	☐	☐
2. Paul braucht noch eine Einweisung vom Hausarzt Dr. Pröll.	☐	☐
3. Doris soll den Bademantel und die Motorrad-Zeitschrift mitbringen.	☐	☐
4. Paul hat sein Handy dabei, aber er darf es nicht benutzen.	☐	☐
5. Für den Fernseher benötigt man eine Karte, die man in der Aufnahme kaufen kann.	☐	☐
6. Doris darf nur zu den Besuchszeiten zu Besuch kommen.	☐	☐
7. Die Ärzte wollen einige Routineuntersuchungen machen und Paul dann entlassen.	☐	☐

b Schreiben Sie einen Notizzettel für Pauls Tochter Silvie. Was ist passiert? Was soll Silvie tun?

Liebe Silvie! Papa ist…

c Waren Sie schon einmal im Krankenhaus? Erzählen Sie.

Ich wurde vor zwei Jahren operiert. Da …

Ich war noch nie selbst im Krankenhaus, nur zu Besuch.

5 Packen für's Krankenhaus

a Sammeln Sie Dinge, die Sie ins Krankenhaus mitnehmen. Machen Sie eine Rangliste.

die Medikamentenliste · das Netbook · die Kopfhörer · der Schlafanzug · der Kulturbeutel · die Hausschuhe · die Zahnbürste · die Zahncreme · der Rasierer · das Rasierwasser · die Bonbons

b Koffer packen – ein Kettenspiel

> In meinem Koffer ist ein Föhn.

> In meinem Koffer sind ein Föhn und eine große Tüte Gummibärchen.

> In meinem Koffer sind ein Föhn, eine große Tüte Gummibärchen und mein …

6 Einen Konflikt aushandeln

a Lesen Sie die Rollenvorgaben und überlegen Sie Lösungsmöglichkeiten für den Konflikt.

Patient/in 1 ist frisch operiert. Er/Sie braucht Ruhe, kann aber nicht gut schlafen und kann sich nicht erholen. Sein Bettnachbar / Ihre Bettnachbarin telefoniert viel und der Fernseher ist zu laut. Er/Sie möchte in ein anderes Zimmer wechseln.

Es ist immer so laut hier.
Ich kann nicht …   Ich brauche …
… ausruhen und erholen.
Könnten Sie? …

Patient/in 2 liegt schon lange im Zimmer.
Er/Sie darf nicht aufstehen. Ihm/Ihr ist langweilig, deshalb telefoniert er/sie viel. Er/Sie schaut zu Hause auch immer viel fern und kann nicht darauf verzichten.

Ich bin …   Ich darf nicht …
… langweilig.   Zu Hause …
Vielleicht können Sie …?
Entschuldigen Sie bitte.
Ich wusste nicht, dass …

Die **Schwester** bietet Patient/in 1 eine Schlaftablette an. Leider ist kein anderes Bett in einem Mehrbettzimmer frei. Für ein Einzelzimmer muss er/sie privat dazuzahlen. Sie bittet Patient/in 2, Rücksicht auf Patient/in 1 zu nehmen. Sie sagt, dass es doch eine Lösung geben muss. Sie hofft, dass sich die beiden einigen.

Ich gebe Ihnen gerne …
Leider gibt es …
Ein Einzelzimmer …
Bitte nehmen Sie …
Sie können sich bestimmt einigen.

> Wir finden eine Lösung …

> Ich habe einen Vorschlag: …

> Frau/Herr … könnte doch …

> Was halten Sie davon: …?

b Wählen Sie eine Rolle aus. Machen Sie Notizen und spielen Sie zuerst den Dialog zwischen den beiden Patienten und dann den Dialog mit der Schwester.

c Welche Konflikte kann es noch im Krankenhaus geben? Sprechen Sie im Kurs.

7 Gesundheitsberufe

a Überlegen Sie: Welchen Gesundheitsberuf könnte die Person haben, die das sagt?

Ⓐ *Lassen Sie den rechten Arm locker hängen und ziehen Sie das linke Bein an.*

Ⓑ *Sag mal „Ahhh"!*

Ⓒ *Dr. Schneider kommt gleich. Ich messe erst einmal Ihren Blutdruck.*

Ⓓ *Schauen Sie an meinem rechten Ohr vorbei.*

b Lesen Sie die Texte. Welche Aussagen von oben passen?

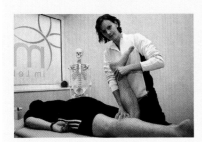

Katia Schulz, Physiotherapeutin

Ich bin Physiothera-peutin. Früher nann-te man das Kranken-gymnastin. Ich helfe Menschen, die sich nicht gut bewegen können. Das ist ein Beruf, für den man fit sein muss. Und man muss sich ständig weiterbilden. Manche Kollegen spezialisieren sich auf alte Menschen, andere auf Kinder, manche auf die Behandlung nach einer Operation. Man kann in einer Klinik, in einem Altenheim, oder auch in einem Wellnesshotel arbeiten. Ich arbeite in einer Praxis, in der man intensiven Kontakt zu den Patienten hat. Was man verdient, ist von Ort zu Ort verschieden. Ich wohne leider in einer Stadt, in der man vom Gehalt als Physiotherapeutin kaum leben kann.

Paolo Milano, Kinderarzt

Die Klinik, in der ich ar-beite, ist auf Tumor-erkrankungen bei Kindern spezialisiert. Ich finde es toll, wenn wir einem schwer kranken Kind hel-fen können. Klar habe ich auch Momente, in denen es schwierig ist. Manche Eltern sehen nur ihr eige-nes Kind. Sie begreifen nicht, dass es auch andere kranke Kinder gibt, und haben wenig Geduld. Und es gibt Tage, an denen die Arbeitsbelastung unglaublich hoch ist. Ich habe ja auch oft Nachtdienst. Da will ich am nächsten Tag nur noch ins Bett. Trotzdem: Ich habe einen Beruf, mit dem ich etwas Sinn-volles tun kann. Das ist, was für mich zählt.

c Lesen Sie die Texte noch einmal und kreuzen Sie an: Was ist richtig?

☐ 1. Frau Schulz arbeitet in einer Klinik in einem großen Team.

☐ 2. Physiotherapeuten verdienen in allen deutschen Städten ungefähr gleich viel.

☐ 3. Frau Schulz kann von ihrem Gehalt nicht sehr gut leben.

☐ 4. Die Klinik, in der Herr Milano arbeitet, ist auf Kinderkrankheiten spezialisiert.

☐ 5. Herr Milano hat immer viel Verständnis für ungeduldige Eltern.

☐ 6. Herr Milano sagt, dass die Arbeit sehr anstrengend ist.

8 Vorteile und Nachteile

◉ 1.44

a Hören Sie und notieren Sie. Was mag Niko an seiner Arbeit, was mag er nicht?

+	−
Die Arbeit ist nicht langweilig.	*Der Beruf ist nicht einfach, weil ...*

b Wählen Sie einen Gesundheitsberuf. Was finden Sie an diesem Beruf für sich selbst positiv und was problematisch? Schreiben Sie jeweils fünf Punkte auf.

9 Etwas genauer sagen

a Lesen Sie noch einmal die Texte in 7b. Wie werden die Sätze verbunden? Sammeln Sie.

| Hauptsatz | Nebensatz | Hauptsatz |

Ich helfe Menschen, die sich nicht gut (bewegen) (können).

Die Klinik, in der ich (arbeite), ist auf ... spezialisiert.

b Ordnen Sie die Relativsätze zu.

1. Auf Station 4A liegt die Patientin, _____   a) der allergisch gegen Antibiotika und Gräser ist.

2. Diese Diät bekommt der Patient, _____   b) nach der der Arzt gefragt hat.

3. Wir haben viele kleine Patienten, _____   c) von dem ich erzählt habe.

4. Hier liegt der Patient, _____   d) mit denen wir spielen.

c Ergänzen Sie die Präpositionen und Relativpronomen.

● Ich warte auf den Arzt.
○ Ist das dort der Arzt, __*auf*__ __*den*__ du wartest?

● Ich habe Angst vor der Untersuchung.
○ Ich komme mit zu der Untersuchung, _____ _____ du Angst hast.

● Ich bin gegen einige Medikamente allergisch.
○ Kennen Sie die Medikamente, _____ _____ Sie allergisch sind?

● Ich fühle einen Druck im Magen.
○ Haben Sie den Druck, _____ _____ Sie sprechen, schon lange?

● Ich kann ohne Ohrstöpsel nicht schlafen.
○ Hast du die Ohrstöpsel, _____ _____ du nicht schläfst, eingepackt?

Relativpronomen	
der Patient,	der ... (N)
	über den ... (A)
	von dem ... (D)
die Patientin,	die ... (N)
	für die ... (A)
	zu der ... (D)
das Bett,	das ... (N)
	für das ... (A)
	mit dem ... (D)
die Kinder,	die ... (N)
	ohne die ... (A)
	bei denen ... (D)

d Schreiben Sie Relativsätze.

1. Es gibt im Krankenhaus ein Café. In dem Café kann man auch etwas Warmes essen.
2. Der Krankengymnast ist heute noch nicht gekommen. Ich habe dir von ihm erzählt.
3. Im Zimmer gibt es ein Telefon. Für das Telefon braucht man eine Chipkarte.
4. Die Nachtschwester kommt erst später. Ich bekomme eine Schlaftablette von ihr.

Es gibt im Krankenhaus ein Café, in dem man ...
Der Krankengymnast, vom dem ich dir erzählt habe, ist ...

e Schreiben Sie Definitionen.
Zerschneiden Sie sie und mischen Sie die Elemente. Setzen Sie dann wieder sinnvolle Sätze zusammen.

der Schlafanzug • die Versichertenkarte •
der Altenpfleger • das Pflegebett •
die Arbeitszeit • die Diät • die Hausschuhe •
die Zahncreme • der MP3-Player •
das Netbook ...

Ein Schlafanzug ist ein Kleidungsstück,   in dem man schläft.

Die Versichertenkarte ist eine Karte,   ohne die man nicht zum Arzt gehen kann.

Wir bekommen ein Kind!

10 Tempo! Tempo!

a Welche Wörter und Ausdrücke passen zu den Bildern? Notieren Sie.

das Beruhigungsmittel   gemeinsam erleben   Schwangerschaftsgymnastik machen

hektisch   sich aufregen   der Säugling   schwanger   auf die Welt kommen

nervös   sich entspannen   glücklich   die Spielzeugabteilung   die Geburt   Schmerzen haben

die Wehen kommen   ohnmächtig werden   die Entbindungsstation

sich Sorgen machen   die Hebamme   Spielsachen kaufen

b Was passiert? Erzählen Sie.

c Lesen Sie die Textabschnitte. Welches Bild passt zu welchem Textabschnitt? Wer spricht? Wer ist die Hauptperson?

---

1 Große Aufregung! Eben hat Tanja angerufen. Es ist so weit! Ich rase aus dem Büro. Wo bleibt der Bus? Endlich! Tempo, Tempo! – Die Tasche für das Krankenhaus haben wir schon vor Wochen gepackt. Wo bleibt das Taxi? Vorsichtig, mein Schatz! Warte, ich helfe dir! Zieh den Mantel an! Das Taxi ist da. Mann, fahr schneller! Soll denn mein Kind im Taxi auf die Welt kommen? ☐

---

2 Ich glaube, das ist alles ein bisschen viel für ihn. Er sieht ganz blass aus. Der Arme regt sich auf, weil ich solche Schmerzen habe. Dabei ist das doch eine normale Geburt. Geh doch einen Augenblick an die frische Luft, Schatz ... Oh je, jetzt ist er ohnmächtig geworden! ☐

---

3 Aus dem Weg! Wo ist die Entbindungsstation? Ah, hier ist ein freier Rollstuhl. Setz dich, mein Schatz, ich fahre dich ... Jetzt will sie auch noch selbst laufen. Schwangere Frauen sind verrückt! ... Das Zimmer ist sehr hell und freundlich. Tanjas Wehen kommen immer schneller. Komisch, meine Beine sind so weich wie Pudding und mir ist schwindelig, mein Kreislauf ... Wo bin ich? Ja, was wollen Sie? Wo ist Tanja? ... Was ist passiert? Die Hebamme hat mir zu meiner Tochter gratuliert ... Ich bin wohl ohnmächtig geworden. Die Hebamme sagt, sie hat mir ein Beruhigungsmittel gegeben und ich habe ein paar Stunden geschlafen. ☐

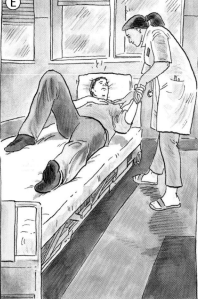

4 Wir haben uns gut auf die Geburt vorbereitet. Jeden Dienstag- und Donnerstagabend waren wir zusammen bei der Schwangerschaftsgymnastik. Wir haben auf weichen Decken auf dem Boden gelegen. Die Hebamme hat ruhige Musik gespielt. Sie hat mit sanfter Stimme gesprochen. Ich konnte alles über die Wehen und die Geburt lernen. Aber Oskar war so müde von seiner Arbeit und ist oft fast eingeschlafen. ☐

5 War das ein Stress! Ich habe zwei Tage zur Erholung gebraucht, dann habe ich mit ein paar Freunden gefeiert. Heute kann ich Tanja endlich aus der Klinik abholen. Tanja und das Baby sind gesund und munter. Sie sehen beide toll aus. Ich habe immer noch ein bisschen Kopfweh. ☐

6 Ich bin schwanger, aber doch kein rohes Ei! Immer dieses „Vorsicht, Schatz!", „Warte, Schatz.", „Nicht so schnell, Schatz!". Er ist sehr nervös und macht sich Sorgen um mich. Und er freut sich riesig auf das Baby. Seit Wochen geht er jeden Tag nach der Arbeit ins Kaufhaus. Er kauft Spielsachen. Wir haben schon drei Teddybären und sogar ein Dreirad! Und erst die Kleider! Er kauft kleine Jeans, T-Shirts, Turnschuhe … Gut, dass ich Babysachen von meiner Schwester bekommen habe. ☐

d Beantworten Sie die Fragen.

1. Warum geht Oskar so oft ins Kaufhaus?
2. Will Tanja, dass ihr Mann bei der Geburt dabei ist?
3. Warum will Oskar bei der Geburt dabei sein?
4. Was passiert in der Schwangerschafts-gymnastik?
5. Wie reagiert Oskar am Tag der Geburt?
6. Was passiert mit ihm?

e Meinungen im Kurs – Diskutieren Sie über die vier Thesen. Überlegen Sie sich Vor- und Nachteile für jede These.

Männer bei der Geburt? Das müssen die Frauen entscheiden!
Männer gehören nicht ins Entbindungszimmer.
Die Geburt sollte man gemeinsam erleben.
Väter haben ein Recht darauf, bei der Geburt ihres Kindes dabei zu sein.

Warum können Männer/Frauen nicht auch …? Früher war das vielleicht so, aber heute … Das kommt darauf an.	Das ist Unsinn. / Das stimmt. Ich finde nicht, dass … Ich meine aber, …

Im Alltag

1 Beim Arzt / Im Krankenhaus

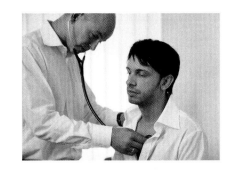

Arzt/Ärztin

Was für Beschwerden haben Sie?
Was genau tut Ihnen weh?

Patient/Patientin

Ich habe Probleme beim …
Ich habe Schmerzen im Arm/Magen/…
Ich habe starkes Herzklopfen.
Ich kann … nicht bewegen.
Ich bin sehr nervös und schlafe schlecht.
Mir ist oft schlecht/kalt/schwindelig …

Haben Sie Kreislaufprobleme?
Seit wann haben Sie die Beschwerden?
Brauchen Sie eine Bescheinigung für den
   Arbeitgeber?

Mein Kreislauf/Blutdruck …
Schon seit … Tagen/Monaten.
Ja, ich will mich krankmelden.
Ich brauche eine Krankschreibung.

Wie heißt Ihr Hausarzt?
Hatten Sie schon einmal eine Operation?
Wann waren Sie das letzte Mal im
   Krankenhaus?

Das ist Dr. …
Nein. / Ja, ich hatte eine Operation am Auge/Knie/…
2009. / Das weiß ich nicht mehr. /
Ich war noch nie im Krankenhaus.

Haben Sie eine Allergie?
Nehmen Sie Medikamente?
Sind Sie gegen Tetanus/Grippe … geimpft?

Nein. / Ich weiß es nicht. / Ja, gegen Antibiotika/Gräser/…
Nein. / Ja, ich nehme regelmäßig …
Nein. / Ja, gegen … Das war 2010.

Hier ist der Bericht für Ihren Hausarzt.

2 Ein Konfliktgespräch führen

Was ist das Problem?
Was genau meinen Sie / meinst du?
Was möchten Sie / möchtest du?
Was erwarten Sie / erwartest du?

Ich habe ein Problem mit … / Mein Problem ist, dass …
Ich fühle mich … / Es geht mir um …
Ich hätte gerne … / Ich brauche …
Für mich ist … wichtig.

Da finden wir bestimmt eine Lösung.
Was können wir tun?

Ich sehe (noch) keine. / Ja, es gibt sicher eine.
Vielleicht könnten wir / könntest du / könnten Sie …
Was halten Sie davon, dass/wenn …?

Ich habe einen Vorschlag: …
Wie finden Sie das?
Entschuldigen Sie bitte.
Es tut mir wirklich leid.

Ich glaube, das bringt uns (noch nicht) weiter.
Das finde ich nicht so gut. / Das ist eine gute Idee.
Schon gut.
Gut, dass wir darüber geredet haben.

3 Notruf

Bitte halten Sie sich bei Ihrer Meldung an diese Reihenfolge:

Wer   meldet?
Wo   ist etwas passiert?
Was   ist passiert?
Wie viele Personen sind verletzt?
Welche   Art der Erkrankung/Verletzung liegt vor?
Warten   auf Rückfragen.

Notruf			
	D	A	CH
Zentraler Notruf	112	112	112
Polizei	110	113	117
Feuerwehr	112	122	118
Notarzt	112	144	144

Grammatik

1 Nebensätze: Relativsätze

Hauptsatz 1	Hauptsatz 2
Das ist Schwester Sandra.	Sie (N) hat heute Nachtdienst.
Schwester Sandra ist Stationsschwester.	Sie (N) bringt die Medikamente.

Hauptsatz (Teil 1)	Nebensatz mit Relativpronomen	Hauptsatz (Teil 2)
Das ist Schwester Sandra,	die heute Nachtdienst hat.	
Schwester Sandra,	die die Medikamente bringt,	ist Stationsschwester.

Ein Relativsatz erklärt ein Nomen im Hauptsatz. Er beginnt mit einem Relativpronomen.
Das Relativpronomen steht im gleichen **Genus** wie das Nomen (Bezugswort).
Der **Kasus** (N, A, D) richtet sich nach dem Verb im Nebensatz.

2 Relativsätze im Nominativ, Akkusativ, Dativ

	Hauptsatz (Teil 1)	Nebensatz mit Relativpronomen	Hauptsatz (Teil 2)
N	Der Arzt,	der heute auf der Station ist,	ist neu.
A		über den du dich geärgert hast,	
D		mit dem du dich gut verstehst,	
N	Das Medikament,	das du nehmen sollst,	ist bestellt.
A		auf das du wartest,	
D		von dem du erzählt hast,	
N	Die Patientin,	die neu auf Zimmer 3 liegt,	bekommt Besuch.
A		über die sich Frau Blum beschwert hat,	
D		mit der ich mich unterhalten habe,	
N	Die Ärzte,	die bei der Visite waren,	arbeiten in einem Team.
A		auf die du wartest,	
D		mit denen du gesprochen hast,	

3 Relativpronomen: Deklination

	Maskulinum	Neutrum	Femininum	Plural
N	der	das	die	die
A	den	das	die	die
D	dem	dem	der	denen

Die Relativpronomen sind gleich wie die bestimmten Artikel.

⚠ Ausnahme: *denen* im Dativ Plural.

Wortbildung

Substantivierung

Verb	→ Nomen	einnehmen	→ das Einnehmen	Das Einnehmen von Medikamenten ist wichtig.
Adjektiv	→ Nomen	gesund	→ das Gesunde	Das Gesunde im Obst sind die Vitamine.

Substantivierte Verben und Adjektive schreibt man groß. Substantivierte Verben stehen immer mit dem Artikel *das*: Das Gehen fällt mir schwer. • Das Fliegen wird immer teurer.

Raststätte

❶ Wiederholungsspiel – Punkte sammeln

Sie brauchen:
Spielfiguren und einen Würfel.
Es spielen:
Zwei Spieler/innen oder zwei Gruppen.
Ziel des Spiels:
Möglichst viele Punkte sammeln.

Regeln:
1. Sie beginnen bei „Start". Würfeln Sie und ziehen Sie Ihre Spielfigur. Sie dürfen vorwärts oder rückwärts ziehen.

2. Auf den Aufgabenfeldern müssen Sie eine Aufgabe mit der entsprechenden Nummer lösen. Sie können zwischen Gelb, Grün und Blau wählen. Blaue Aufgaben bringen 3 Punkte, grüne 2 und gelbe 1 Punkt. Wenn Sie die Aufgabe falsch lösen, bekommen Sie Minuspunkte: 3, 2 oder 1.

Aufgaben, die schon gelöst sind, werden gestrichen.

3. Jede Aufgabe darf nur einmal gelöst werden. Wenn es keine Aufgabe mit dieser Nummer mehr gibt, dann bleiben Sie auf dem Feld stehen. Sie warten bis zur nächsten Runde.

4. +2 oder –2: Sie bekommen oder verlieren 2 Punkte.

Wer zuerst ins Ziel geht, bekommt 5 Extrapunkte.
Sieger ist, wer die meisten Punkte hat.

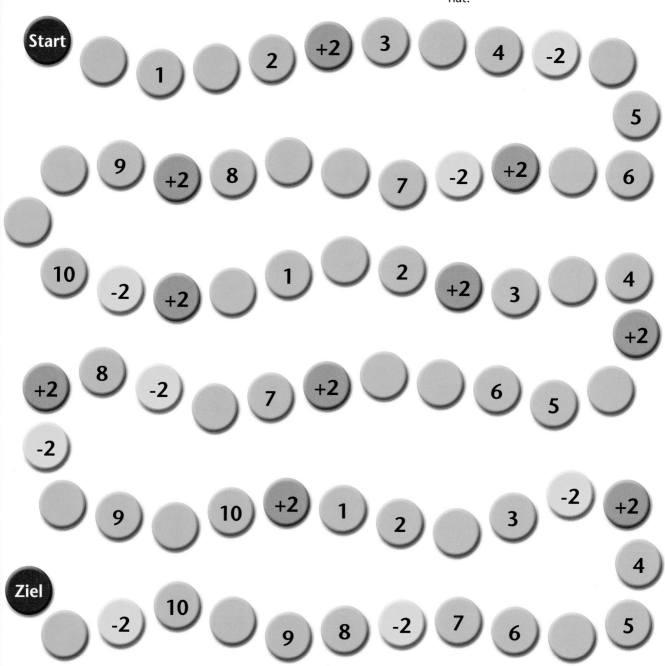

1. Ergänzen Sie: Carl Benz hat 1886 … gebaut.
2. Die DDR hat am 9. November 1989 in Berlin … geöffnet.
3. Wie heißen die Formen im Präteritum: ich sage – …; er macht – …; es dauert – …?
4. Wie heißen die Formen im Präteritum: ich gehe – …; sie kommt – …; wir bleiben – …?
5. Nennen Sie fünf Wörter zum Thema „Liebe".
6. Wie heißt das Gegenteil: pünktlich – …; lustig – …; sympathisch – …?
7. Wie heißen die Wörter: 50 % = die H…, 33,3 % = ein D…, 25 % = ein V…?
8. Verbinden Sie mit einer zweiteiligen Konjunktion:
   Sie kann nicht tanzen, sie kann nicht singen.
9. Nennen Sie zehn Wörter zum Thema „Gesundheit und Krankheit".
10. Verbinden Sie die Sätze (Relativsatz):
    Es gibt Besuchszeiten. An die Besuchszeiten muss man sich halten.

1. Was ist in diesen Jahren passiert: 1939, 1945?
2. Machen Sie zwei Sätze im Präteritum: (1) ab 1955 / viele Gastarbeiter / kommen
   (2) ein paar Jahre lang / in Deutschland / arbeiten / wollen
3. Ergänzen Sie: Nachdem ich die Schule … (beenden), …
4. Zur gleichen Zeit – Bilden Sie den Satz mit der passenden Konjunktion:
   Olga / 22 / werden – nach Deutschland / gehen / sie
5. Was war zuerst? Bilden Sie den Satz mit der passenden Konjunktion:
   die Berliner Mauer fallen – die DDR-Bürger frei reisen können
6. Erste Liebe – Ergänzen Sie die Ausdrücke: rot … – keine Worte … – den Verstand …
7. Ergänzen Sie den Satz: Mich stört, wenn …
8. Verbinden Sie mit einer zweiteiligen Konjunktion: sie / können / tanzen / singen
9. Nennen Sie drei Dinge, die Sie ins Krankenhaus mitnehmen würden. Begründen Sie.
10. Der Patient stellt zwei Fragen: (1) wie lange / ich / im Krankenhaus / bleiben / müssen / ?
    (2) wie lange / ich / nicht arbeiten / können / ?

1. Wann und mit welchem Ereignis hat der zweite Weltkrieg begonnen?
2. Berichten Sie über ein historisches Ereignis in Ihrem Land.
3. Leben in der Europäischen Union (EU): Nennen Sie drei Vorteile, die die EU gebracht hat.
4. Beschreiben Sie zwei „Macken" von Menschen, eine lustige und eine nervige. Warum finden Sie
   diese Macken lustig bzw. nervig? Begründen Sie.
5. Nennen Sie zwei wichtige Eigenschaften, die ein/e Partner/in haben muss. Begründen Sie.
6. „Ich-Botschaft" – „Du-Botschaft": Was ist der Unterschied? Nennen Sie ein Beispiel.
7. Familie und/oder Beruf: Was ist Ihre Meinung? Begründen Sie mit mindestens drei Sätzen.
8. Ihr Bein ist gebrochen und Sie sind im Krankenhaus. Formulieren Sie drei Fragen an den Arzt.
9. Beruf „Physiotherapeut" – Berichten Sie über Vorteile und Nachteile.
10. Sollen Männer bei der Geburt ihrer Kinder dabei sein? Begründen Sie Ihre Meinung mit
    mindestens drei Sätzen.

❷ Vom Todesstreifen zum Naturschutzgebiet
Das grüne Band

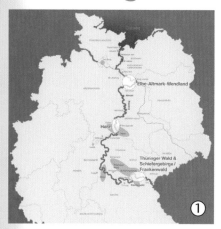

Von 1945 bis 1989 trennte eine Grenze die beiden deutschen Staaten, die Bundesrepublik Deutschland und die DDR (Bild 1).

Diese deutsch-deutsche Grenze verlief von Travemünde an der Ostsee bis zum Dreiländereck bei Hof. Insgesamt war die Grenze fast 1400 Kilometer lang. Sie hatte viele Namen: Zonengrenze, innerdeutsche Grenze und Todesstreifen. Sie war Teil vom sogenannten „Eisernen Vorhang", der ganz Europa in Ost und West

trennte, und wer sie überschreiten wollte, riskierte sein Leben (Bild 2). Über 700 Menschen starben in 28 Jahren allein an der innerdeutschen Grenze.

„Jetzt wächst zusammen, was zusammengehört", so begrüßte Willi Brandt, der ehemalige Berliner Bürgermeister und Bundeskanzler der Bundesrepublik Deutschland (1969–74) den Mauerfall im November 1989 (Bild 3). Der damalige Bundeskanzler Kohl versprach „blühende Landschaften". Damit meinte er nicht das ‚Grüne Band', sondern den ökonomischen Umbau Ostdeutschlands. Aber mit dem Abbau der Grenzanlagen (Bild 5) entstand zugleich dieses erste deutsche Naturschutzprojekt nach dem Ende der Teilung.

Wo früher auf dem sogenannten Kolonnenweg (Bild 4) die Grenzsoldaten der

a Zwei deutsche Staaten – Was wissen Sie darüber?

b Lesen Sie den Text und beantworten Sie die Quizfragen.

Quizfragen zur deutschen Geschichte

1. Wer war 1989 Bundeskanzler der Bundesrepublik Deutschland?
2. Was ist das „Grüne Band" heute?
3. Was ist das „Grüne Band Europa"?
4. Was passierte am 9. November 1989?
5. Wie lange trennte eine Grenze die beiden deutschen Staaten?
6. Wie lang war die innerdeutsche Grenze?
7. Was war das „Grüne Band" früher?
8. Wo begann die innerdeutsche Grenze? Wo endete sie?

DDR patrouillierten, schlängelt sich heute das ‚Grüne Band'. Es ist das größte Naturschutzgebiet in Mitteleuropa. Hier leben Tiere und Pflanzen, die es an anderen Orten nicht mehr gibt (Bild 6).

„Die Grenze gab der Natur eine Atempause", sagen die Naturschützer. Die Natur hatte an der Stelle ihre Freiheit gefunden, wo sie den Menschen genommen wurde: im Grenzstreifen.

Zahlreiche Organisationen in Ost und West engagieren sich seitdem für den Erhalt und Ausbau dieser einmaligen Naturoase, damit das ‚Grüne Band' nicht durch den Bau von Straßen oder Industriegebieten zerstört wird.

Das große Ziel von Naturschützern in ganz Europa ist das ‚Grüne Band Europa': Ein Naturschutzprojekt entlang des ehemaligen Eisernen Vorhangs, das vom Eismeer bis zum Schwarzen Meer reicht.

⊙ 1.45　**c Unterwegs auf dem Grünen Band – Hören Sie das Interview. Was ist richtig: a, b oder c?**

1. Herr Berger ist …
   - a Politiker.
   - b Mitglied in einer Umweltschutzorganisation.
   - c Naturwissenschaftler.

2. Die größte Gefahr für das Grüne Band ist …
   - a die Industrie.
   - b der Straßenbau.
   - c die Intensiv-Landwirtschaft.

3. Der Tourismus am Grünen Band …
   - a ist auf Rad- und Wanderwegen möglich.
   - b zerschneidet die Naturschutzgebiete.
   - c stört die Ruhe der Natur.

4. Der deutsch-deutsche Radweg …
   - a ist 8.500 Kilometer lang.
   - b geht von der Ostsee bis nach Tschechien.
   - c wurde 2004 gebaut.

d Diskutieren Sie im Kurs: Radfahren auf dem Todesstreifen – Pro und Contra.

e Planen Sie eine Radtour an der deutsch-deutschen Grenze. Recherchieren Sie im Internet.

Start/Ziel – Was braucht man? – Wer organisiert solche Reisen?

Prüfungsvorbereitung: Sprechen

❸ Die Reiselust der Deutschen

a Sie haben in einer Zeitschrift einen Artikel zum Thema „Reiselust der Deutschen" gefunden. Lesen Sie den Artikel.

Reiselust der Deutschen
Deutschland ist und bleibt das beliebteste Reiseziel bei den Deutschen:

2008 verbrachten die Bundesbürger ca. 30 Prozent ihrer Urlaubsreisen – ab fünf Tagen Dauer – im eigenen Land. Beliebt waren vor allem die Küstenregionen an Nord- und Ostsee sowie Bayern und die Alpenregion. Beliebtestes Auslandsziel der Deutschen ist nach wie vor Spanien. Italien und Österreich rangieren auf Platz 3 und 4 der Beliebtheitsskala.

Die beliebtesten Reiseziele* der Deutschen 2008

1.	Deutschland
2.	Spanien
3.	Italien
4.	Österreich
5.	Türkei
6.	Frankreich
7.	Griechenland
8.	Tunesien
9.	Ägypten
10.	USA

* Reisen mit 5 Übernachtungen oder mehr

b Fassen Sie die Informationen Ihres Artikels zusammen. Informieren Sie dann Ihren Partner / Ihre Partnerin kurz darüber.

1. Das Thema nennen

Mein Artikel berichtet über …
Ich habe das Thema …
Es wird gezeigt, wohin …
In meinem Artikel geht es um das Thema: …
In meinem Artikel geht es darum, wohin …

2. Wichtige Fakten zusammenfassen

Die drei beliebtesten Reiseziele sind …
Am liebsten bleiben die Deutschen in …, weil …
Beliebte Urlaubsregionen in Deutschland sind …
Das beliebteste Auslandsziel der Deutschen ist …
Ich denke, das ist so, weil …
Interessant finde ich auch, dass …
Erstaunt hat mich, dass …
Ich hätte nicht gedacht, dass …
Aber das ist bestimmt so, weil …

3. Nach dem Thema des Gesprächspartners / der Gesprächspartnerin fragen

Welches Thema hast du?
Worüber berichtet dein Artikel?

Und du? Was ist dein Thema?
Was möchtest du zu deinem Artikel sagen?

c Über Urlaub sprechen – Womit möchten Sie beginnen? Kreuzen Sie an und sammeln Sie weitere Fragen. Sprechen Sie dann mit Ihrem Partner / Ihrer Partnerin.

1. ☐ Ist Urlaub für dich wichtig? Warum (nicht)?

2. ☐ Wo machst du gern Urlaub?

3. ☐ Wie oft machst du im Jahr Urlaub?

4. ☐ Welche Rolle spielt für dich im Urlaub das Wetter?

5. ☐ Was machst du im Urlaub am liebsten?

6. ☐ Wo machen die Menschen in deinem Heimatland gern Urlaub?

7. ☐ Was sind die beliebtesten Reiseziele für die Menschen in deinem Heimatland?

8. ☐ _____

B Die Reiselust der Deutschen

a Sie haben in einer Zeitschrift einen Artikel zum Thema „Reiselust der Deutschen" gefunden. Lesen Sie den Artikel.

Städtereisen immer beliebter

Ganz vorn in der Liste der beliebtesten Städtereiseziele liegt Berlin mit 7,9 Mio. Besuchern. Die Hauptstadt bietet neben jeder Menge Kultur Veranstaltungen für jeden Geschmack. Platz 2 geht mit 4,8 Mio. Besuchern an die Metropole des Südens – München –, die für ihre bayerische Gemütlichkeit bekannt ist. Den 3. Platz belegt die Stadt an der Elbe. Die 4,1 Mio. Besucher überzeugte sowohl der Hafen als auch das breite Angebot an Musicals.

Die beliebtesten Städtereiseziele* in Deutschland 2008

1.	Berlin
2.	München
3.	Hamburg
4.	Frankfurt a. M.
5.	Köln

*nach Gästeankünften in- und ausländischer Besucher

b Fassen Sie die Informationen Ihres Artikels zusammen. Informieren Sie dann Ihren Partner / Ihre Partnerin kurz darüber.

1. Das Thema nennen
Mein Artikel berichtet über ...
Ich habe das Thema ...
Es wird gezeigt, wohin ...
In meinem Artikel geht es um das Thema: ...
In meinem Artikel geht es darum, wohin ...

2. Wichtige Fakten zusammenfassen
Die drei beliebtesten Städtereiseziele sind: ...
Am liebsten fahren die Besucher nach ..., weil ...
Auf Platz 1 / Platz 2 / Platz 3 befindet sich ...
Dafür gibt es viele Gründe, zum Beispiel ...
Interessant finde ich auch, dass ...
Erstaunt hat mich, dass ...
Ich hätte nicht gedacht, dass ...
Aber das ist bestimmt so, weil ...

3. Nach dem Thema des Gesprächspartners / der Gesprächspartnerin fragen
Welches Thema hast du?
Worüber berichtet dein Artikel?
Und du? Was ist dein Thema?
Was möchtest du zu deinem Artikel sagen?

c Über Urlaub sprechen – Womit möchten Sie beginnen? Kreuzen Sie an und sammeln Sie weitere Fragen. Sprechen Sie dann mit Ihrem Partner / Ihrer Partnerin.

1. ☐ Ist Urlaub für dich wichtig? Warum (nicht)?
2. ☐ In welcher Stadt würdest du gerne Urlaub machen? Warum dort?
3. ☐ Welche großen Städte sind in deinem Heimatland für den Tourismus wichtig?
4. ☐ Wo gibt es in deinem Heimatland die meisten Touristen? Warum gerade dort?
5. ☐ Was machst du im Urlaub am liebsten?
6. ☐ Wo machen die Menschen in deinem Heimatland gern Urlaub?
7. ☐ Was sind die beliebtesten Reiseziele für die Menschen in deinem Heimatland?
8. ☐

Bewegung

Lernziele

- etwas erzählen
- Abläufe schildern
- den Zweck von etwas angeben
- Einstellungen beschreiben
- Gefühle/Haltungen beschreiben

1 Ich brauche mehr Bewegung.

a Wann sind Leute in Bewegung? Sammeln Sie Aktivitäten und Sportarten.

> in Bewegung sein
>
> zu Fuß gehen
>
> Sportarten — Volleyball spielen

⊙ 2.2 **b** Was tut Frau Burgmann? Was ist ihr wichtig? Hören und notieren Sie.

2 Sportarten

a Suchen Sie Sportarten in der Wortschlange. Welche finden Sie auch auf den Fotos?

schwimmen/laufenreitenbasketballfußballskifahrenvolleyballeishockeytischtennisradfahrenhandballgolftrudernsegeltauchensurfenlanglaufenjoggenwandernbergsteigenschachkletternturnenyogaboxeneislaufentennisskatenautorennengymnastikjudoslackline

⊙ 2.3 **b Sportgeräusche – Welche Sportarten hören Sie?**

c Sportarten raten

1. Tennis

– Spielen Sie eine typische Bewegung zu einer Sportart vor.
– Die anderen notieren die Sportart und was man dazu braucht.
– Vergleichen Sie: Wer hat die meisten Wörter zu jeder Sportart?

der Korb   das Netz   das Tor   die Inliner   das Boot   das Seil   das Trikot   der Ball

3 Bewegung und Fitness – eine Umfrage
a Welche Aussagen von 1–6 passen zu den Texten A–D? Zwei Aussagen passen nicht.

Ⓐ Ich mache keinen Sport, genauer, ich mache keinen Sport mehr. In der Schule hatten wir Sport. „Turnen" hieß das da. Das mochte ich zuerst ganz gern, aber dann haben wir einen neuen Turnlehrer bekommen und ich hatte immer Probleme mit ihm. Ich war nämlich schlecht in Turnen und der Lehrer hat mich immer nur kritisiert. Der hat mich richtig fertiggemacht. Ich habe Sport nur noch gehasst und nach der Schule war bei mir Schluss damit. Sport im Fernsehen, das ist etwas anderes. Dafür interessiere ich mich immer noch. Am liebsten sehe ich Eisschnelllaufen.

Peter Stein, Elektriker, 35

Ⓑ Ja, ich mache gern Sport! Ich mache alles Mögliche. Oft freue ich mich schon den ganzen Tag darauf, dass ich am Abend joggen kann. Dabei vergesse ich schnell, worüber ich mich bei der Arbeit geärgert habe. Aber am liebsten mache ich Sport mit Freunden. Im Winter fahre ich mit ihnen in die Berge zum Skifahren. Oder wir fahren im Sommer an einen See, schwimmen, picknicken und genießen. Ich finde, Sport muss Spaß machen. Leistungssport und Wettkämpfe finde ich blöd.

Sibel Akgündüz, Verkäuferin, 28

Ⓒ Die Gruppe ist mir wichtig. Ich komme gerne hierher, treffe meine Freunde und trainiere mit ihnen. Hier sind alle gleich, alle sitzen im

Rolf Beetz, Webdesigner, 42

Rollstuhl. Wir trainieren jeden Dienstag und Donnerstag. Manchmal machen wir Wettkämpfe. Jedes Jahr gibt es mindestens ein großes Turnier und wir nehmen daran teil. Auch Behinderte können aktiv Sport machen und sehr erfolgreich sein! Das hat man ja bei den letzten Paralympics wieder gesehen. Basketball spielen ist ein Teil meines Lebens geworden. Dafür habe ich immer Zeit.

Ⓓ Ich verstehe das nicht: So viele Leute haben in der Freizeit den gleichen Stress wie im Beruf. Sie glauben, sie müssen immer ihre volle Leistung bringen, zuerst in der Arbeit und dann noch im Sport! Ich gehe ein paar Mal pro Woche spazieren, aber meistens nicht allein, sondern mit meinem Mann oder mit einer Freundin. Da kann ich mit ihnen reden, über die Kinder, über die Arbeit, über alles Mögliche. Zu Hause habe ich oft nicht die Zeit dafür. Da ist immer etwas anderes wichtig.

Anne Mertens, Lehrerin, 45

1. Die Person findet, dass sie beim Joggen am besten mit anderen reden kann. _____

2. Die Person hat keine Lust auf Sport, aber sie sieht gern Sportsendungen. _____

3. Die Person macht gern Sport nach der Arbeit, weil sie dann nicht mehr an die Arbeit denkt. _____

4. Die Person glaubt, man muss in der Freizeit die gleiche Leistung bringen wie im Beruf. _____

5. Die Person versteht nicht, warum für viele Leute Leistung beim Sport so wichtig ist. _____

6. Die Person trainiert zweimal in der Woche und ihre Mannschaft nimmt an Wettkämpfen teil. _____

b Warum machen die Leute Sport? Warum nicht? Markieren Sie in den Texten und sprechen Sie.

> Sibel Akgündüz freut sich, dass sie nicht mehr an die Arbeit denken muss.

> Turnen in der Schule war schrecklich. Darum macht Peter Stein ...

c Machen Sie Sport? – Sammeln Sie Fragen und machen Sie eine Umfrage im Kurs.

④ Pronomen und Pronominaladverbien bei Präpositionen
Lesen Sie die Beispiele und ergänzen Sie dann die Sätze 1–5.

Dann haben wir einen neuen Turnlehrer bekommen.	Ich hatte immer Probleme mit ihm.	**Mit wem?** Mit dem Turnlehrer.
Person	Präposition + Pronomen	
Ich habe Sport nur noch gehasst,	seitdem ist Schluss damit.	**Womit?** Mit Sport.
Sache	da(r) + Präposition	

1. Sport im Fernsehen, das ist etwas anderes. _____ interessiere ich mich.

2. Am liebsten mache ich Sport mit Freunden. Ich fahre _____ in die Berge zum Skifahren.

3. Jedes Jahr gibt es auch ein großes Turnier und wir nehmen immer _____ teil.

4. Fußballspielen ist für mich sehr wichtig. _____ habe ich immer Zeit.

5. Ich gehe mit einer Freundin spazieren. Da kann ich _____ reden.

⑤ Verben mit Präpositionen – Nebensätze
a Markieren Sie die Präpositionen in den Fragewörtern.

sich freuen **auf**	**Worauf?**	**Ich** freue mich. Ich freue mich schon **darauf**,	→ dass die Arbeit bald vorbei ist.
		Ich freue mich. Ich freue mich schon **darauf**, Ich freue mich schon **darauf**,	→ dass ich am Abend joggen kann. → am Abend joggen zu können.
Angst haben **vor**	**Wovor?**	Manchmal habe ich Angst **davor**,	→ mich zu verletzen.

Zusätzliche Spalten-Referenz: **Die Arbeit** ist bald vorbei. **Ich** kann am Abend joggen.

b Schreiben Sie Sätze wie in den Beispielen.

1. Wir haben uns gefreut.   Worauf?   Wir unternehmen im Urlaub viel.
2. Wir waren enttäuscht.   Wovon?   Das Wetter war schlecht.
3. Ich habe mich geärgert.   Worüber?   Es hat nur geregnet.
4. Ich hatte Angst.   Wovor?   Die Stimmung wird schlecht.
5. Wir haben uns entschlossen.   Wozu?   Wir wandern jeden Tag ein paar Stunden.

> 1. Wir haben uns darauf gefreut, im Urlaub viel zu unternehmen.
> 2. Wir waren davon enttäuscht, dass ...

6 Beruf „Skitrainer" – ein Interview

a Sehen Sie die Fotos an. Was möchten Sie von Herrn Spiegl wissen? Sammeln Sie Fragen.

Schülerrennen 1962: der erste Sieg

Meine Pokale im Keller

Alisa Camplin holt Gold bei den Olympischen Spielen

b Sie hören ein Interview. Zu welchen Stationen aus dem Lebenslauf erhalten Sie Informationen? Kreuzen Sie an.

⊙ 2.4

Ausbildung

Volksschule Götzens	09.1961 – 07.1965	☐
Gymnasium Innsbruck	09.1965 – 07.1974	☐
Stipendium Oregon USA	09.1972 – 07.1973	☐
Universität Innsbruck	10.1974 – 06.1981	☐

Berufliche Tätigkeit

Skilehrer und Manager der Skischule Götzens	☐
Fußballtrainer in Innsbruck	☐
Trainer in der Rennschule Rossland in Kanada	☐

c Hören Sie das Interview noch einmal. Kreuzen Sie an: richtig oder falsch?

	R	F
1. Als ich klein war, sind alle Leute in meiner Umgebung Ski gefahren.	☐	☐
2. Die Wettkämpfe bei der Winterolympiade durfte ich nicht besuchen.	☐	☐
3. Ich war ein erfolgreicher Spitzensportler.	☐	☐
4. Beim Skifahren habe ich einige Freunde fürs Leben gefunden.	☐	☐
5. Später habe ich Sport studiert und die Ausbildung für Skilehrer und Trainer gemacht.	☐	☐
6. Als ich studiert habe, war ich zugleich Skilehrer und Manager einer Skischule.	☐	☐
7. Meine erste Stelle als Trainer habe ich im Ausland bekommen.	☐	☐
8. Als Trainer habe ich aufgehört, weil ich zu wenig Erfolg hatte.	☐	☐
9. Meine Familie ist mir wichtig, darum habe ich mich beruflich verändert.	☐	☐
10. Auch heute bin ich noch viel unterwegs.	☐	☐

7 Sport und Beruf

a Lesen Sie die Texte. Welchen Aussagen stimmen Sie zu, welchen nicht?

Ich habe als Kind in jeder freien Minute Fußball gespielt. Ich hatte mir vorgenommen, Fußballer zu werden. Es hat nicht geklappt, ich hatte viele Verletzungen und ich war nicht gut genug. Ich finde es gut, aus dem Hobby seinen Beruf zu machen. Ich habe jedenfalls durch den Sport meinen Beruf gefunden: Ich bin Masseur und betreue vor allem Sportler im Training und nach Verletzungen. Ich denke mir, dass ich die Sportler gut verstehe. Und mein Sohn kann Fußballer werden, der ist besser als ich. *Hannes Weiler, Masseur*

Erfolg kann man nicht planen. Es ist auch Quatsch zu behaupten, dass man alles erreichen kann, wenn man nur will. Es gibt so viele Tennisspielerinnen, aber nur ganz wenige schaffen es an die Spitze. Viele Leute können sich nicht vorstellen, wie viel Glück man braucht. Vielleicht habe ich mir auch zu viel vorgenommen, der Druck wurde für mich zu groß. Deshalb achte ich darauf, dass ich jetzt im Beruf nicht zu viel arbeite und auch Zeit für mich habe. *Nina Graber, Geschäftsfrau*

b Stellen Sie je eine Aussage vor. Begründen Sie Ihre Meinung.

Ich finde es gut, aus dem Hobby seinen Beruf zu machen.

Ich finde, Beruf und Hobby sollte man trennen.

8 Reflexivpronomen im Dativ

a Markieren Sie in den Sätzen 1–6 die Reflexivpronomen im Dativ und machen Sie eine Tabelle.

sich etwas vornehmen — Ich hatte mir vorgenommen, Fußballer zu werden.

sich etwas vorstellen — Viele Leute können sich nicht vorstellen, wie viel Glück man braucht.

1. Hast du dir den Termin gemerkt? Wann spielen wir Tennis? 2. Wo warst du so lange? Ich habe mir schon Sorgen gemacht! 3. Ihr könnt euch gar nicht vorstellen, wie anstrengend Tennis ist. 4. Peter und Anni nehmen sich vor, im Sommer oft mit dem Rad zu fahren. 5. Nina Graber wünscht sich, dass sie öfter Zeit zum Joggen hat. 6. Wenn wir genug Geld haben, kaufen wir uns ein Fahrrad.

b Schreiben Sie kurze Sätze mit den Verben. Vergleichen Sie im Kurs.

sich etwas merken   sich etwas wünschen
sich etwas vorstellen   sich Sorgen machen
sich etwas vornehmen   sich etwas überlegen

Ich merke mir den Termin.

9 Sport ist gesund! – Wirklich?

a Lesen Sie 1–6 und sammeln Sie weitere Aussagen zum Thema „Sport".

1. Sport ist gesund.
2. Beim Sport lernt man Disziplin.
3. Die Leute bewegen sich zu wenig.
4. Sportler sind egoistisch.
5. Es gibt viele Verletzungen.
6. Sport bringt die Menschen zusammen.
...

b Widersprechen Sie den Aussagen in 9a.

Ich glaube nicht, dass Sport gesund ist. Sportler haben viele Verletzungen.

10 Das Verkehrsmittel Nr. 1

a Lesen Sie den Text. Was ist das Verkehrsmittel Nummer 1?

Deutschland gilt als das Autoland. Die Auto-
industrie ist wichtig, das Straßennetz ist gut
ausgebaut. Aber 55 Millionen Fahrzeuge, davon 45 Millionen Personenautos, sind für das
5 beste Verkehrssystem zu viel. Jeder deutsche
Autofahrer steht im Durchschnitt 60 Stunden
pro Jahr im Stau, die Zeit von eineinhalb
Arbeitswochen. Tendenz steigend.
Münster in Westfalen: Auch hier gibt es Staus,
10 vor allem morgens um halb acht, wenn
Deutschland zur Arbeit fährt. Aber Münster
ist die Fahrradstadt Deutschlands. 40 % aller
Fahrten werden mit dem Fahrrad gemacht.
Das könnte auch daran liegen, dass Münster
15 sehr flach ist und es kaum Steigungen gibt.
Aber das kann nicht der einzige Grund sein,
denn es gibt viele flache Städte in Deutschland, die keine Fahrradstädte sind. Es muss
auch gute Fahrradbedingungen geben, damit
20 die Bürger das Fahrrad im Alltag benutzen. In
Münster gibt es 300 km Radwege und spezielle Wegweiser nur für die Radfahrer. Am
Bahnhof gibt es „Parkplätze" für 3.500 Räder,
damit die Menschen auf dem Weg zu oder
25 von ihrer Arbeit Zug und Rad kombinieren
können. Viele Münsteraner verwenden das
Rad, um private Kontakte zu pflegen oder um
einzukaufen – und das bei fast jedem Wetter.
In Deutschland sind Schüler und Studenten
30 die fleißigsten Radfahrer. Sie benutzen es fast
jeden Tag, um zur Schule oder zur Universität
zu kommen. Und dann sind da noch die Be-
rufsradfahrer: Botendienste und Briefträger
benutzen Fahrräder, um ihre Arbeit schnell
35 zu erledigen und Staus zu vermeiden.
75 Millionen Fahrräder gibt es in Deutschland, eines für fast jeden Einwohner. Viele
verwenden das Fahrrad für ihre Freizeit.
Sportliches Radfahren auf den Straßen nimmt
40 zu, Mountainbiken und Radtouren in der Natur werden immer beliebter. „Es ist schon
dumm, dass ich meistens zuerst das Auto
brauche, damit ich danach Rad fahren kann",

meint Bernd Feiermann aus Berlin, während
45 er sein Fahrrad ins Auto lädt. „Aber ich fahre
nun mal gern Rad, um mich zu erholen. Ein
paar hundert Kilometer Radwege sind billiger
als ein Kilometer Autobahn. Aber wir sind ja
im Autoland Deutschland", sagt er noch und
50 steigt in sein Auto.

b Lesen Sie den Text noch einmal und ordnen Sie 1–6 und a–f zu.

1. In Deutschland gibt es sehr gute Straßen.

2. In Münster fahren viel mehr Leute mit dem
Rad als in anderen deutschen Städten.

3. Am Bahnhof in Münster gibt es viele
Abstellplätze für Räder.

4. Schüler und Studenten sind die fleißigsten
Radfahrer.

5. Viele Botendienste benutzen das Fahrrad.

6. Das Fahrrad wird am häufigsten für die
Freizeit verwendet.

___ a) Sie fahren fast täglich mit dem Rad.

___ b) Viele Leute machen Radtouren.

___ c) Es ist flach und es gibt viele Radwege.

___ d) So können sie ihre Arbeit schneller
erledigen.

___ e) Trotzdem gibt es immer mehr Staus.

___ f) Deshalb kann man Zug und Fahrrad
kombinieren.

c Benutzen Sie ein Fahrrad? Wann? Wie oft? Würden Sie gern ein Fahrrad benutzen?

11 Mit welchem Ziel – *Wozu?* – *damit* – *um … zu*

   a Lesen Sie die Beispiele. Suchen Sie weitere Beispiele im Text.

Am Bahnhof ist Platz für viele Fahrräder, Subjekt Hauptsatz	≠	**Mit welchem Ziel – Wozu?** **damit** die Menschen Zug und Rad kombinieren. Subjekt Nebensatz: damit
Bernd Feiermann fährt gern Rad, Bernd Feiermann fährt gern Rad, Subjekt Hauptsatz	=	**damit** er sich erholt. **um** sich **zu** erholen. Subjekt Nebensatz: damit oder um … zu

   b Welche Fortsetzung passt? Schreiben Sie die Sätze fertig, drei Sätze *damit*, drei *um … zu.*

1. Viele Profisportler benutzen das Fahrrad,
2. Hobbysportler benutzen das Rad,
3. Naturfreunde fahren Rad,
4. Briefträger nehmen oft das Fahrrad,
5. Manche Leute in der Stadt fahren Rad,
6. Viele Schüler fahren mit dem Fahrrad,

    fit bleiben oder sich erholen

      schneller in der Schule oder zu Hause sein

    ein Stück Natur sehen   nicht im Stau stecken

  die Kondition trainieren

    …   die Arbeit schneller erledigen

> *1. Viele Profisportler benutzen das Fahrrad, damit sie ihre Kondition trainieren.*
> *2. Hobbysportler benutzen das Rad, um …*

   c Wozu brauchen Sie das? – Ein Würfelspiel

Spielregeln: Spielen Sie in Gruppen. Jeder Spieler legt eine Spielfigur auf ein beliebiges Feld.
                Der 1. Spieler würfelt und zieht seine Spielfigur auf das entsprechende Feld.

Beispiel: Er würfelt 1 und kommt zum Beispiel auf das Feld „das Blatt Papier".

Ein Mitspieler fragt: *Wozu brauchst du ein Blatt Papier bei der Arbeit?*

Der Spieler antwortet z. B.:   *Ich brauche ein Blatt Papier bei der Arbeit, damit ich ein Papierflugzeug machen kann.*   *…, um ein Papierflugzeug zu machen.*

das Fahrrad	der Rucksack	die Mütze	das Pflaster	die Plastik-tüte
die Schere	⚀ bei der Arbeit ⚃ in der Freizeit	⚁ am Morgen ⚄ in der Nacht	⚂ im Winter ⚅ im Sommer	das Blatt Papier
die Sport-schuhe	die Taschenlampe	die Seife	die Flasche	der Ball

Im Alltag

1 Einstellungen beschreiben

sich etwas denken	Ich denke mir, Sport und Beruf haben vieles gemeinsam.
sich etwas überlegen	Man muss sich überlegen, was man erreichen will.
sich etwas merken	Ich merke mir immer, was gut war und was nicht.
sich etwas vornehmen	Ich habe mir vorgenommen, öfter mit dem Fahrrad zu fahren.
sich an etwas erinnern	Oft kann ich mich nur an die guten Dinge erinnern.
etwas vergessen	Und ich vergesse, was nicht so gut war.
sich entschließen	Ich habe mich entschlossen, mehr Sport zu machen.

2 Gefühle/Haltungen beschreiben

sich freuen auf	Sie hatte sich so auf ein paar freie Tage gefreut.
hoffen auf	Sie hatte auf schönes Wetter gehofft.
sich ärgern über	Aber es regnete immer und sie ärgerte sich darüber.
enttäuscht sein von	Und sie war auch enttäuscht vom Hotel.
etwas hassen	Sie hasste es, den ganzen Tag zu warten.
sich interessieren für	Sie interessierte sich für nichts, für gar nichts.

Endlich Wochenende!

glücklich sein über	Er war so glücklich über ein langes Wochenende.
egal sein	Es war ihm ganz egal, dass das Wetter schlecht war.
(keine) Probleme haben mit	Er hatte keine Probleme damit, seine Zeit zu planen.
zufrieden sein mit	Er war zufrieden damit, dass er sich ausruhen und lesen konnte.
(keine) Lust haben auf	Er hatte keine Lust darauf, früher nach Hause zu fahren.
schade sein	Es war nur schade, dass er nicht morgens joggen konnte.

3 Den Zweck von etwas angeben

Wozu machst du Sport?	Damit ich fit bleibe.
	Um fit zu bleiben.
Wozu benutzt du dein Fahrrad?	Damit ich schneller zur Arbeit komme.
	Um schneller zur Arbeit zu kommen.
Wozu nimmst du einen Ball mit?	Damit wir am Strand spielen können.
	Um am Strand spielen zu können.

Grammatik

1 Präpositionalergänzungen – Pronomen und Pronominaladverb

Ich hatte Probleme **mit dem Turnlehrer.**	Ich hatte Probleme **mit ihm.** Präposition + Pronomen	Person: **Mit wem?** Mit dem Turnlehrer.
Jetzt ist Schluss **mit dem Sport.**	Jetzt ist Schluss **damit.** da(r) + Präposition	Sache: **Womit?** Mit dem Sport.

2 Verben und Ausdrücke mit Präpositionen – Pronominaladverbien

enttäuscht sein von	**wovon?**	**davon**	Die Präposition beginnt mit einem Konsonant
Angst haben vor	**wovor?**	**davor**	wo...? → da...
sich entschließen zu	**wozu?**	**dazu**	
zufrieden sein mit	**womit?**	**damit**	
sich freuen auf	wor**auf?**	dar**auf**	Die Präposition beginnt mit einem Vokal (a, e, i, o, u, ü)
sich kümmern um	wor**um?**	dar**um**	wor...? → dar...
denken an	wor**an?**	dar**an**	
traurig sein über	wor**über?**	dar**über**	

3 Präpositionalergänzungen und Nebensätze

sich freuen **auf**	**Worauf?**	Ich freue mich **darauf**, dass ich am Abend joggen kann.
Angst haben **vor**	**Wovor?**	Ich hatte Angst **davor**, mich zu verletzen.

4 Reflexivpronomen im Akkusativ und Dativ

	Akkusativ	Dativ
ich	mich	mir
du	dich	dir
er/es/sie	sich	

	Akkusativ/Dativ
wir	uns
ihr	euch
sie/Sie	sich

Meistens steht das Reflexivpronomen im Akkusativ.

(sich) waschen	Ich wasche **mich** (A).
sich bedanken	Sie bedankt **sich** (A) für die Blumen.

Wenn das Verb noch eine Akkusativergänzung hat, steht das Reflexivpronomen meistens im Dativ.

(sich) waschen	Ich wasche **mir** (D) die Hände (A).
sich Sorgen machen	Mach **dir** (D) keine Sorgen (A).

5 Nebensätze mit *damit – um ... zu*

Am Bahnhof ist Platz für viele Fahrräder, Subjekt Hauptsatz	≠	Mit welchem Ziel – Wozu? **damit** die Menschen Zug und Rad kombinieren. Subjekt Nebensatz: damit
Bernd Feiermann fährt gern Rad, Bernd Feiermann fährt gern Rad, Subjekt Hauptsatz	=	**damit er** sich erholt. **um** sich **zu** erholen. Subjekt Nebensatz: damit oder um ... zu

Einkaufen

Lernziele

- über Einkaufsgewohnheiten sprechen
- etwas telefonisch reklamieren
- Gesprächsstrategien am Telefon
- über Verbraucherschutz sprechen

1 Spaß und Stress

    a Sammeln Sie Wörter und Ausdrücke, die zu den Bildern passen.

    b Wann macht Einkaufen Spaß? Wann ist es anstrengend?

> Ich kaufe gern ein, wenn ich Zeit habe.

Ich kaufe gern ein … Es macht mir Spaß … Ich gehe gern mit … Am Samstag … Wenn ich Zeit habe, dann … Ich genieße es, wenn …	Normalerweise … In der Woche … Ich muss oft/immer … Obwohl ich gerne einkaufe, … Mein Problem ist, dass … Weil ich viel arbeite, …	Ich mag es nicht, wenn … Mich nervt es, wenn … Einkaufen ist anstrengend, wenn … Es ist stressig, wenn … … sehr hektisch …

Ein Lied von der Gruppe „Die Prinzen"

X ist lustig.
X macht fröhlich.
X ist sehr, sehr nützlich,
denn das Leben ist leider ziemlich teuer.
X macht Freude.
X macht Spaß.
X gibt so viel Kraft
und manche geben damit Feuer.
X ist schön.
Es ist so praktisch, kann so viel dafür kaufen.
X ist schön.
Nur nicht den Fehler machen, alles zu versaufen.
X ist schön.
Es ist zwar nicht das Schönste, das Schönste auf der Welt,
doch es ist schön – auf jeden Fall schöner als kein X.
X ist käuflich.
X macht so reich.
X ist sehr, sehr lecker.
Nur nicht süchtig werden.
X macht sexy.
X macht so frei.
X macht alles, alles, alles, alles,
nur ganz selten mal Beschwerden.
…
X macht so mächtig, es macht so satt.
…
Und doch so nebensächlich, wenn man viel hat.

Worterklärungen: *versaufen*: Alkohol kaufen und trinken •
süchtig: wenn man z. B. Alkohol oder Drogen konsumieren <u>muss</u> •
nebensächlich: nicht wichtig

2 **Wo kaufen Sie was?**
Wo kaufen Sie was ein? Warum?
Machen Sie gemeinsam eine Tabelle.

*Ich kaufe oft Kleidung im Internet.
Das geht schnell und ist billiger.*

Gemüse kaufe ich …

3 **Das Lied vom X**
   a **Lesen Sie den Liedtext. Was ist X?**

⊙ 2.5 **b** **Hören Sie das Lied.**
   Welche Eigenschaften hat X im Lied?

   c **Welche Eigenschaften hat X für Sie?**

   d **Schreiben Sie selbst ein paar Liedzeilen.**

X macht oft froh.
X macht nicht immer glücklich.

4 Verbraucher fragen – Experten antworten

a Lesen Sie die Texte 1–3. Was ist jeweils das Problem?

b Lesen Sie nun die Texte A–C. Auf welches Problem antworten die Experten jeweils?

Gregorscz Robak

① Vor zwei Wochen stand vor meiner Tür ein junger Mann. Er sagte, dass er gerade aus dem Gefängnis kommt und versucht, wieder ein normales Leben zu führen. Er verkaufte Zeitungsabos. Obwohl ich keines brauchte, habe ich die „TV Spielfilm" abonniert. Jetzt ärgere ich mich darüber. Meine Frage ist: Wie lange ist die Kündigung eines Abos normalerweise möglich?

Sylvia Kiener

② Ich habe große Probleme wegen meiner letzten Handyrechnung. Sie war um 300 % höher als im Vormonat. Ich habe aber nicht mehr telefoniert als sonst. Die Telefongesellschaft hat trotz meiner Reklamation nichts von den Kosten erstattet. Was kann ich tun, um die Überprüfung der Rechnung zu erzwingen?

Nadia Romanova

③ Vor einigen Tagen habe ich im Internet einen DVD-Recorder gekauft. Gestern habe ich nun bemerkt, dass eine Taste des gebrauchten Gerätes nicht funktioniert. Ich habe den Verkäufer angerufen, aber er meint, dass er der Rückgabe des Recorders nicht zustimmt, weil bei Versand des Gerätes alles in Ordnung gewesen ist. Was kann ich tun?

Ⓐ **Verbraucherzentrale Bonn** – Prüfen Sie Ihre Rechnung genau. Gibt es Kosten, die nicht von Ihrem normalen Telefonanbieter kommen? Prüfen Sie auch, ob 0190- oder 0900-Nummern dabei sind. Ist das der Fall, dann kontrollieren Sie, ob jemand außer Ihnen Ihr Telefon benutzt hat. Wenn Sie sicher sind, dass das nicht so ist, sollten Sie sich bei der Verbraucherberatung so schnell wie möglich beraten lassen.

Ⓑ **Verbraucherzentrale Rostock** – Im Internet gelten die gleichen Regeln wie sonst auch. Der Verkäufer der Ware muss sie reparieren oder das Geld zurückgeben. Die Gewährleistung ist bei gebrauchten Waren meistens ein Jahr. Aber: Sie müssen den Mangel beweisen. Man kann alle Käufe im Internet (wie an der Haustür) innerhalb von 14 Tagen ab Datum des Kaufs rückgängig machen.

Ⓒ **Verbraucherzentrale Stuttgart** – Das Gesetz sagt, dass man alle Verträge, die man im Haus macht, innerhalb von zwei Wochen wieder rückgängig machen kann. Nach zwei Wochen wird es schwierig. Schreiben Sie also heute noch einen Kündigungsbrief an den Verlag Ihrer Zeitschrift und schicken Sie ihn sofort ab, am besten per Einschreiben.

c Welche Wörter haben Ihnen bei der Zuordnung geholfen?

d Zu welchen Texten A–C passen die Aussagen 1–5? Zwei passen nicht.

_____ 1. Meine neue Kamera hatte nach wenigen Wochen ein Problem. Ich wollte sie zurückgeben und das Geld zurückhaben. Aber der Händler hat sie repariert.

_____ 2. Meiner Mutter, die über 75 ist, hat jemand zu Hause eine Lebensversicherung verkauft. Die haben wir gleich wieder gekündigt. Das war kein Problem.

_____ 3. Meine Stromrechnung war im März dreimal so hoch wie normal. Da habe ich einfach nur 30 % bezahlt.

_____ 4. Mein Mann hat mir einen Rock geschenkt, der mir nicht gefallen hat. Ich habe ihn zurückgebracht und das Geld zurückbekommen.

_____ 5. Als meine Telefonrechnung neulich sehr hoch war, konnte ich es nicht glauben. Aber dann habe ich herausgefunden, dass meine Tochter oft mit ihrem Freund in Moskau telefoniert hat.

e Haben Sie schon einmal ähnliche Probleme gehabt? Berichten Sie.

5 Die Kündigung eines Abos …

a Genitiv – Markieren Sie die Endungen in a–f.

b In welche Sätze 1–6 passen a–f? Es gibt zum Teil mehrere Möglichkeiten.

1. Die Reparatur ☐ kann ich nicht bezahlen.
2. Herr Müller ist seit drei Jahren Mitarbeiter ☐.
3. Die Höhe ☐ war nicht normal.
4. Die Gewährleistungszeit ☐ beträgt zwei Jahre.
5. Der Umtausch ☐ ist nicht immer möglich.
6. Über die Details ☐ sprechen wir morgen.

a) Ihres neuen Vertrags
b) unserer großen Firma
c) einer kaputten Schreibtischlampe
d) meines alten Autos
e) eines technischen Geräts
f) meiner letzten Telefonrechungen

c Lesen Sie die Beispiele und bilden Sie ähnliche Kombinationen.

die Kündigung + das neue Abo • die Erstattung + die hohen Kosten • die Rückgabe + der neue Recorder • die Reparatur + meine teure Kamera • der Umtausch + ein Pullover • das Ergebnis + das lange Gespräch • der Grund + mein letzter Anruf • die Namen + Ihre Gesprächspartner • die Organisation + das Fest • die Augen + mein neuer Freund • der Freund + meine jüngere Schwester …

> *Über die Details Ihres neuen Vertrags sprechen wir morgen.*

Genitiv

	der Recorder / **das** Netbook / **die** Kamera
die Rückgabe	des/meines neuen Recorders
	des/meines neuen Netbooks
	der/meiner neuen Kamera
	die Recorder/Netbooks/Kameras
die Rückgabe	der/meiner neuen Recorder/Netbooks/Kameras

die Kündigung des neuen Abos, die Erstattung der …

d Schreiben Sie mit einigen Kombinationen aus 5c ganze Sätze. Vergleichen Sie im Kurs.

6 Präpositionen mit Genitiv: *trotz/wegen*

a Lesen Sie das Beispiel und schreiben Sie Sätze.

Trotz seines schlechten Gehalts bleibt er. = **Obwohl** das Gehalt schlecht ist, bleibt er.
Wegen ihres schlechten Gehalts kündigt sie. = **Weil** das Gehalt schlecht ist, kündigt sie.

1. wegen / die Abokündigung …
2. wegen / Ihr neuer Vertrag …
3. wegen / deine hohe Stromrechnung …
4. trotz / meine Reklamation …
5. trotz / mein Kassenbon …
6. trotz / die Reparatur …

müssen Sie ein Einschreiben an den Verlag schicken.
sollten Sie mit dem Personalchef sprechen.
kannst du dich an die Verbraucherzentrale wenden.
wurde die Rechnung von meinem Konto abgebucht.
hat der Supermarkt den Joghurt nicht umgetauscht.
funktioniert die Nähmaschine nicht.

1. Wegen der Abokündigung müssen Sie ein Einschreiben an den Verlag schicken.

b Formulieren Sie je einen Satz mit *trotz* und *wegen* über sich.

7 Tipps zum Telefonieren

⊙ 2.6 **a** Herr Oti telefoniert mit der Firma *cyberpark.de.*
   Hören Sie und beantworten Sie die Fragen 1–5.

1. Was hat er gekauft?
2. Was ist sein Problem?
3. Wer hat den Computer ausgepackt?
4. Warum braucht er die Rechnung?
5. Was muss er tun?

b Ordnen Sie die zehn Tipps den Gesprächsphasen zu: vorher (v), während (w), nachher (n).

1. Schreiben Sie auf, was Sie als Nächstes machen wollen/müssen.	_n_
2. Sie sollten immer freundlich sein, auch wenn Sie sich beschweren wollen.	_____
3. Erklären Sie, was Sie möchten (Frage, Beschwerde, Reklamation) ruhig und deutlich.	_____
4. Beenden Sie das Gespräch mit einem positiven Schlusssatz.	_____
5. Notieren Sie, was Ihr Ziel ist und was Sie erreichen wollen.	_____
6. Bedanken Sie sich für das Gespräch.	_____
7. Notieren Sie die Uhrzeit und das Ergebnis des Gespräches.	_____
8. Schreiben Sie den Namen Ihres Gesprächspartners und den der Firma auf.	_____
9. Überlegen Sie, wann Sie die Person, mit der Sie sprechen wollen, am besten erreichen.	_____
10. Eine freundliche Begrüßung ist die Voraussetzung eines erfolgreichen Gespräches.	_____

c Herr Oti hat das Gespräch nicht vorbereitet. Hören Sie noch einmal: Was macht er falsch?

1. Er sagt seinen Namen nicht gleich.

8 Freundlichkeit und Unfreundlichkeit

⊙ 2.7 **a Hören Sie. Welche Aussagen empfinden Sie als freundlich (f), welche als unfreundlich (u)?**

1. _____   2. _____   3. _____   4. _____
5. _____   6. _____   7. _____   8. _____

⊙ 2.8 **b Freundlichkeit – Hören Sie die Aussagen und sprechen Sie sie nach.**

– Guten Tag, ich hätte gern Herrn Sieber gesprochen. ↘
– Herr Sieber ist heute leider nicht da. ↘ Kann ich Ihnen helfen? ↗
– Ich rufe wegen einer Reklamation an. ↘
– Die Festplatte meines Computers funktioniert nicht mehr. ↘

c Verändern Sie 1–5 so, dass die Sätze höflicher sind (Grammatik/Wörter).
   Sprechen Sie sie dann freundlich/höflich, neutral und unfreundlich.

1. Frau Dosch, ich brauche Ihre Hilfe.
2. Mach das Fenster zu.
3. Bis wann reparieren Sie den Fernseher?
4. Gib mir dein Wörterbuch.
5. Wann besuchst du mich wieder?

1. ..., können Sie mir bitte helfen ...? /
..., könnten Sie mir mal bitte helfen ...?

9 Telefongespräche trainieren

a Machen Sie Notizen für Herrn Otis zweites Telefongespräch.

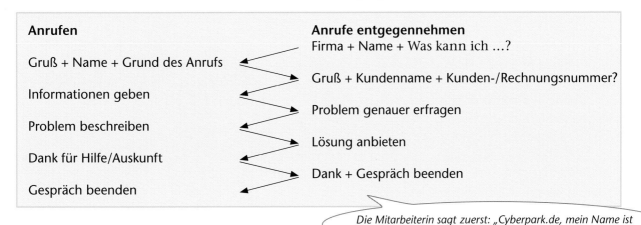

Anrufen

Gruß + Name + Grund des Anrufs

Informationen geben

Problem beschreiben

Dank für Hilfe/Auskunft

Gespräch beenden

Anrufe entgegennehmen

Firma + Name + Was kann ich ...?

Gruß + Kundenname + Kunden-/Rechnungsnummer?

Problem genauer erfragen

Lösung anbieten

Dank + Gespräch beenden

Die Mitarbeiterin sagt zuerst: „Cyberpark.de, mein Name ist Christina Reiß, was kann ich für Sie tun?"

b Spielen Sie Herrn Otis zweites Gespräch mit der Firma. Verwenden Sie die folgenden Informationen.

cyberpark@de

Kunden-Nr.: 17827
Rechnungs-Nr.: 165708004
Rechnungsdatum: 29. Mai 20...

Vorschlag der Mitarbeiterin von cyberpark.de:

Herr Oti soll das Gerät in der Originalverpackung zurückschicken. Das Paketporto bezahlt cyberpark.de. Er bekommt ein neues Gerät.

c Bereiten Sie Telefongespräche zu anderen Problemen vor und spielen Sie sie.

– Die neue Waschmaschine ist kaputt.
– Der Internetanschluss funktioniert nicht.

– Die Tageszeitung wird nicht mehr geliefert.
– Die Stromrechnung ist plötzlich doppelt so hoch.

10 Pronomen als Ergänzungen

a Unterstreichen Sie in 1–3 und a–c die Akkusativ- und Dativergänzungen. Was ändert sich?

1. Herr Oti erklärt der Sachbearbeiterin sein Problem nicht.
2. Er nennt der Sachbearbeiterin die Kundennummer nicht.
3. Er kann der Sachbearbeiterin das Problem nicht beschreiben.

a) Er muss es ihr genau erklären.
b) Er muss sie ihr nennen.
c) Er muss es ihr genau beschreiben.

b Markieren Sie in 1–6 die Nomen wie im Beispiel. Überlegen Sie: *der*, *das* oder *die*? Ergänzen Sie dann die Sätze.

1. Nennen Sie Ihrem Gesprächspartner Ihr Anliegen und erklären Sie ___es___ ___ihm___ genau.

2. Schreiben Sie der Firma einen Beschwerdebrief und schicken Sie _____ _____ sofort.

3. Bringen Sie der Verkäuferin den Kassenbon mit und geben Sie _____ _____.

4. Ich habe dem Verkäufer das Problem genannt und _____ _____ genau erklärt.

5. Pia hat Kai ein Fahrrad gekauft und will _____ _____ zum Geburtstag schenken.

6. Ich habe meinem Chef ein Hotel empfohlen und _____ _____ im Internet gezeigt.

11 **Ein Gedicht von Erich Kästner**

⊙ 2.9 **a Hören Sie zu und lesen Sie mit.**

Die Zeit fährt Auto

Die Städte wachsen. Und die Kurse steigen.
Wenn jemand Geld hat, hat er auch Kredit.
Die Konten reden. Die Bilanzen schweigen.
Die Menschen sperren aus. Die Menschen streiken.
Der Globus dreht sich. Und wir drehn uns mit.

Die Zeit fährt Auto. Doch kein Mensch kann lenken.
Das Leben fliegt wie ein Gehöft vorbei.
Minister sprechen oft vom Steuersenken.
Wer weiß, ob sie im Ernste daran denken?
Der Globus dreht sich und geht nicht entzwei.

Die Käufer kaufen. Und die Händler werben.
Das Geld kursiert, als sei das seine Pflicht.
Fabriken wachsen. Und Fabriken sterben.
Was gestern war, geht heute schon in Scherben.
Der Globus dreht sich. Doch man sieht es nicht.

Worterklärungen: *Kurs, der. -e:* der Preis, den Aktien an der Börse haben • *Bilanz, die, -en:* eine Aufstellung, mit der man die Einnahmen und Ausgaben einer Firma miteinander vergleicht • *Gehöft, das, -e:* ein Bauernhof • *entzweigehen:* kaputtgehen/zerbrechen • *Scherbe, die, -n:* ein Stück eines zerbrochenen Gegenstandes aus Glas oder Porzellan

b Wer macht was? Finden Sie Nomen zu diesen Verben im Gedicht. Was machen die Menschen? Was machen die Dinge? Was macht der Globus?

wachsen • reden • fahren • lenken • fliegen • drehen • kursieren • sterben • steigen • senken

c Die Menschen möchten ihr Leben planen und kontrollieren. Was meint Kästner dazu?

d Wie verstehen Sie diese Zeilen des Gedichts?

> Wenn jemand Geld hat, hat er auch Kredit.

> Wer schon Geld hat, der bekommt noch mehr.

> Was gestern war, geht heute schon in Scherben.

> Die Zeit fährt Auto. Doch kein Mensch kann lenken.

e Möchten Sie noch mehr tun? Hier sind einige Ideen:

– das Gedicht mit verschiedenen Intonationen laut lesen: wütend, traurig, fröhlich …
– eine Strophe auswendig lernen und vortragen
– eigene Gedichte zum Thema „Geld" schreiben
– über das Thema „Geld regiert die Welt" sprechen

12 Glück und Geld

a Sprechen Sie zuerst über die Karikaturen und die Überschrift. Lesen Sie dann den Artikel.

Geld macht nicht glücklich – aber es hilft!

Wer Glück einmal erlebt hat, weiß, wie selten, wie kurz, wie kostbar es ist. In der Welt der Ökonomie, also fast der ganzen Welt, wird Glück oft mit Geld verwechselt. Das Streben danach bestimmt unser Handeln. Es stimmt schon: Anfangs
5 fühlt es sich gut an, wenn man sich viel leisten kann, ein schnelles Auto, ein schönes Haus, aber macht Geld wirklich glücklich?

Viel verdienen reicht nicht

Eine Studie der University of Cardiff zeigt: Geld allein er-
10 höht nicht die Zufriedenheit eines Menschen. Es kommt darauf an, dass sich auch seine soziale Stellung verbessert. Anders gesagt: Es macht nicht glücklich, viel zu verdienen, wenn man weiß, dass der beste Freund viel mehr verdient. Erst wenn sich Menschen mit anderen vergleichen und fest-
15 stellen, dass sie mehr haben, stellt sich das Glücksgefühl ein. Das Problem ist nur: Die Menschen vergleichen sich meistens mehr nach oben als nach unten. Und das macht es schwer, Glück zu empfinden.

Man gewöhnt sich an alles

20 Menschen mit höherem Einkommen haben im Durchschnitt eine höhere Lebenszufriedenheit als Menschen mit niedrigerem Einkommen. Wenn man aber ein mittleres Einkommen erreicht hat, dann steigert eine Gehaltserhöhung das Lebensglück kaum noch. Die Menschen gewöhnen sich
25 schnell ans Geld.

Landkarte der Zufriedenheit

Wie unterschiedlich Glück geografisch verteilt ist, zeigte eine Untersuchung zur Lebenszufriedenheit in 30 europäischen Staaten. Für eine Studie der Stiftung Eurofound
30 verschickten Forscher etwa 30.000 Fragebögen. Das Ergebnis: Die glücklichsten Europäer leben in Skandinavien. Dänen, Schweden und Finnen sind mit ihrem Leben am zufriedensten. Die Deutschen liegen im europäischen Durchschnitt.
35 Länder mit hohem Einkommen schneiden bei der Frage nach der Zufriedenheit im Leben sehr gut ab.

Ohne Arbeit kein Glück

Die wichtigste Bedingung für das Glück ist die Arbeit. Wer seinen Job verliert, wird unglücklich. Dieses Unglück kommt
40 aber nicht nur durch den Mangel an Geld, sondern auch von dem Gefühl, nutzlos zu sein und von der Gesellschaft nicht mehr geschätzt und gebraucht zu werden. Materieller Reichtum macht nur kurzfristig glücklich. An einen Porsche gewöhnt man sich schneller, als man denkt.
45 „Die Menschen machen immer denselben Fehler", meint der Ökonom Frey, „sie unterschätzen das Glück, das ihnen Freundschaften bringen. Und sie überschätzen das Glück, das ihnen materielle Güter bringen."

b Wo steht das im Text? Markieren Sie.

1. Wer schon ganz gut lebt, wird mit noch mehr Geld nicht viel glücklicher.
2. In Ländern, in denen gut verdient wird, sind die Menschen zufriedener als in anderen.
3. Das Wichtigste, um glücklich zu sein, ist, etwas Sinnvolles zu tun zu haben.
4. Viele Menschen halten Autos, Häuser, Fernseher usw. für wichtiger, als sie sind.

c Was sagt der Text? Beantworten Sie die Fragen zu zweit. Vergleichen Sie im Kurs.

1. Was hat der Vergleich mit anderen Menschen mit dem eigenen Glücksgefühl zu tun?
2. Was hat Arbeit mit Glück zu tun?

d Was ist für Sie persönlich wichtig, um glücklich zu sein? Machen Sie eine Liste mit drei Punkten. Vergleichen Sie im Kurs.

1 **Über Einkaufsgewohnheiten sprechen**

Ich kaufe gerne ein, wenn ich Zeit habe.
Ich hasse es, wenn ich unter Zeitdruck einkaufen muss.
Wenn ich etwas zum Anziehen brauche, dann …
Normalerweise … / In der Woche … / Am Samstag …
Mich nervt, dass am Samstag alle Geschäfte so voll sind.
Mein Problem ist, dass ich oft zu viel kaufe.

Es macht mir Spaß, in der Stadt einkaufen zu gehen.
Ich gehe gern mit einer Freundin / einem Freund einkaufen.
Technische Geräte / Bücher/Kleidung kaufe ich häufig im Internet. Das ist meistens billiger.

Obwohl ich gerne einkaufe, kaufe ich zurzeit fast nichts. Ich habe zu wenig Geld.
Ich habe kein Geld, um in Ökoläden einzukaufen. Ich muss auf die Preise achten.

2 **Etwas telefonisch reklamieren**

Anrufen

Anrufe entgegennehmen

– Cyberpark.de, mein Name ist Christina Reiß, was kann ich für Sie tun?
– Cyberpark.de, Christina Reiß.

– Guten Tag, Frau Reiß. Mein Name ist …
– Hier spricht … Guten Tag, Frau Reiß.

– Ich rufe wegen … an.
– Ich rufe an, weil …
– Ich hätte eine Frage, und zwar …
– Ich habe ein Problem: …
– Ich würde gern mit jemandem sprechen, der …

– Ja, da kann ich Ihnen helfen …
– Da muss ich Sie mit Herrn … verbinden. Einen Moment, bitte.
– Einen Moment, bitte, ich verbinde Sie mit der zuständigen Abteilung.

– Vielen Dank für Ihre Auskunft.
– Das war's. Vielen Dank.
– Vielen Dank für Ihre Hilfe.

– Ich danke für Ihren Anruf. Auf Wiederhören.

3 **Freundlich sein**

Bis wann könnten Sie den Fernseher reparieren?
Hättest du morgen etwas Zeit für mich?

bitte	Kannst du mir bitte helfen? / Hilf mir, bitte.
mal	Wann besuchst du mich mal wieder?
doch	Schreib mir doch eine SMS!
vielleicht	Können/Könnten Sie vielleicht den Brief für mich schreiben/korrigieren?

Grammatik

1 Genitivattribute

Die Gewährleistungszeit	beträgt zwei Jahre.
Die Gewährleistungszeit ← der technischen Geräte	beträgt zwei Jahre.
Die Gewährleistungszeit ← der Geräte ← unserer Firma	beträgt zwei Jahre.

2 Artikel und Possessivartikel im Genitiv

Maskulinum	der Vertrag	Die Details des/meines Vertrags kläre ich morgen.
Neutrum	das Angebot	Die Details des/meines Angebots erfahren Sie morgen.
Femininum	die Reise	Die Details der/meiner Reise stehen im Reiseplan.
Plural	die Aufträge	Die Details der/meiner Aufträge finden Sie im Internet.

Alle anderen Artikelwörter (*ein, kein, mein …, dieser, jener …*) funktionieren genauso:
Die Details dieses Vertrags kenne ich nicht. Ich kann nicht die Details aller Verträge kennen.

3 Adjektivendungen im Genitiv

Die Adjektive enden im Genitiv auf *-en.*
Die Details Ihres neuen Vertrags kläre ich morgen.

Einzige Ausnahmen: Ohne Artikel Femininum und Plural *-er.*
Trotz neuer Batterie funktioniert die Uhr nicht.
Wegen schwerer Krankheit bleibt das Büro bis zum 15. Mai geschlossen.

Die Produktion moderner Elektroautos ist teuer.
Viele Menschen haben Spaß am Kauf schöner Kleider.

4 Präpositionen mit Genitiv: *wegen, trotz*

Präposition	Konjunktion
Wegen Ihrer hohen Telefonrechnung sollten Sie sich an die Verbraucherzentrale wenden. Trotz meiner Reklamation habe ich kein neues Gerät bekommen.	Weil Ihre Telefonrechnung so hoch ist, sollten Sie sich an die Verbraucherzentrale wenden. Obwohl ich (den Fehler) reklamiert habe, habe ich kein neues Gerät bekommen.

5 Pronomen als Ergänzungen

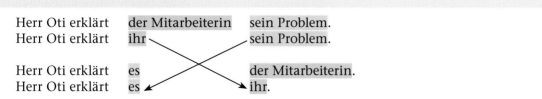

Herr Oti erklärt	der Mitarbeiterin	sein Problem.
Herr Oti erklärt	ihr	sein Problem.
Herr Oti erklärt	es	der Mitarbeiterin.
Herr Oti erklärt	es	ihr.

Wenn der Akkusativ (meistens eine Sache) ein Pronomen ist, dann steht der Akkusativ zuerst.

Umwelt und Energie

Lernziele

- über das Energiesparen sprechen
- Wichtigkeit ausdrücken
- etwas für die Zukunft planen
- Vorschläge machen

1 Energie sparen – das Klima schonen

a Sehen Sie die Fotos an. Wie wird hier Energie gespart?

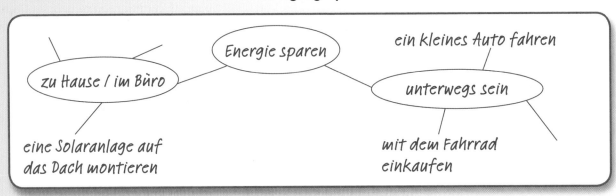

b Haben Sie noch weitere Ideen? Sammeln Sie im Kurs.

Ich habe kein Auto.

Ich benutze sparsame Glühbirnen.

Im Winter heize ich …

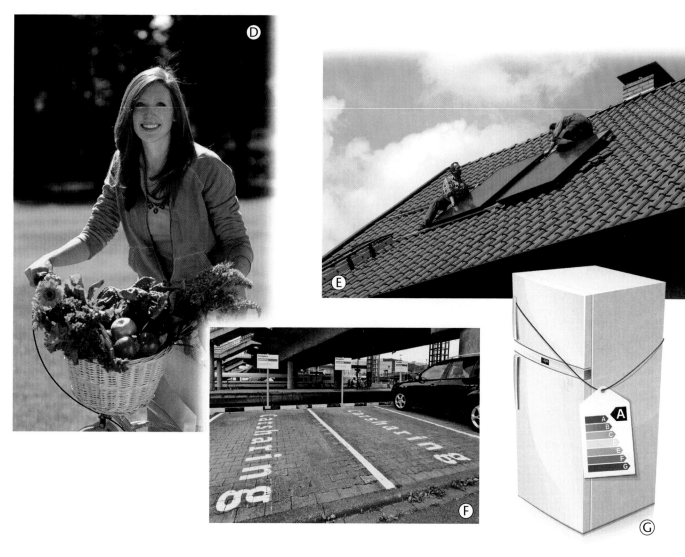

c Lesen Sie die Sätze und ordnen Sie 1–6 und a–f zu.

1. Lüften Sie mehrmals am Tag zehn Minuten

2. Wenn man die Raumtemperatur um 1°C senkt,

3. Fahren Sie mit dem Fahrrad und öffentlichen Verkehrsmitteln.

4. Wenn man einen neuen Kühlschrank oder eine Waschmaschine kauft,

5. Am besten kauft man regionales Obst je nach Saison.

6. Wenn man ab und zu ein Auto braucht, aber keines besitzen möchte,

_____ a) Das ist umweltfreundlich und produziert weniger Abgase (CO_2).

_____ b) dann spart man 5 % der Heizkosten.

_____ c) Das ist klimafreundlich, weil die Transportwege kurz sind.

_____ d) dann kann man auch Carsharing machen.

_____ e) und drehen Sie in dieser Zeit die Heizung runter.

_____ f) dann sollte man auf das EU-Energieetikett achten.

2.10–11 **d Wie sparen Tim und Ana Energie? Hören Sie und notieren Sie Stichworte.**

Tim Selzer, 31

Ana Chavez, 27

2 Spartipps: günstig, ökologisch und gesund

a Lesen Sie die Texte. Markieren Sie die Tipps zum Thema „Energiesparen und Umweltschutz".

Ⓐ Annette Schippe

Kürzlich habe ich gelesen, dass der Transport von einem Kilogramm Obst aus Südafrika mit dem Flugzeug mehr als zehn Kilogramm CO_2 verursacht!
Seit ich das weiß, kaufe ich keine Lebensmittel mehr, die um die halbe Welt geflogen werden. Obst und Gemüse werde ich nur noch aus der Region kaufen. Die Transportwege sind kurz und ich esse das, was gerade wächst. Ich brauche im November weder Erdbeeren noch Tomaten. Da gibt es dann Kohl, Kürbis, Äpfel und Birnen.
In Zukunft werde ich auch weniger Fleisch und Wurst essen, weil die Produktion von tierischen Produkten viel energieaufwendiger und deshalb besonders klimaschädlich ist. Wer mehr pflanzliche und weniger tierische Lebensmittel isst, tut zugleich der eigenen Gesundheit und dem Klima etwas Gutes.

Ⓑ Robert Althoff

Energie sparen? Klar, das mache ich schon deshalb, weil ich mein schwer verdientes Geld nicht aus dem Fenster werfen möchte! Am besten fängt man in der eigenen Wohnung an: Im Winter kann man vernünftig heizen. Das Schlafzimmer muss nicht so warm sein wie das Wohnzimmer und man kann auch mal einen Pullover anziehen.
Dann lohnt sich ein Check der Kosten für Strom und Wasser bei den Haushaltsgeräten. Unsere Waschmaschine ist z. B. 14 Jahre alt und demnächst werden wir uns eine neue kaufen – natürlich mit dem EU-Energielabel. Da werden wir langfristig auch noch Wasser und Strom sparen können.
Ich sage immer: Energiesparen muss sich für den Geldbeutel lohnen, dann machen es auch mehr Leute.

Ⓒ Guido und Lisa Seidel

CO_2 hin oder her, ich liebe nun mal meinen Jeep. Der war schon immer mein Traum! Na ja, es stimmt: Er verbraucht 12–18 Liter Benzin und ist damit umweltschädlich. Das meint jedenfalls meine 16-jährige Tochter. Sie ist extrem kritisch und konsequent. Früher habe ich sie immer mit dem Auto mitgenommen – ihre Schule liegt auf meinem Weg zum Büro. Heute weigert sie sich und sagt, dass ich doch auch mit dem Fahrrad fahren kann oder mit dem Bus, wenn es regnet.
Auf der Autobahn fahre ich auch gern mal 180 km/h. Wozu habe ich denn sonst ein großes Auto? Lisa rechnet mir dann genau vor, wie viel CO_2 ich bei welcher Geschwindigkeit mit dem Auto in die Luft abgebe. Sie ist in einer Klimaschutzorganisation aktiv, deshalb kommt auch fliegen für sie überhaupt nicht mehr in Frage. O. k., dieses Jahr werden wir unseren Urlaub an der Nordsee auf einer autofreien Insel und nicht auf Mallorca machen. Aber bis zum Hafen fahre ich trotzdem mit meinem Jeep! Der Kompromiss muss sein.
(Lisa kommt übrigens mit dem Zug nach. ☺)

b Lesen Sie die Texte und beantworten Sie die Fragen. Vergleichen Sie im Kurs.

1. Was findet Annette Schippe beim Einkaufen von Lebensmitteln wichtig?
2. Warum möchte sie in Zukunft weniger Fleisch essen?
3. Wie heizt Herr Althoff seine Wohnung?
4. Was ist beim Kauf von Haushaltsgeräten wichtig?
5. Was wirft Lisa Seidel ihrem Vater vor?
6. Welchen Kompromiss macht Guido Seidel?

1. Die Lebensmittel sollen kurze Transportwege haben.

c Klimaschutz – Was finden Sie sehr wichtig, was nicht so wichtig?

Klimaanlagen fressen viel Strom. In Deutschland finde ich Klimaanlagen nicht wichtig.

Bei uns in Thailand ist eine Klimaanlage im Schlafzimmer sehr wichtig.

Am allerwichtigsten ist ein sparsames Auto. Das ist gut für das Klima und für den Geldbeutel.

Für mich ist ein großes Auto wichtig, weil ich eine große Familie habe.

Ich finde es total wichtig, dass man nicht unnötig heizt. Das spart sehr viel Geld.

3 Etwas planen – Zukunft ausdrücken mit *werden*

a Was planen die Personen aus den Texten in Aufgabe 2 für die Zukunft? Notieren Sie und markieren Sie die Verbform.

1. Annette Schippe wird nur noch Obst und Gemüse aus der Region kaufen.
In Zukunft wird sie ...

Futur mit *werden* + Infinitiv

	werden		Infinitiv
Sie	wird	in Zukunft mehr Gemüse	essen.
Sie	werden	sich eine neue Waschmaschine	kaufen.

b Wo und wie können Sie Energie sparen und ökologischer leben? Was werden Sie tun oder nicht mehr tun? Schreiben Sie wie im Beispiel.

unterwegs sein • wohnen • Haushalt • Urlaub • essen und trinken • einkaufen • Freizeit • Arbeitsplatz • Kinder • ...

Ich werde nicht mehr so oft das Auto benutzen.
Ich werde den Standby-Modus ausschalten.

4 Was tun mit dem Hausmüll?

a Hören Sie. Was sagt Ana zur Mülltrennung in Deutschland?

b Lesen Sie den Text. Welche Informationen finden Sie zu folgenden Stichworten?

Was ist recyclebar? Was ist organischer, also kompostier-
15 barer Müll und was ist Restmüll?

In Deutschland bestimmen die Städte und Gemeinden,
wie der Müll gesammelt, sortiert und entsorgt wird. Oft
gibt es in den Haushalten drei oder vier Tonnen: eine für
Biomüll, eine für Papier, eine für Verpackungen und eine
20 für Restmüll. Plastik-, Aluminiumverpackungen usw. werden meistens im gelben Sack gesammelt. Das alles holt
die Müllabfuhr im wöchentlichen oder vierzehntägigen
Rhythmus ab.

Werbeprospekte, Verpackungen, leere Flaschen und Do-
sen, alte Batterien, Essensreste, die Zeitung von gestern,
unmoderne Kleidung – alles, was nicht mehr gebraucht
wird, landet auf dem Müll. In Deutschland waren das
5 2009 laut EUROSTAT rund 45 Millionen Tonnen Müll
oder 564 Kilo pro Person. Das ist Platz 9 in der EU. Täglich produziert jeder Deutsche im Durchschnitt 1,6 kg
Müll. Das ist ungefähr doppelt so viel wie vor 60 Jahren –
Tendenz steigend. Diese Entwicklung führt zu riesigen
10 Müllbergen und macht den Bau von teuren Müllverbren-
nungsanlagen notwendig.

Eine Möglichkeit, die Müllberge zu verringern, besteht
darin, den Müll zu sortieren.

Daneben gibt es noch den Sperrmüll, z. B. alte Möbel und
25 Hausrat, Gegenstände also, die nicht in die Mülltonne passen. In den Sondermüll gehören
alle Abfälle, die gefährliche Giftstoffe enthalten, wie z. B. Batterien, Farben, Lacke und andere
30 chemische Stoffe. Auch Energie-
sparlampen gehören in den Sondermüll, weil sie Quecksilber enthalten. Für Flaschen gibt es oft
Glascontainer und gut erhaltene
35 Kleidung wird in Kleidercontai-
nern gesammelt oder auch zu
Hause abgeholt.

c Was steht im Text? Beantworten Sie die Fragen.

1. Wie viel Müll produziert ein Bundesbürger ungefähr jeden Tag?
2. Wie wird die Entwicklung in der Zukunft vermutlich weitergehen?
3. Wie kann man die „Müllberge" verkleinern?
4. Welche Beispiele für Mülltrennung in Deutschland nennt der Text?
5. Welcher Müll gehört nicht in die Mülltonnen?
6. Was kann man mit alter Kleidung machen?

d Sprechen Sie im Kurs. Wie ist die Müllentsorgung bei Ihnen organisiert?

Wird der Hausmüll getrennt?

Wo kann man alte Möbel/
Kleider/Schuhe hinbringen?

Wir haben auch …

Das gibt es bei uns nicht.

Gibt es Sammelstellen für Batterien
und Sondermüll?

Bei uns in Kolumbien kommt alles in die gleiche Mülltonne.
Hier in Deutschland trennt man Papier, Glas und Restmüll.

5 Was müsste man tun?

a Lesen Sie den Text. Wie könnte Müll reduziert werden? Nennen Sie Beispiele.

Die Rohstoffe werden teurer, deshalb wird das Recycling immer wichtiger. Die Abfallwirtschaft ist heute ein wichtiger Wirtschaftszweig, in dem Millionen Menschen arbeiten.

Kritiker betonen aber, dass man noch viel mehr tun müsste. Das Ziel sollte sein, die Produktion von sinnlosem Müll zu vermeiden. Z. B. dürften die Firmen keine unnötigen Verpackungen mehr produzieren. Dadurch könnten Millionen Tonnen Müll pro Jahr gespart werden. Umweltaktivisten meinen auch, dass man die Industrie viel stärker zu umweltgerechtem Handeln zwingen müsste.

Erst wenn für alle Produzenten der Welt die gleichen Regeln gelten, könnte man wirklich einen effizienten Beitrag zum Umweltschutz leisten. Die Produktion wäre dann sowohl energiesparender als auch kostengünstiger.

Auch jeder Einzelne könnte zu Hause Müll vermeiden, wenn er wollte. Wir dürften Produkte in sinnlosen Verpackungen erst gar nicht mehr kaufen und alle anderen Verpackungen müssten wir direkt im Geschäft entsorgen lassen. Zum Einkaufen sollte man seine eigene Einkaufstasche mitnehmen und nur das einkaufen, was man auch wirklich braucht. Ein großer Anteil des Hausmülls besteht aus Lebensmitteln, die wir kaufen, aber dann nicht essen, sondern wegwerfen. Das muss wirklich nicht sein!

b Markieren Sie die Konjunktiv-II-Formen im Text.

Konjunktiv-II-Formen der Modalverben

Infinitiv		können	müssen	dürfen	sollen	wollen
Präteritum	man	konnte	musste	durfte	sollte	wollte
Konjunktiv II	man	könnte	müsste	dürfte	sollte	wollte

Die Verbendungen sind wie im Präteritum.

c Was man tun sollte/könnte … – Schreiben Sie Sätze und benutzen Sie den Konjunktiv II.

1. man / immer das Fahrrad / nehmen / müssen / für kurze Strecken / .
2. im Winter / sollen / vernünftig heizen / häufig lüften / man / und / .
3. produzieren / dürfen / keine unnötigen Verpackungen / die Industrie / .
4. man / können / mitmachen / beim Carsharing / .
5. Gemüse und Obst / kaufen / wir alle / können / aus der Region / .
6. direkt im Geschäft / entsorgen / können / ich / viele Verpackungen / .

1. Man müsste …

d Vorschläge machen – Wählen Sie ein Thema (Gesundheit, Freizeit, Lernen …) und formulieren Sie Vorschläge wie im Beispiel.

1. Man sollte viel an der frischen Luft spazieren gehen.
2. Man dürfte keine …
3. Wir könnten alle …

6 Kleingärten

a Lesen Sie. Welche Funktionen hat ein Schrebergarten? Sammeln Sie im Kurs.

✻ ❀ ❁ ❀ ——————— *Das kleine Glück* ———————

Was braucht der Mensch, um glücklich zu sein? Einen kleinen Garten mit einer Laube nicht weit von der eigenen Wohnung! Über
5 vier Millionen Kleingärtner und ihre Familien sind heute Mitglied in einem Kleingartenverein und bewirtschaften ihren eigenen Schrebergarten. Angestellte und
10 Beamte, Handwerker und Selbstständige teilen diese Freude an der Gartenarbeit und dem Anbau von eigenem Gemüse. Die Erholung in der Natur und gefahrlose, natürli-
15 che Spielmöglichkeiten für die Kinder steigern vor allem in Großstädten die Lebensqualität der Menschen.

Die preiswerte Selbstversorgung
20 mit Obst und Gemüse war vor allem für kinderreiche Familien bis in die 60er Jahre des letzten Jahrhunderts ein wichtiger Grund, einen Schrebergarten zu mieten.
25 Maria Berger berichtet: „Ich bin 1950 geboren und fast alle in unserer Siedlung hatten einen Schrebergarten. Wir waren sieben Kinder zu Hause in einer Vier-
30 Zimmer-Wohnung und ich bin praktisch im Schrebergarten groß geworden. Wenn mein Vater von der Arbeit kam, sind wir in den Garten gegangen. Gartenarbeit
35 mit einer guten Ernte war das

Die Kleingartenkolonie Vor St. Gereon ist ein Projekt in Köln. Dort bepflanzen seit über zehn Jahren deutsche und türkische, polnische und russische, indische, italienische und iranische Gartenfreunde gemeinsam ihr grünes Paradies.

Wichtigste für ihn. Für uns Kinder war die Gartenkolonie mit ihren 64 Parzellen ein riesiger Spielplatz."

40 Kleingartenanlagen sind öffentlich zugänglich und deshalb wichtige Orte der Naherholung. Mit ihren Bäumen und Sträuchern tragen sie zur Verbesserung des Stadt-
45 klimas bei und bieten natürliche Lebensräume für Pflanzen und Tiere.

Sie sorgen für mehr Grün in den Städten oder am Stadtrand. Da sie
50 im Allgemeinen zu Fuß, mit dem Fahrrad oder mit öffentlichen Verkehrsmitteln leicht zu erreichen sind, stellen sie eine Alternative zum motorisierten Massentouris-
55 mus mit kilometerlangen Blechlawinen auf der Autobahn dar.

Die Kleingartenkolonien sind nicht nur ein Ort der Erholung, sondern auch sozialer Kontakte:
60 Die Kolonien verbinden sowohl die Generationen als auch Menschen unterschiedlicher sozialer oder kultureller Herkunft. Deswegen sind Schrebergärten heute
65 auch bei ausländischen Familien sehr beliebt. Dazu der türkische Familienvater Mehmet Celik: „Mein Gärtchen ist ein wahrer Schatz! Ich pflanze türkische Pa-
70 prika und ernte die größten Kürbisse. Mit meinem Nachbarn tausche ich Gärtnertipps aus. Für meine ganze Familie ist der Garten ein wunderbarer Ort der Erholung
75 und für mich ein Stück Heimat, eine Erinnerung an den Garten meines Vaters."

> **INFO**
>
> Mit der Erfindung der Dampfmaschine, des mechanischen Webstuhls und der Eisenbahn begann am Ende des 18. und Beginn des 19. Jahrhunderts die industrielle Revolution. Überall wurden Fabriken gebaut. Millionen Menschen zogen vom Land in die Städte, um in diesen Fabriken, meist gegen geringe Bezahlung zu arbeiten. Deshalb kam es in den Städten zu Wohnungsnot, Hunger, Krankheit und großer Armut im Allgemeinen. Der Leipziger Arzt und Erzieher Dr. Daniel Schreber forderte schon 1860 Spielplätze für Kinder, um ihre Gesundheit zu stärken. Später griff ein Leipziger Verein diese Idee auf und richtete Gärten für arme kinderreiche Familien ein. Einen Garten innerhalb dieser Anlage nannte man „Schrebergarten".

b Lesen Sie den Text noch einmal. Kreuzen Sie an: richtig oder falsch?

R   F

1. Vier Millionen Menschen leben mit ihren Familien in Schrebergärten. ☐ ☐
2. Die Leute arbeiten gern im Garten und bauen oft auch Obst und Gemüse an. ☐ ☐
3. Familien mussten früher nicht so viel Gemüse kaufen, wenn sie einen Garten hatten. ☐ ☐
4. Die Kleingartenanlagen dürfen nur Mitglieder betreten. ☐ ☐
5. Man kann mit dem Gartennachbarn über die Gartenarbeit sprechen. ☐ ☐
6. Der Kleingarten ist ein Treffpunkt für junge Leute. ☐ ☐
7. Im Kleingarten ist der Alltag anstrengend. ☐ ☐
8. Sein Garten erinnert Mehmet Celik an seine Kindheit. ☐ ☐

7 Herr Göhnermeiers Schrebergarten

⊙ 2.13 **a Hören Sie zu und machen Sie Notizen. Was gefällt Herrn Göhnermeier gut?**

b Hören Sie noch einmal und kreuzen Sie die richtigen Antworten an.

1. Warum hat Klaus Göhnermeier einen Garten gemietet?
   - a Er möchte die Jahreszeiten erleben.
   - b Er hat kein Geld, um Obst und Gemüse zu kaufen.
   - c Er möchte im Schrebergarten leben.

2. Wie sieht der Schrebergarten aus?
   - a Im Garten steht ein Häuschen, das 30 m² groß ist.
   - b Es gibt kein WC.
   - c Auf dem Grundstück gibt es einen Teich.

Gemeinschaftsarbeit: Sonntag, 6. Juli (Spielplatz) Treffpunkt 9.00 am Vereinshaus. Bitte Schaufeln mitbringen!!

Vorbereitung Sommerfest am Wochenende: Marion Selig, Parzelle 43 oder Telefon: 32 558 70 (abends)

Sommerfest: Samstag, 19.7. ab 16.00 **Frühschoppen:** Sonntag, 20. 7. ab 11.00 in der Vereinsgaststätte

3. Was macht er dort in seiner Freizeit?
   - a Er arbeitet das ganze Jahr im Garten.
   - b Er möchte sich dort ausruhen und vom Alltag abschalten.
   - c Er feiert dort im Sommer seinen Geburtstag.

4. Was muss er in der Schrebergartenanlage machen?
   - a Er muss auf seinem Grundstück den Rasen mähen.
   - b Er muss mit seiner Frau jedes Wochenende den Spielplatz sauber machen.
   - c Er muss im Jahr mehrere Stunden Gemeinschaftsarbeit leisten.

5. Welche Probleme hat er mit seinem Garten?
   - a Der Wochenendurlaub ist zu kurz.
   - b Der Garten ist zu weit von der Wohnung entfernt.
   - c Die älteren Leute wollen zu viel Kontakt.

c Sprechen Sie. Welche Rolle spielen Gärten in Ihrer Kultur?

1 Trennung von Hausmüll

Papier	Wertstoff	organischer Abfall	Restmüll	Glas/Sondermüll
Papier/Zeitungen Hefte Kartons Prospekte Verpackungen Papier/Pappe …	**Kunststoff** Joghurtbecher Spülmittel- flaschen **Metall** Alufolien Getränkedosen **Verbundstoffe** Getränkekartons …	Küchenabfälle (Kartoffel- schalen, Eierschalen …) Filtertüten mit Kaffeesatz Teebeutel Milchprodukte Speisereste …	Haushaltspapier Kerzenreste Pflaster Windeln Asche vom Grill Kämme CDs Seifenreste Zahnpastatuben …	**Glas** Einwegflaschen Einweggläser **Sondermüll** Batterien Energiespar- lampen Farben/Lacke elektronische Geräte …

Wie wird der Hausmüll getrennt?
Wo kann man alte Kleider/Schuhe hinbringen?
Wo gibt es Sammelstellen für Batterien/Sondermüll?
Wo kann man Sperrmüll anmelden?
Wo gibt es einen Recyclinghof?

Bei uns gibt es … / Wir haben …
Das gibt es bei uns nicht.
Da musst du im Umweltamt nachfragen.
Man kann auch auf den Flohmarkt gehen /
in der Zeitung inserieren / im Internet
verkaufen.

2 Wichtigkeit ausdrücken

Ich finde es (sehr) wichtig, dass man nicht unnötig heizt.
Für mich ist gesunde Ernährung wichtig. Ich kaufe nur regionale Produkte.
Am allerwichtigsten ist der Klimaschutz: wenig Auto fahren und im Alltag zu Hause Energie sparen.

3 Etwas für die Zukunft planen

Ich werde im Sommer nur mit dem Fahrrad fahren.
Im nächsten Jahr werden wir uns eine Solaranlage auf unser Dach bauen lassen.

4 Vorschläge machen

Man sollte alle Lampen ausmachen, die man nicht braucht.
Man dürfte nur das einkaufen, was man wirklich verbraucht.
Die Industrie müsste sinnlose Verpackungen vermeiden.

Mehr Überblick für Verbraucher: www.ecotopten.de

Sie wollen ein neues Produkt kaufen und fragen sich: Welche Marke soll ich kaufen? Wie steht es mit der Qualität? Welches Modell ist umweltfreundlicher? Wo finde ich ein günstiges Angebot?
Mit EcoTopTen nimmt Ihnen das Öko-Institut in Freiburg die Arbeit ab und gibt Ihnen Produktempfehlungen in verschiedenen Bereichen. Die „EcoTopTen-Produkte" haben
– eine hohe Qualität,
– ein gutes Preis-Leistungsverhältnis und
– sind ökologische Top-Produkte.
Unter „jährliche Gesamtkosten" können Sie sehen, was die Produkte wirklich kosten. Denn nicht nur der Preis, sondern auch die weiteren Kosten des Produkts (z. B. Stromverbrauch, Kosten für Reparaturen usw.) spielen bei der Bewertung für EcoTopTen eine Rolle.

Grammatik

1 Zukunft ausdrücken – Futur mit *werden*

	werden		Infinitiv
Sie	(wird)	auf jeden Fall mehr Gemüse	(essen).
Ich	(werde)	nur noch mit dem Fahrrad zur Arbeit	(fahren).

Zukunft mit Zeitangabe und Verb im Präsens (Wiederholung):

Wir müssen die Mülltonnen an die Straße stellen. Morgen kommt die Müllabfuhr.
Was macht ihr am nächsten Wochenende?
Wir machen im Sommer eine Fahrradtour mit Freunden.

2 Konjunktiv-II-Formen: Modalverben

Infinitiv		können	müssen	dürfen	sollen	wollen
Präteritum	man	konnte	musste	durfte	sollte	wollte
Konjunktiv II	man	könnte	müsste	dürfte	sollte	wollte

Die Verbendungen sind wie im Präteritum.

3 Konjunktiv II

Wünsche und Träume ausdrücken

Wunsch / keine Realität	Realität
Am liebsten würde ich nur mit dem Fahrrad fahren,	aber manche Wege sind zu weit.
Eine Solaranlage auf dem Haus wäre super.	Das entscheidet aber der Vermieter.
Michael hätte gern ein kleines energiesparendes Auto.	Er hat im Moment kein Auto.

Ratschläge geben / Möglichkeit ausdrücken

Man könnte Millionen Tonnen Müll sparen, wenn man es nur wollte.
Die Industrie müsste energiesparender produzieren.
Wir dürften immer nur das kaufen, was wir wirklich essen.
Man sollte sinnlose Verpackungen im Geschäft entsorgen.

Höflichkeit ausdrücken

● Ich brauche einen neuen Kühlschrank. Könnten Sie mich beraten?
○ Ja, gerne. Welcher würde Sie denn interessieren?
● Ich hätte gerne einen Kühlschrank, der wenig Strom verbraucht.
○ Selbstverständlich. Da hätten wir zum Beispiel den …

Wortbildung

Adjektive aus Verben oder Nomen: *-arm, -los, -frei*

der Schadstoff	schadstoffarm	=	fast keine Schadstoffe
das Abgas	abgasarm	=	fast keine Abgase
die Kosten	kostenlos	=	ohne Kosten
die Gefahr	gefahrlos	=	ohne Gefahr
der Schadstoff	schadstofffrei	=	ohne Schadstoffe

Raststätte

❶ Stadt und Land

a Suchen Sie sich eines der Bilder aus und notieren Sie ...

– drei Sätze, die das Bild beschreiben.
– zwei Sätze, die Ihre Gefühle beschreiben.

Auf dem Bild sieht man ...

b Stadt und Land – eine Diskussion

1. Bilden Sie zunächst zwei Gruppen:

Gruppe A
lebt gerne in der Stadt.

Gruppe B
lebt gerne auf dem Land.

2. Die Gruppen A und B sammeln Argumente für ihren Wohnort. Berücksichtigen Sie dabei folgende Aspekte:

Arbeit	Kinder	Wohnung/Haus
Freizeit	Schule	Garten/Natur
einkaufen	Gesundheit	früher und heute
		alt und jung

3. Sammeln Sie gemeinsam Kriterien, wie man eine Diskussion beurteilen kann:
   – Inhalte der Argumente (überzeugend / nicht überzeugend)
   – Klarheit/Verständlichkeit der Argumente
   – Aussprache (deutlich/undeutlich)
   – Gefühle (engagiert/distanziert) ...

   Danach bilden vier Lerner die Jury. Aus jeder Gruppe zwei.

⊙ 2.14 4. Nun beginnt die Diskussion: Gruppe A beginnt. Jede/r muss mindestens einmal zu Wort kommen. Auf der CD finden Sie ein Beispiel.
5. Die Jury macht Notizen und sagt danach ihre Meinung zur Diskussion.
6. Sprechen Sie über die Diskussion: Was war gut, was hätte man besser machen können?

2 Situationen

Suchen Sie sich zwei Bilder aus und schreiben Sie je einen Dialog oder einen Text dazu.

3 Ich kann …

a Suchen Sie sich fünf Aufgaben aus. Notieren Sie je ein Beispiel (Aussage/Frage) dazu. Sammeln Sie im Kurs.

1. … nach dem Weg fragen / einen Weg beschreiben.
2. … meine Meinung sagen / zustimmen/widersprechen.
3. … mich über etwas beschweren / etwas reklamieren.
4. … Tipps zu gesundem Essen geben.
5. … meine Wohnung beschreiben.
6. … über meine Einkaufsgewohnheiten sprechen.
7. … sagen, was ich gestern gemacht habe.
8. … zwei Konsumartikel vergleichen.
9. … ein Missverständnis klären.
10. … ein Wort / einen Gegenstand erklären.
11. … Wünsche/Träume äußern.
12. … Spartipps für den Alltag geben.
13. … mein Land und Deutschland vergleichen.

b Arbeiten Sie jetzt zu zweit und spielen Sie zwei Beispiele als Dialoge.

Ich suche den Berliner Platz.

Der liegt doch vor Ihnen!

Die Alpen

Ich finde Gletscher einfach schön – der Schnee und das Eis im Sommer. Da kann man auch im Sommer Ski fahren.
Britt Svenson (Stockholm)

Zu den Alpen gehören für mich die Almen. Die Berge sind im Sommer nicht leer, auf den Almen gibt es viel Vieh und wenige Menschen.
Claudia Dornbusch (Dresden)

4 Die Alpen und ich

a Welches Wort fällt Ihnen spontan ein, wenn Sie an die Alpen denken? Machen Sie ein gemeinsames Plakat mit allen Wörtern aus dem Kurs.

b Warum haben Sie Ihr persönliches Wort ausgewählt? Erzählen Sie.

Ich denke bei Alpen immer an Schnee. Als Kind habe ich …

5 In den Alpen wohnen

2.15–17 a Sie hören drei Personen. Woher kommen sie?

b Hören Sie noch einmal. Worüber reden die Personen? Machen Sie Notizen.

Person 1	Person 2	Person 3
Berge: Grenze für Horizont	hartes Leben für Bergbauern	früher: Alpen = Urlaub

6 **Gegensätze**

Lesen Sie die Texte 1–3. Welche Probleme schafft der Tourismus in den Alpen? Unterstreichen und vergleichen Sie.

① Im Sommer Sonne, Sand und Meer, im Winter Skifahren in den Alpen. Das stellen sich viele Europäer unter Urlaub vor. Aber auch Sommerurlaub in den Alpen war und ist populär.

Der Tourismus ist der größte Arbeitgeber in vielen Alpentälern. Es gibt nicht nur Arbeit im Hotel- und Gastgewerbe, sondern auch für Handwerker, weil sehr viel neu gebaut oder renoviert wird. Die Bergbauern könnten heute von der Landwirtschaft allein nicht leben. Sie können nur weiter existieren, weil der Tourismus eine zweite Einkommensquelle bietet. Aus Gebieten ohne Tourismus wandern immer mehr Menschen ab, weil sie keine Arbeit finden.

② Allein die österreichischen Seilbahnen und Skilifte investieren pro Jahr über 130 Millionen Euro in künstliche Beschneiung, 60 % aller Skipisten sind künstlich beschneite Flächen. In Südtirol (Italien) haben sogar 90 % aller Skipisten Kunstschnee. Nur so ist ein durchgehender Skibetrieb über die ganze Wintersaison (Anfang Dezember bis Ende April) möglich.

Die künstliche Produktion von Schnee in den Alpen verbraucht die gleiche Menge Strom pro Monat wie eine Stadt mit 130.000 Einwohnern. Dabei wird so viel Wasser in Schnee verwandelt, wie die Millionenstadt Hamburg in einem Jahr verbraucht.

③ Jeden Winter fahren ca. acht Millionen Wintersportler Ski oder Snowboard auf Österreichs Pisten. Alle suchen Erholung und Spaß, für über 70.000 von ihnen (0,8 %) gehen laut einer Statistik des Institutes „Sicher leben" die Skitage nicht ohne Verletzung vorbei. Sie müssen nach einem Unfall ins Krankenhaus. Jährlich gibt es etwa 35 Todesopfer. Die meisten Stürze oder Zusammenstöße passieren wegen zu hoher Geschwindigkeit. Viele Unfälle passieren am späten Nachmittag. Weniger trainierte Sportler sind dann müde oder es ist zu viel Alkohol im Spiel.

7 **Ohne Berge keine … – Was wären die Folgen?**

a **Machen Sie in Gruppen eine Kette. Schließen Sie den Kreis.**

b **Vergleichen Sie Ihre Ketten.**

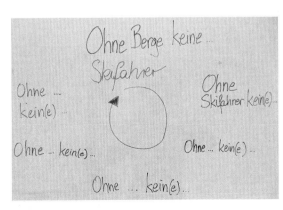

Prüfungsvorbereitung: Sprechen

8 Ein besonderes Wochenende

a Sprechen Sie über die Fotos. Wo würden Sie gern ein Wochenende verbringen? Was würden Sie tun?

b Lesen Sie die Aufgabenstellung aus der Prüfung.

Sie möchten mit Ihrem Kurs einen Wochenendausflug machen.
Sie haben die Aufgabe, zusammen mit Ihrem Gesprächspartner / Ihrer Gesprächspartnerin diesen Ausflug zu planen.
Überlegen Sie sich, was alles zu tun ist und wer welche Aufgaben übernimmt.
Sie haben sich schon einen Zettel mit Notizen gemacht:

– Wohin soll die Reise gehen?
– Wann soll die Reise sein?
– Welches Verkehrsmittel wollen Sie benutzen: Bahn, Auto ...?
– Wer fährt mit (Erwachsene, Kinder ...)?
– Wo wollen Sie übernachten?
– Was müssen Sie mitnehmen (Rucksack, gute Schuhe, Regenjacke ...)?

c Bevor Sie mit dem Planungsgespräch beginnen, bearbeiten Sie die Aufgaben 1–3.

① **Ordnen Sie die Sätze. Notieren Sie die Nummern.**

etwas vorschlagen _____   nach Meinungen fragen _____

zustimmen _____   seine Meinung äußern _____

etwas ablehnen _____   Gegenvorschläge machen _____

① Ich finde, wir sollten …

② Ich habe einen anderen Vorschlag.

③ Also, ich bin dagegen.

④ Kommt für mich nicht in Frage.

⑤ Was meinst du dazu?

⑥ Ich habe eine andere Idee.

⑦ Einverstanden.

⑧ Ja, genau!

⑨ Ich glaube, dass …

⑩ Was hältst du davon, wenn wir …?

⑪ Nein, damit bin ich nicht einverstanden.

⑫ Wie findest du das?

⑬ Das ist ein guter Vorschlag.

⑭ Das ist nichts für …

⑮ Ich denke, dass die anderen …

⑯ Das finde ich toll.

⑰ Ich schlage vor, wir …

⑱ Ja gut, wir machen das so.

⑲ Wie wäre es, wenn wir …?

⑳ Ich bin der Meinung, dass …

㉑ Was denkst du?

㉒ Lass uns doch …

㉓ Ich hätte da einen anderen Vorschlag!

② **Verkehrsmittel – Sammeln Sie Vor- und Nachteile.**

Verkehrsmittel	Vorteile	Nachteile
Zug	Es gibt Spartarife.	Man muss oft umsteigen.
Auto	Man ist unabhängig.	
Bus		

③ **Suchen Sie nun Vor- und Nachteile für weitere Punkte in 8b und schreiben Sie Sätze.**

Frühling/Sommer   mit Kindern / ohne Kinder   Hotel/Jugendherberge

Mir ist lieber, wenn … / … ist mir lieber.
… ist besser/schöner/billiger, wenn …
Es ist ein Vorteil, wenn …

Ein Nachteil wäre, wenn …
… ist nicht so gut/schön/teuer, …
Ich glaube, es wäre ungünstig, wenn …

d Führen Sie nun das Gespräch zu zweit.

Begegnungen

(A)

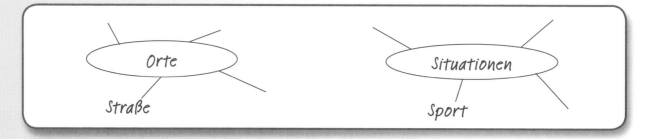

(B)

Lernziele

- Bedeutung erklären
- Konsequenzen nennen
- Bedingungen und Wünsche formulieren

(C)

1 Wo treffen sich Leute?

a Sehen Sie die Bilder an. Sammeln Sie Orte und Situationen.

```
        Orte                    Situationen

   Straße                  Sport
```

b Wo treffen sich Leute noch?

Ich gehe jeden Samstagvormittag in den Park. Bei schönem Wetter treffen wir uns …

2 Feste

2.18–20   **a Welche Bilder und Texte passen zusammen? Hören Sie und ordnen Sie zu.**

Text 1: Bild _____   Text 2: Bild _____   Text 3: Bild _____

2.19   **b Hören Sie Text 2 noch einmal und schreiben Sie die Sätze zu Ende.**

1. Der Karneval der Kulturen ist …
2. In Berlin leben …
3. Das Straßenfest wirbt für …
4. Beim Karneval der Kulturen kann man …
5. Der große Umzug …

c Wählen Sie ein Bild aus und schreiben Sie etwas dazu: einen Text, einen Dialog, einen Werbetext, eine Bildunterschrift …

3 Alte Heimat – neue Heimat

a Lesen Sie 1–4. Hören Sie. Welche Aussage gefällt Ihnen am besten?

① **Ajit**
„Heimat" ist etwas anderes als „zu Hause sein". Ich lebe gern in Deutschland. Trotzdem bleibt Indien meine Heimat.

② **Nicole**
„Heimat" ist für mich kein Ort. Deshalb spielt es für mich auch keine Rolle, wo man geboren wurde oder aufgewachsen ist. Ich verbinde Heimat vielmehr mit Menschen und Erlebnissen, die mir etwas bedeuten.

③ **Sonay**
Als Kind war meine Heimat Berlin. Heute ist meine Heimat Barcelona. Hier bin ich glücklich. Trotzdem denke ich oft an die Zeit in Berlin. Ich glaube, man hat nicht nur eine Heimat, man hat viele.

④ **Agim**
Ich trage die Erinnerung an die Heimat im Herzen. Deshalb ist Heimat für mich ein Ort, den man vermisst, wenn man ihn verlässt.

b Hören Sie noch einmal. Notieren Sie Stichworte zur Aussage, die Sie ausgewählt haben. Sprechen Sie im Kurs.

c Heimat fühlen – Mit welchen Sinnen erfährt man „Heimat"?

Heimat ist so etwas wie …	… bedeutet ungefähr …
Heimat ist mehr ein … als …	… ist so ähnlich wie …
Heimat heißt für mich …	…, wie soll ich sagen, …
Ich weiß nicht so recht, wie ich sagen soll: …	… ist fast wie …

4 Konsequenzen: *deshalb/deswegen, trotzdem*

a Lesen Sie die Beispiele rechts und ergänzen Sie 1–4.

1. Für Nicole bedeutet Heimat Menschen und Erlebnisse. … spielt für sie der Geburtsort keine Rolle.
2. Nicole kennt die Definition von Heimat im Wörterbuch. … ist sie anderer Meinung.
3. Ajit lebt schon lange in Deutschland. … ist Indien seine Heimat.
4. Ajits Familie lebt in Kerala, … fliegt er oft nach Indien.

> Konsequenzen
> Sonay ist in Deutschland geboren und lebt heute mit ihrer Familie in Spanien.
>
> erwartete Konsequenz
> **Deshalb/Deswegen** (ist) sie in beiden Ländern zu Hause.
>
> nicht erwartete Konsequenz
> **Trotzdem** (denkt) sie oft an die Zeit in Berlin.

b Verbinden Sie die Sätze mit *deshalb/deswegen* **oder** *trotzdem.*

1. Mischa geht jeden Abend zum Kurs. Er lernt nur langsam Deutsch.
2. Sonay lebt mit ihrer Familie in Spanien. Die Kinder sprechen Spanisch, Türkisch und Deutsch.
3. Petar ist glücklich in Hamburg. Er hat manchmal Heimweh.
4. Aynur will Architektin werden. Sie hat das Abitur gemacht und ein Studium begonnen.
5. Orhan hat deutsch-türkische Eltern. Er spricht beide Sprachen fließend.

5 Zugvögel

a Was sind Zugvögel? Sammeln Sie Vermutungen.

⊙ 2.25 **b Hören Sie das Gedicht. Wie empfinden Sie die Stimmung: traurig, fröhlich …?**

c Lesen Sie das Gedicht. Welche Aussage ist für Sie am wichtigsten? Warum?

d Schreiben Sie ein eigenes Gedicht oder einen Text.

Wo haben Zugvögel ihre Heimat?
Warum können sich die Pflanzen
ihre Heimat selbst aussuchen?
Warum dürfen Menschen nicht
ihre Heimat selbst wählen?

Warum dürfen sie nicht ihre Existenz
dort aufbauen, wo sie wollen?
Heimat ist dort, wo ich mich wohlfühle.
Heimat kann das Lachen eines Kindes,
das Verwelken eines Blattes
und das Wahrnehmen eines Geruches sein.
Heimat ist ein Gefühl der Geborgenheit.
Gefühle kennen keine Grenzen.

Zeynel Sahin

Wenn ich die Augen schließe, sehe ich die Bäume hinter meinem Elternhaus.

6 Ein Interview mit Nikola Lainović

2.26 **a Hören Sie das Interview. Notieren Sie Informationen zu Nikolas Leben.**

geboren: Belgrad
Florenz:

b Hören Sie noch einmal: Warum hat Nikola seine Lieblingszeile des Gedichts so illustriert?

c Was würden Sie zu Ihrer Lieblingszeile zeichnen?

> Ich würde ein Haus zeichnen. Das ist für mich Geborgenheit.

7 Heimweh

a Lesen Sie den Text und beantworten Sie die Fragen.

1. Was fehlt Rasim Coskun?   2. Wonach sehnt er sich?   3. Was macht er dagegen?

http://www.heimwehblog.com

HEIMWEHBLOG

Ich heiße Rasim Coskun. Ich bin seit fünf Jahren in Deutschland. Ich lebe gern hier, aber es gibt Tage, an denen ich meine Heimat vermisse. Dann fehlen mir meine Familie, meine Freunde, das Essen, das Wetter …
Am Anfang war das schlimm. Ich war sehr traurig und wäre am liebsten sofort wieder nach Hause gefahren. Jetzt ist es schon viel besser.
Aber manchmal sehne ich mich einfach nach „zu Hause".
Dort kenne ich jeden Platz, jede Straße. Ich kenne die Geräusche und die Gerüche und ich verstehe die Menschen. Ist das „Heimweh"?
Wenn ich in so einer Stimmung bin, dann lade ich meine Freunde ein. Ich koche ein typisches Gericht, wir essen, trinken, lachen und ich erzähle von meiner Heimat.
Danach geht es mir viel besser. Ich werde weiter hart arbeiten und Geld sparen, denn ich weiß, dass ich irgendwann zurückgehe. Dann werde ich dort bleiben, eine Wohnung suchen, eine Familie gründen und glücklich leben.

b Haben Sie manchmal Heimweh? In welcher Situation? Was tun Sie dagegen?

8 Realitäten und Wünsche

a Lesen Sie A und B. Was ist Realität, was ist Wunsch?

Ⓐ Ich arbeite als Zeichner und bin freiberuflich tätig. Für jeden Auftrag gibt es einen Termin, an dem die Zeichnungen fertig sein müssen. Wenn ich einen großen Auftrag habe, bedeutet das, dass ich auch am Wochenende und manchmal sogar nachts arbeiten muss. Oft habe ich keine Zeit für meine Familie. Ich kann auch keinen langen Urlaub machen, denn leider ist die Konkurrenz groß. Meine Frau möchte so gerne wieder mal nach Florenz fahren, wo wir uns kennengelernt haben.

Ⓑ Wenn ich doch nur mal ein Jahr Ferien hätte. Dann hätte ich keine Termine mehr und müsste nicht mehr nachts oder am Wochenende arbeiten. Wenn ich dann Zeit für meine Familie hätte, würde ich jedes Wochenende etwas mit meinen Kindern unternehmen. Wenn Sommer wäre, würde ich mit meiner Frau nach Florenz fahren. Darüber wäre sie bestimmt sehr glücklich! Die Kinder könnten wir auch mitnehmen und ihnen Florenz zeigen, die Stadt, in der wir uns kennengelernt haben.

b Konjunktiv II – Markieren Sie die Verben in B. Was ist anders?

c Was wäre, wenn …? Schreiben Sie 1–8 als Wünsche.

1. Ich: deutschen Pass haben
2. Oman: Arbeitserlaubnis haben
3. Roberto: in seiner Heimat leben (werden)
4. Mika: Sprache können
5. Klaus: gesund sein
6. Agnes: Geld haben
7. Ich: nicht lernen müssen
8. Anne: Ferien haben

wählen dürfen
arbeiten dürfen
glücklich sein

Freunde finden können
Fußball spielen können
Kleider kaufen (werden)
ins Kino gehen (werden)
Schweden fahren (werden)

> 1. Wenn ich einen deutschen Pass hätte, dürfte ich wählen.
> 2. Wenn Oman eine Arbeitserlaubnis hätte, dürfte er …

d Wenn …, dann … – Schreiben Sie die Satzanfänge 1–6 für sich selbst zu Ende. Sie können auch andere Satzanfänge erfinden.

1. Wenn ich Musiker/in wäre, dann …
2. Wenn ich malen könnte, …
3. Wenn ich … wäre, dann …
4. Wenn ich viel Geld hätte, …
5. Wenn ich schon perfekt wäre, …
6. Wenn ich Politiker/in wäre, …

> Wenn ich Musiker wäre,
> dann würde ich gerne einmal
> in der Pariser Oper spielen.

> Wenn ich Musikerin wäre,
> dann würden die Leute bezahlen,
> damit ich nicht spiele. ☺

9 Wir sind Mutter und Tochter und Kolleginnen.

  a Lesen Sie den Text. Wählen Sie Mutter oder Tochter. Notieren Sie Informationen und stellen Sie die Person kurz vor.

Azize und Gabriele Gün Tank sind Mutter und Tochter. Und Kolleginnen: Beide arbeiten als Integrationsbeauftragte in Berlin, die eine in Charlottenburg-Wilmersdorf, die andere in Tempelhof-Schöneberg. Doch
5 jede hat ihren eigenen Stil – eine ist kämpferisch, die andere diplomatisch …

Seit November 2009 macht die 32-jährige Gabriele Gün Tank dieselbe Arbeit wie ihre Mutter. Sie ist Integrationsbeauftragte von Tempelhof-Schöneberg.
10 Ihre Mutter kümmert sich in Charlottenburg-Wilmersdorf um Migrantenangelegenheiten – seit 17 Jahren schon. Sie hatte ihrer Tochter Gabriele Gün eigentlich davon abgeraten, sich für den Job zu bewerben. Es ist keine normale Arbeit, es ist eher eine Lebensaufgabe.
15 Man entkommt dem nur ganz schwer, nicht nur wegen all der Termine an Abenden und Wochenenden.
…

Es ist kein ganz gewöhnliches Mutter-Tochter-Verhältnis, das sich zwischen ihnen entwickelt hat. Azize
20 sei recht früh zur Freundin, zur Vertrauten geworden, sagt Gabriele Gün Tank. Das lag wahrscheinlich auch daran, dass sie zwar wenig Zeit hatte, die aber sehr intensiv mit ihren zwei Töchtern verbrachte. Sie wollte immer, dass ihre Kinder wissen: „Die Mutter kämpft
25 für etwas, das notwendig ist." – Für die Rechte der Frauen und der Migranten. Auch ihre Tochter hat irgendwann damit begonnen. Sie wollte eigentlich Sozialarbeiterin werden, hat dann doch Journalismus in Istanbul studiert und in Charlottenburg die „Bösen
30 Mädchen" gegründet, eine deutsch-türkische Band, in der sich die Mitglieder z. B. mit Fremdenfeindlichkeit und Rassismus auseinandersetzen.

Dafür hat die Gruppe 2008 einen Preis bekommen. Gabriele Gün Tank hat das, was sie Interkulturalität
35 nennt, schon immer beschäftigt.

Ihre Mutter stammt aus der Türkei, ihr Vater aus Deutschland. Was bedeutete das für sie? Azize Tank hat sich dafür ein Bild ausgedacht. „Was schmeckst du, wenn du Schokoladeneis isst, hat sie gefragt.
40 Schokolade. Und bei Vanille? Vanille. Und wenn du beides auf einmal probierst? Beides." Sie war ein gemischtes Eis, das fand Gabriele Gün Tank gut.
…

Sprache sieht sie nach wie vor als etwas, woran man
45 arbeiten muss, und sie sagt, dass Worte die Sicht auf die Dinge prägen. Azize Tank wird böse, wenn jemand sie nach einem Türkeiurlaub fragt, wie es denn in der „Heimat" war. Sie ist doch in Berlin zu Hause! …

Im Gegensatz zu ihrer Mutter, der Kämpferin mit
50 dem warmen Lächeln, wirkt Gabriele Gün eher wie eine Diplomatin.
…

Wie ihr Nachname, der eigentlich ein deutscher ist, den es aber auch in der Türkei gibt, ist sie in beiden
55 Ländern zu Hause, auch wenn Berlin ihre Heimat ist.

b Wie steht das im Text?

1. Die beiden Frauen haben ein besonderes Verhältnis.
2. Sie kümmern sich um Ausländer in Berlin.
3. Azize wollte nicht, dass Gabriele diese Arbeit macht.
4. Das Engagement der Mutter war für die Tochter das Vorbild.
5. Die „Bösen Mädchen" beschäftigen sich mit einem Thema.
6. Das Bild vom gemischten Eis passt zu Gabriele Gün.
7. Worte bestimmen, wie wir die Welt sehen.
8. Für Azize besteht kein Unterschied zwischen „Heimat" und „zu Hause".
9. Während die Mutter eine Kämpferin ist, ist Gabriele …

2.27 **c Kennzeichen „B" – Hören Sie das Radiointerview mit Gabriele Gün Tank und kreuzen Sie an: richtig oder falsch?**

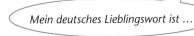

Mein deutsches Lieblingswort ist …

R F

1. In der Sendung werden 20 Berliner und Berlinerinnen aus aller Welt vorgestellt. ☐ ☐
2. Der Interviewer stellt 20 Fragen. ☐ ☐
3. Alle Fragen beziehen sich auf den Beruf der interviewten Person. ☐ ☐
4. Die Fragen sind eine bunte Mischung aus Privatleben und persönlichen Ansichten. ☐ ☐
5. Wenn Gabriele Königin von Deutschland wäre, würde sie allen einen Pass geben. ☐ ☐
6. Heimat ist für sie ihr Geburtsort Berlin. ☐ ☐
7. Ihr größter Fehler ist, dass sie zu viel Currywurst isst. ☐ ☐
8. Als Jugendliche wäre sie gerne Schauspielerin geworden. ☐ ☐

d Arbeiten Sie mit dem Fragebogen auf Seite 223. Spielen Sie Radiointerviews.

e Migration und Integration – Arbeiten Sie in Gruppen. Sammeln Sie Stichpunkte und stellen Sie sie im Kurs vor.

Im Alltag

1 Bedeutung erklären

Heimat ist so etwas wie ein Gefühl.
Heimat bedeutet ungefähr „sich wohlfühlen" und „Kindheit".
Heimat ist mehr ein Gefühl als ein Ort.
Heimat ist so ähnlich wie „zu Hause sein".
Heimat ist fast wie: „Ich habe meinen Platz gefunden."
Heimat ist, wie soll ich sagen, etwas, was man hat oder eben nicht hat.

2 Konsequenzen nennen

deshalb/deswegen	Ich arbeite freiberuflich, deshalb/deswegen brauche ich viele Aufträge.
bedeuten	Jeder Auftrag bedeutet auch viele Termine.
folgen	Jedem Auftrag folgen viele Termine.
wenn ..., dann ...	Wenn ich viele Aufträge habe, dann habe ich auch viele Termine.
also	Ich habe viele Termine, also auch wenig Zeit.

3 Bedingungen und Wünsche nennen

Wir könnten heute Abend ins Kino gehen, — aber nur, wenn es einen guten Film gibt.
Ich komme mit zur Party — unter der Bedingung, dass ihr mich abholt.
— ..., aber nur, wenn ihr mich abholt.

Ich räume die Wohnung nur auf, — wenn meine Eltern am Wochenende kommen.
Wenn man keine Arbeitserlaubnis hat, — dann darf man nicht in Deutschland arbeiten.

Wenn ich Zeit und Geld hätte, — würde ich mit meiner Frau nach Florenz fahren.
Wenn ich wählen dürfte, — wäre ich lieber Musiker als Zeichner.
Wenn ich perfekt Deutsch könnte, — würde ich gerne als Deutschlehrerin arbeiten.
Oman dürfte nur arbeiten, — wenn er eine Arbeitserlaubnis hätte.
Wir dürften wählen gehen, — wenn wir einen deutschen Pass hätten.

Grammatik

1 Sätze verbinden: *deshalb/deswegen, trotzdem*

Hauptsatz 1	Hauptsatz 2
	Das erwarte ich:
Sie (ist) in Deutschland geboren und lebt in Spanien.	Deshalb (ist) sie in beiden Ländern zu Hause.
	Das erwarte ich nicht:
Sie (lebt) gern in Barcelona,	trotzdem (denkt) sie oft an die Zeit in Berlin.

erwartete Konsequenz: deshalb, deswegen, darum
nicht erwartete Konsequenz: trotzdem

So kann man es auch sagen:

Hauptsatz	Nebensatz
	Das erwarte ich:
Sie (ist) in beiden Ländern zu Hause,	weil sie in Deutschland geboren (ist) und in Spanien (lebt).
	Das erwarte ich nicht:
Sie (denkt) oft an die Zeit in Berlin,	obwohl sie gern in Barcelona (lebt).

2 Konjunktiv II: wenn-Satz mit irrealer Bedingung

Nebensatz	Hauptsatz
Wenn es am Nachmittag schön (wäre),	könnten wir an den See fahren.
Wenn ich viel Geld (hätte),	würde ich mir ein Haus bauen.

Bedeutung – nicht Wirkliches ausdrücken

Wenn ich Musiker wäre,	würde ich gern in einer Band spielen.
Wenn es schön wäre,	könnten wir uns im Park treffen.
Wenn ich keinen deutschen Pass hätte,	könnte ich hier nicht arbeiten.
Wenn ich hier keine Freundin hätte,	würde ich in meine Heimat zurückkehren.

Wortbildung

Kurzwörter

Abi	das **Abi**tur
Akku	**Akku**mulator = wiederaufladbare Batterie
Azubi	der/die **Auszubi**ldende
Bio	die **Bio**logie / **bio**logisch
Demo	die **Demo**nstration
Foto	die **Foto**grafie
Geo	die **Geo**grafie
Info	die **Info**rmation
Kita	die **Ki**nder**ta**gesstätte
Öko	die **Öko**logie / **öko**logisch
U-Bahn	die **U**ntergrund**bahn**
Zivi	der **Zivi**ldienstleistende

Abkürzungen

ARD	**A**rbeitsgemeinschaft der öffentlich-**r**echtlichen **R**undfunkanstalten der **B**undesrepublik **D**eutschlands
ZDF	**Z**weites **D**eutsches **F**ernsehen
EU	**E**uropäische **U**nion
PLZ	**P**ost**l**eit**z**ahl
BRD	**B**undes**r**epublik **D**eutschland
Kfz	**K**ra**f**t**z**eug
ADAC	**A**llgemeiner **D**eutscher **A**utomobil **C**lub
TÜV	**T**echnischer **Ü**berwachungs**v**erein
ICE	**I**nter**c**ity**e**xpress
VHS	**V**olks**h**och**s**chule

Arbeit im Wandel

Ⓐ Immer mehr Menschen gehen nicht nur einer Arbeit nach. Auch Sandra Preval hat zwei Jobs. Die Tätigkeit als Trainerin in einem Kletterpark ist für sie ein willkommener Ausgleich zu ihrem Hauptjob als Sachbearbeiterin. „Wenn ich den ganzen Tag am Schreibtisch war, hilft mir die Arbeit an der frischen Luft, den Kopf wieder freizubekommen", meint sie. „Und ich tanke neue Energie. Außerdem verdiene ich etwas dazu. Das ist mir schon wichtig."

Lernziele

- über Arbeitsverhältnisse sprechen
- über Tagesabläufe sprechen
- Tipps zur Arbeit im Ausland geben
- über Geschäftsideen sprechen

In Deutschland steigt die Zahl der Selbstständigen mit Migrationshintergrund an. Ⓑ Jede neunte Firma wird heute von einer Migrantin oder einem Migranten gegründet. Ein Beispiel ist Tarik Ickovic. Bevor sich der Sohn türkischer Eltern selbstständig gemacht hat, verkaufte er Kaffeemaschinen und Kaffee für eine Berliner Rösterei. Jetzt beliefert Tarik selbst Cafés, Hotels und Restaurants mit Kaffee, Tee und Schokolade. „Heute bin ich mein eigener Chef", sagt er.

1 **Arbeit hat viele Gesichter.**

a **Wie viele Begriffe aus dem Wortfeld „Arbeit" kennen Sie? Sammeln Sie.**

das Arbeitsamt —— **Arbeit** —— die Arbeitskraft

der Lohn —— der Arbeitnehmer

b **Was ist für die Personen A–E wichtig?**

Sandra Preval
Zweitjob als Ausgleich zum Hauptjob

Alex Schuk
...

Dass man Vollzeit arbeiten und sich um die Familie kümmern kann, zeigt das Beispiel von Bea Hummel. Die 36-Jährige arbeitet fest angestellt in Vollzeit und ist alleinerziehende Mutter. Das geht mithilfe moderner Technik. Bea arbeitet jeden Tag von 8 bis 14 Uhr in der Firma, während ihre vierjährige Tochter in der Tagesstätte ist. Und dann arbeitet sie noch zwei Stunden zu Hause im Homeoffice. „Natürlich ist das oft sehr anstrengend, aber ich kann Beruf und Kind vereinbaren und habe eine feste Stelle", sagt sie.

Wer als Frau in einem typischen Männerberuf arbeiten will, braucht auch heute noch Mut und Durchsetzungsfähigkeit. Immer noch gibt es Arbeitsbereiche, in denen hauptsächlich Männer tätig sind. Dazu gehören z. B. die Metallverarbeitung und das Baugewerbe. „Am Anfang war es nicht leicht",

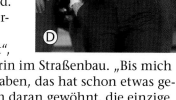

sagt Rosi Pähler. Sie ist Bauleiterin im Straßenbau. „Bis mich die Männer ernst genommen haben, das hat schon etwas gedauert. Aber jetzt habe ich mich daran gewöhnt, die einzige Frau zu sein, und mein Team ist richtig gut."

„Ich studiere Umwelttechnik und mache ein Praktikum am Flughafen Frankfurt. Es macht richtig Spaß. Ich kann Erfahrungen sammeln und berufliche Kontakte knüpfen", sagt Alex Schuk. So wie er wollen viele junge Menschen durch ein Praktikum im Berufsleben Fuß fassen. Berufseinsteiger, die ein Praktikum gemacht haben, haben die Chance, vom selben Arbeitgeber übernommen zu werden, oder finden schneller bei einem anderen Unternehmen eine Arbeit.

c Wie war es früher? Wie wird es wohl in Zukunft sein? Suchen Sie Informationen dazu in den Texten und sprechen Sie im Kurs.

⊙ 2.28 **d** Hören Sie: Was denkt Herr Jankovic?

	R	F
1. Er findet es gut, dass er eine befristete Stelle hat.	☐	☐
2. Er ist sich ganz sicher, dass er eine Festanstellung bekommt.	☐	☐
3. Er macht sich vielleicht irgendwann selbstständig.	☐	☐

e Erzählen Sie im Kurs: Was ist für Sie bei der Arbeit am wichtigsten?

An erster Stelle steht bei mir …	Für mich ist nicht nur … wichtig, sondern auch …
Für mich ist … das Wichtigste.	Ich finde, sowohl … muss stimmen als auch …
Sehr wichtig finde ich, dass …	Ein guter Arbeitsplatz sollte …

2 Ein Arbeitsplatz zu Hause oder im Büro?

a Überlegen Sie gemeinsam: Was sind die Unterschiede?

> *Zu Hause*
> Man kann sich die Zeit einteilen.
>
> *Büro*
> Man hat eine geregelte Arbeitszeit.

b Lesen Sie die Texte und machen Sie Notizen. Beschreiben Sie die Tagesabläufe in ganzen Sätzen.

Rolf Sommer ist seit über neun Jahren bei der Firma Schäfer angestellt. Die ersten fünf Jahre hatte er sein Büro im Unternehmen, heute ist sein Büro zu Hause in seiner Wohnung. Er hat einen Homeoffice-Arbeitsplatz.

Rolf Sommer (34), alleinerziehender Vater, eine Tochter (5)

Viktor Kemper hat gerade in der Firma angefangen. Er ist noch in der Probezeit. Er möchte auf jeden Fall in einem Büro in der Firma arbeiten, weil ihm der tägliche Kontakt zu seinen Kollegen wichtig ist.

Viktor Kemper (28), Junggeselle

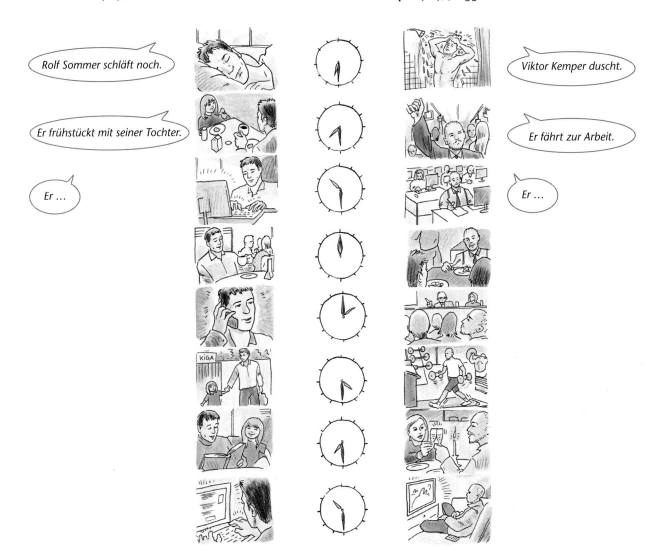

Rolf Sommer schläft noch.

Er frühstückt mit seiner Tochter.

Er ...

Viktor Kemper duscht.

Er fährt zur Arbeit.

Er ...

KiGA

3 Zur gleichen Zeit

a Nebensätze mit *während* – Was passiert zur gleichen Zeit? Vergleichen Sie.

Um halb sieben (schläft) R. Sommer.   V. Kemper (duscht) kalt.

Um halb sieben (schläft) R. Sommer,   während V. Kemper kalt (duscht).

Um halb acht frühstückt Rolf Sommer, während ...
Um halb elf ...

b Kettenspiel – Ergänzen Sie die Sätze wie im Beispiel und setzen Sie die Reihe fort.

Magda sitzt im Café, ...

... während Marco einkauft. Marco kauft ein, ...

... während Peter ...

c Was machst du während ...? Denken Sie sich Fragen aus und fragen Sie im Kurs.

Was machst du, während du putzt / Straßenbahn fährst / beim Arzt wartest ...?

4 Homeoffice

a Lesen Sie den Text und erklären Sie, was die Arbeit im Homeoffice ist. Was sind die Vor- und Nachteile?

Viele Deutsche möchten von zu Hause aus arbeiten und nicht jeden Tag ins Büro gehen. Zu diesem Ergebnis kommt eine Umfrage. Möglich wird die Arbeit im Homeoffice durch das Internet, das die Arbeitsplätze zu Hause mit den Firmen vernetzt. Ein Modell für die Zukunft? Arbeitnehmer könnten dann besser Beruf und Familie vereinen. Arbeitgeber würden nicht nur die Kosten für Büroflächen sparen.

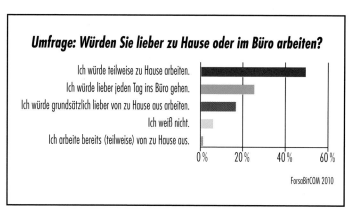

Umfrage: Würden Sie lieber zu Hause oder im Büro arbeiten?

ForsaBitCOM 2010

Der Soziologe Prof. Michael Jäckel warnt aber: „Auch wenn man seinen Arbeitsplatz zu Hause hat, muss man klar zwischen Arbeit und Freizeit trennen. Die Gefahr besteht, dass man im Homeoffice gar nicht von der Arbeit loskommt und sich zwischen Job und Familie aufreibt."

b Sprechen Sie über die Grafik: Wie sehen die Befragten die Arbeit zu Hause?

2.29 **c** Hören Sie: Was spricht dafür, dass Sabine die Arbeit annimmt? Was spricht dagegen?

Pro	Contra
Sabine ist seit vier Jahren Hausfrau.	Die Kinder sind ...

d Was ist Ihre Meinung: Sollte Sabine sich auf die Anzeige bewerben?

e Könnte die Arbeit im Homeoffice für Sie das Richtige sein? Sprechen Sie im Kurs.

5 Arbeiten im Ausland

a Sammeln Sie Stichpunkte zu Chancen und Problemen.

Flexibilität — **Arbeiten im Ausland** — Sprachen

Heimweh

b Lesen Sie die Überschrift des Texts. Was meinen Sie, wovon der Text handelt?

c Lesen Sie den Text. Wie haben die drei Personen die Arbeit im Ausland empfunden: gut, ganz gut, nicht so gut?

Über den Tellerrand geschaut

Immer mehr Deutsche suchen eine Arbeitsstelle im Ausland. Rund 20 Prozent der Arbeitnehmer und Arbeitnehmerinnen, so die Bundesagentur für Arbeit, kehren der Heimat aber nur kurzfristig den Rücken und kommen
5 nach wenigen Monaten zurück.

Das Problem war die Verständigung
Die Restauratorin Susi Stein zum Beispiel bekam für acht Monate einen Job in China. „Das Museum, bei dem ich arbeite, hat bei der Organisation geholfen. Das war ganz ein-
10 fach." Vor Ort war es dann komplizierter. Bei der Arbeit mit archäologischen Fundstücken in Xi'an gab es eine Dolmetscherin, aber sonst war die Verständigung ein Problem: „Wir waren im westlichen Teil Chinas. Auf der Straße hat da fast niemand Englisch verstanden", erzählt sie. Auch die
15 starke Luftverschmutzung machte ihr zu schaffen. Im Nachhinein sagt sie: „Es war nicht immer leicht, aber doch eine wertvolle Erfahrung. Ich habe viel gelernt. Jetzt sehe ich vor allem den Umweltschutz mit anderen Augen."

Ein gutes Gehalt, aber viel Stress
20 Ein anderes Beispiel ist Klaus Götz. Er hat in einem Callcenter eines internationalen IT-Unternehmens in Dublin gearbeitet: „Das Gehalt war richtig gut. Ich habe sehr viel Erfahrung mit Computersoftware, die war aber in diesem Job nicht gefragt. Es ging um Hardware und immer wie-
25 der darum, welches Kabel wohin gehörte. Dafür brauchte man viel technisches Verständnis. Die Arbeit in einem Callcenter ist nicht jedermanns Sache. In den Großraumbüros gibt es überall Klimaanlagen – die muss man mögen. Man kann keine Fenster öffnen und frische Luft ist
30 Mangelware. Am schlimmsten aber war der enorme Druck. Länger als 12 Monate hält das kaum einer aus. Ich habe nach sechs Monaten gekündigt. Der Job war mir einfach zu stressig."
Klaus Götz wollte trotzdem nicht wieder zurück nach
35 Deutschland. Er hat jetzt eine andere Stelle in Irland, die

weniger anstrengend ist. „Im Nachhinein kann ich sagen, dass es enorm wichtig für mich war, so ein Callcenter von innen kennenzulernen. Ich weiß jetzt besser, was ich will", sagt er.

40 ### Begeistert von Land und Menschen
Nena Buz war drei Monate lang in einer Schule in Lusaka, der Hauptstadt von Sambia, tätig. „In den ersten Tagen fühlte ich mich total fremd. Ich hätte nie gedacht, dass ich einen solchen Kulturschock bekommen würde. Aber die
45 Lehrerinnen und Lehrer und auch die Kinder waren total nett. Die Herzlichkeit der Leute hat mich sehr beeindruckt. Die werde ich nie vergessen. Ich habe in einer Klasse Englisch unterrichtet. Es gab zwar nicht für alle Kinder ein Lehrbuch, aber der Unterricht hat doch gut funktioniert,
50 weil die Kinder so interessiert waren. Nach meinen anfänglichen Schwierigkeiten habe ich nur gute, wirklich schöne Erfahrungen in Sambia gemacht. Ich bin begeistert von diesem Land und den Menschen. Nächstes Jahr gehe ich wieder hin und bleibe dann länger dort. Ich
55 habe supernette Freunde gefunden, mit denen telefoniere ich jetzt viel. Außerdem habe ich angefangen, eine Schulpartnerschaft aufzubauen zwischen der Schule in Sambia und meiner alten Schule hier in Nürnberg."

d Was passt zu Susi Stein (S), was zu Klaus Götz (G) und was zu Nena Buz (B)? Lesen Sie den Text noch einmal, ordnen Sie zu und ergänzen Sie die Sätze.

1. ____ hatte viel Software-Erfahrung, aber …
2. ____ fand die Verständigung schwierig, weil …
3. ____ war am Anfang schockiert, weil …
4. ____ hat im Westen von China gearbeitet.
5. ____ hat in einem Callcenter gearbeitet.
6. ____ hat nach kurzer Zeit gekündigt, weil …
7. ____ wird nie vergessen, dass …
8. ____ denkt jetzt anders über Umweltschutz, weil …
9. ____ ist begeistert, obwohl …

e Ein Freund von Ihnen möchte in Ihrem Land arbeiten. Geben Sie Tipps.

Wer in der Slowakei arbeiten will, sollte …

Bei uns muss man …

6 Anfangspunkt in der Vergangenheit: Nebensätze mit *seit*
a Was passt zusammen? Ordnen Sie 1–5 und a–e zu.

1. Seit Susi in China war,
2. Nena kocht jeden Abend afrikanisches Essen,
3. Seit er im Callcenter aufgehört hat,
4. Das Arbeitsklima ist richtig gut,
5. Seit Jola einen Praktikumsplatz in Indien hat,

____ a) ist Klaus nicht mehr so oft erkältet.
____ b) habe ich nichts mehr von ihr gehört.
____ c) engagiert sie sich für den Umweltschutz.
____ d) seit sie aus Afrika zurück ist.
____ e) seit Frau Bergmann die Abteilung leitet.

b Lesen Sie das Beispiel und schreiben Sie dann die Sätze 1–5.

Nena Buz (ist) wieder zu Hause.   Sie (telefoniert) viel mit Freunden.

Seit Nena Buz wieder zu Hause (ist),   telefoniert sie viel mit Freunden.

Nena Buz (telefoniert) viel mit Freunden,   seit sie wieder zu Hause (ist).

1. Klaus Götz hat gekündigt. Es geht ihm viel besser.
2. Romina macht eine Fortbildung. Sie hat keine Zeit mehr für ihren Freund.
3. Emma hat ein eigenes Büro. Sie kann ungestört telefonieren.
4. Carina hat ein neues Handy. Sie schreibt die ganze Zeit SMS.
5. Pierre raucht nicht mehr. Er macht viel Sport.

c Schreiben Sie einen Satz mit *seit* über sich selbst. Ihr Partner / Ihre Partnerin stellt den Satz um.

Seit ich ein Auto habe, fahre ich oft am Wochenende weg.

Yong-Min fährt oft am Wochenende weg, seit sie ein Auto hat.

7 **Selbstständig arbeiten**

a Überlegen Sie: Was muss man beachten, wenn man sich selbstständig macht?

b Lesen Sie den Text und geben Sie ihm eine Überschrift.

Vor mehr als zehn Jahren gründeten in Hamburg einige zugewanderte Unternehmer den Verein „Unternehmer ohne Grenzen". Er bietet Existenzgründerberatung für Migrantinnen und
5 Migranten an. „Wenn die Politik sich nicht kümmert, helfen wir uns eben selbst." Das war die Idee, die zur Gründung führte. Der Verein vermittelt zwischen Migranten und den offiziellen Stellen, denn bei der Firmengründung muss
10 man vieles beachten: Man muss einen Businessplan schreiben, Zuschüsse beantragen, Kredite beantragen und vieles mehr. Nicht immer

15 kennen Migranten die Beratungsangebote der Behörden und man-
20 che sprechen auch nicht gut genug Deutsch. „Unternehmer ohne Grenzen" hilft auf dem Weg in die Selbstständigkeit. Beispiele für die erfolgreiche Beratung sind das Fußpflegestudio Happy Feet, der Flink Abschlepp- und Bergungsdienst,
25 der Partyservice Arcadas und viele andere. Viele Mitarbeiter im Team sind selbst Migranten. Sie beraten nicht nur in Deutsch, sondern auch in Russisch, Englisch, Türkisch, Farsi, Spanisch, Kurdisch oder Französisch. Die Förderung von
30 Frauen wird großgeschrieben. Rund 35 Prozent der Kunden sind weiblich.

Der Verein engagiert sich auch gesellschaftlich: Er
35 schickt zum Beispiel zugewanderte Unternehmer in Schulen, damit die Chefinnen und Chefs

40 Vorbilder für die Schülerinnen und Schüler sein können. Im Rahmen des Projekts „Eltern aktiv" werden Mütter und Väter zu Elternabenden begleitet. „Wir müssen uns um die Kinder kümmern, bevor sie aus der Schule raus sind", erklärt
45 der Gründer und Geschäftsführer, Kazim Abaci. Zu den Aktivitäten gehört auch Stadtteilarbeit. Hier hilft der Verein, Unternehmen zu vernetzen. „Migranten tragen mit ihrem ökonomischen Engagement aktiv zur Stabilisierung
50 schwieriger Stadtteile bei", sagt der Geschäftsführer, „aber Tante-Emma- und Onkel-Ali-Läden sterben aus." Aus dem Verein ist längst eine etablierte Einrichtung geworden und im Büro in der ehemaligen
55 Rinderschlachthalle im Stadtteil St. Pauli arbeiten heute 14 Mitarbeiterinnen und Mitarbeiter. 2006 bekam „Unternehmer ohne
60 Grenzen" den Integrationspreis des Hamburger Senats.

c Lesen Sie noch einmal und kreuzen Sie an: richtig oder falsch?

	R	F
1. Der Verein „Unternehmer ohne Grenzen" wendet sich an Deutsche und Migranten.	☐	☐
2. Viele Kunden sind weiblich.	☐	☐
3. Der Verein hilft Eltern von Schulkindern.	☐	☐
4. Der Verein bietet Deutschkurse an.	☐	☐
5. Der Verein sucht Mitarbeiter in den Schulen.	☐	☐
6. Die Stadt Hamburg hat die Verdienste des Vereins geehrt.	☐	☐

d Könnten Sie sich vorstellen, bei „Unternehmer ohne Grenzen" mitzuarbeiten?

Ich war schon bei vielen Elternabenden. Ich könnte jemanden begleiten.

8 **Schritt für Schritt in die Selbstständigkeit**

a Wie sollte man vorgehen? Ordnen Sie die Tipps A–D den Schritten 1–4 zu.

 Schritt 1:
Die Entscheidung ____

 Schritt 2:
Die Planung ____

 Schritt 3:
Die Finanzierung ____

 Schritt 4:
Das Unternehmen ____

Ⓐ Erledigen Sie alle nötigen Formalitäten für den Start. Legen Sie Geld für das Finanzamt und für Notfälle zurück. Lassen Sie sich auch nach der Eröffnung weiter beraten.

Ⓑ Arbeiten Sie Ihre Geschäftsidee aus. Schreiben Sie einen Businessplan.

Ⓒ Sie wollen sich selbstständig machen? Klären Sie zuerst für sich: Sind Sie ein Unternehmertyp? Können Sie Risiken ertragen? Sie sind sich noch nicht sicher? Lassen Sie sich beraten!

Ⓓ Klären Sie die Finanzierung. Wie viel werden Sie verdienen? Wie hoch ist Ihr Finanzbedarf (inklusive Versicherungen und Abgaben für sich und ggf. Ihre Angestellten)? Wie viel eigenes Startkapital haben Sie und wie viel brauchen Sie? Ermitteln Sie alle möglichen Finanzquellen. Ist die Finanzierung geklärt?

b Welche Schritte finden Sie noch wichtig, wenn man sich selbstständig machen will?

c „Alles selbst und das ständig!" – Wie verstehen Sie diesen Spruch?

9 **Geschäftsideen**

2.30–32

a Sie hören drei Kurzreportagen. Wie entstanden die Geschäftsideen? Ordnen Sie zu.

1. ____ hatte keine Lust auf regelmäßige Öffnungszeiten.

2. ____ denkt, dass viele Leute den Tag gerne mit einer guten Mahlzeit beginnen.

3. ____ hatte eine pflegebedürftige Tante, die sie auf die Idee brachte.

b Welche Geschäftsidee finden Sie gut? Begründen Sie Ihre Meinung.

c Sammeln Sie Geschäftsideen.

Jeden Tag eine neue Deutschlektion auf dem Handy.
Ein Vermittlungsservice für Praktikumsplätze.
Ein Geschäft mit Musikinstrumenten aus allen möglichen Ländern.

**d Wählen Sie eine Geschäftsidee.
Was spricht dafür, was dagegen?
Notieren Sie Stichworte.**

Vorteile	Nachteile	Ratschläge
kein Chef	viel Arbeit	Beratung bei ...

Der Vorteil ist, dass ...	Kennst du jemanden, der/die ...?
Der Nutzen davon ist, dass ...	Du solltest dich informieren, ob/wie ...
Ich an deiner Stelle würde ...	Wichtig ist, dass du ...
Du musst aufpassen, dass ...	Da gibt es doch eine Beratungsstelle ...
Das Problem ist, dass ...	Hast du schon mal ... gefragt?

Auf einen Blick

Im Alltag

1 Über Arbeitsverhältnisse sprechen

Er hat eine befristete Stelle.
Er hat eine Firma gegründet.
Man sollte sich selbstständig machen.
Ich kann Familie und Beruf vereinbaren.
Ich mache ein Praktikum.
Man kann sich die Zeit einteilen.

Sie ist fest angestellt.
Sie arbeitet als Frau in einem typischen Männerberuf.
Würdest du im Homeoffice arbeiten?
Ich bin für eine klare Trennung von Arbeit und Freizeit.
Hoffentlich werde ich von meiner Firma übernommen.
Man hat eine geregelte Arbeitszeit.

2 Vorteile und Nachteile benennen

Ein Vorteil ist, dass …
Ein Problem ist, dass …
Das Gute an der Selbstständigkeit ist, dass …
Das hat Vor- und Nachteile.

Der Nachteil ist, dass …
Du musst aufpassen, dass …
Die Gefahr dabei ist, dass …
Man darf nicht vergessen, dass …

3 Tipps geben

Kennst du jemanden, der/die …?
Du solltest klären, wann / wie viel / ob …
Vielleicht kannst du auch mit … sprechen.
Du solltest dich informieren, ob/wie …
Da gibt es eine Beratungsstelle.
Wenn ich du wäre, würde ich …

Schau doch mal im Internet nach.
Warum rufst du nicht mal bei … an?
Wichtig ist, dass du …
Das musst du noch erledigen.
Lass dich doch beraten.
Ich an deiner Stelle würde …

Kleines Glossar zur Arbeitswelt

Ein-Euro-Job Nur Personen, die das sogenannte Arbeitslosengeld 2 bekommen, können sich mit diesen Tätigkeiten etwas zu ihrer Arbeitslosenhilfe dazuverdienen.

Kurzarbeit Wenn es Firmen wirtschaftlich schlecht geht, können sie Kurzarbeit anmelden. Die Arbeitszeit ist dann kürzer als normal. Ein Teil des fehlenden Arbeitslohns wird vom Staat finanziert. Die Arbeitnehmer müssen aber auch ein geringeres Einkommen in Kauf nehmen.

Minijobs So nennt man Beschäftigungen, bei denen der Arbeitnehmer nicht mehr als 400 Euro im Monat verdient (Stand 2011). Beim Minijob zahlt der Arbeitnehmer keine Beiträge, der Arbeitgeber zahlt eine Pauschale.

Praktikum Beim Praktikum arbeitet man für wenig (oder gar kein) Geld. Der Vorteil ist, dass man einen Beruf kennenlernt und Erfahrungen sammelt. Die Gefahr ist, dass man als kostenlose/billige Arbeitskraft benutzt wird. Bei vielen Ausbildungen braucht man Praktikumsnachweise.

Schwarzarbeit So wird Arbeit genannt, für die keine Steuern und Abgaben zur Sozialversicherung bezahlt werden. Schwarzarbeit ist illegal und wird bestraft.

Selbstständigkeit Selbstständig arbeitet eine Person, die gemeinsam mit anderen oder alleine im eigenen Unternehmen tätig ist. Sie muss Versicherungen selbst zahlen. Eine Krankenversicherung ist seit 2009 Pflicht und um eine Altersvorsorge müssen sich Selbstständige alleine kümmern.

Homeoffice/Telearbeit Viele Arbeitnehmer machen ihre Arbeit (oder einen Teil der Arbeit) nicht im Betrieb. Sie haben ihren Arbeitsplatz zu Hause und sind über Computer, Fax und Telefon mit dem Arbeitgeber in Kontakt.

Vollzeit-/Teilzeitarbeit Die normale Arbeitszeit eines/einer Angestellten in Deutschland liegt zwischen 35 und 40 Stunden in der Woche. Viele Menschen arbeiten aber weniger. Dann spricht man von Teilzeitarbeit.

Zeitarbeit/Leiharbeit Es gibt Firmen für Zeitarbeit oder Leiharbeit, die Arbeitnehmer für eine bestimmte Zeit an Firmen verleihen. Die Zeitarbeitfirma bleibt der Arbeitgeber.

Grammatik

1 Nebensätze mit *während*

Um halb sieben (schläft) Rolf Sommer noch. Viktor Kemper (duscht) kalt.

Rolf Sommer (schläft) noch, **während** Viktor Kemper kalt (duscht).

Während Viktor Kemper (duscht), (schläft) Rolf Sommer noch.

Mit *während* kann man sagen, dass zwei Handlungen/Situationen zeitlich parallel verlaufen.

Man kann mit *während* auch einen Gegensatz ausdrücken.

Rosi (könnte) jeden Tag Spaghetti (essen), ⟷ **während** Klaus Nudeln (hasst).

2 Nebensätze mit *seit (seitdem)*

Nena Buz (ist) wieder zu Hause. Sie (telefoniert) viel mit ihren Freunden.

•‐ →

Seit (Seitdem) Nena Buz wieder zu Hause (ist), telefoniert sie viel mit ihren Freunden.

Nena Buz (telefoniert) viel mit ihren Freunden, **seit (seitdem)** sie wieder zu Hause (ist).

3 Satzverbindungen (Zusammenfassung)

Hauptsatz + Konjunktion + Hauptsatz

aber/doch	Der Job in Irland war stressig, aber/doch Klaus wollte nicht zurück.
denn	Angelika macht ein Praktikum im Hotel, denn sie will Tourismus studieren.
oder	Der Praktikant sitzt bei Herrn Müller oder er bekommt den Platz neben Frau Kilian.
sondern	Ich gehe heute nicht ins Büro, sondern ich arbeite zu Hause.
und	Tarik hat sich selbstständig gemacht und jetzt ist er sein eigener Chef.

Hauptsatz + Satzadverb + Hauptsatz

deshalb	Die Leute sind sehr nett, deshalb bleibe ich noch etwas länger.
trotzdem	Sie ist erkältet. Trotzdem geht sie zur Arbeit.

Hauptsatz + Konjunktion + Nebensatz

bis	Viktor muss noch viel lernen, bis er die Prüfung machen kann.
nachdem	Ich begann ein Studium, nachdem ich mein Abitur gemacht hatte.
obwohl	Klaus will in Irland bleiben, obwohl die Arbeit anstrengend ist.
seit	Susi interessiert sich für den Umweltschutz, seit sie im Ausland war.
während	Ich kann keine Musik hören, während ich arbeite.

Diese Konjunktionen für Nebensätze kennen Sie noch: *dass, wenn, als, bevor, weil*

Wortbildung

Abkürzungen in Texten

bzw.	**beziehungsweise**	etc.	**et** cetera	s. o.	**siehe oben**	usw.	**und so weiter**
d. h.	**das heißt**	evtl.	**eventuell**	s. u.	**siehe unten**	v. a.	**vor allem**
dt.	**deutsch**	o. Ä.	**oder Ähnliches**	u. a.	**unter anderem**	z. B.	**zum Beispiel**

Ein Leben lang lernen

Lernziele
- über Lernerfahrungen sprechen
- in einer E-Mail Lerntipps geben
- über Zukunftspläne sprechen

1 Lerngeschichten

a Sehen Sie die Bilder an. Was können Sie?

2.33–35 b Über welches Foto sprechen die drei Personen jeweils?

Person 1: _____   Person 2: _____   Person 3: _____

c Hören Sie noch einmal. Über welche Lernerfahrungen berichten die Personen?

d Was sollte man im Leben außer „Lesen und Schreiben" noch lernen? Sammeln Sie im Kurs.

2 **Meine Lernbiografie**

a Was haben Sie wann, wo und von wem gelernt? Machen Sie eine Liste.

Was?	Wann?	Wo?	Von wem? / Mit wem?
Fahrrad fahren	mit 8 Jahren	im Park	mit meinem Onkel
lesen und schreiben			
schwimmen			
Deutsch			
...			

b Sprechen Sie über Ihre Lernbiografie.

Ich habe Fahrradfahren erst spät gelernt. Da war ich bei meinem Onkel zu Besuch. Der hat …

3 Lernerfahrungen

a Zwei Berichte – Lesen Sie die Texte. Notieren Sie Informationen zu den Lernerfahrungen.

	Lernmotivation	Lernmethode	Gefühle beim Lernen
Eva	will ihre Gastfamilie verstehen		
Richard			

Als ich vor sechs Monaten als Au-pair-Mädchen nach Deutschland kam, konnte ich kein Wort Deutsch. Ich fühlte mich wie ein lallendes Kleinkind, das versucht, sich mit Händen und Füßen verständlich zu machen. Wenn man nicht sagen kann, was man möchte, dann wird man unsicher und ängstlich. Angst hatte ich zum Beispiel vor dem ständig klingelnden Telefon. Ich wusste genau, dass ich fast nichts verstehe und dass mich niemand verstand. Zum Glück kam ich in eine Familie, die mir sehr beim Lernen geholfen hat. So konnte ich gleich in der zweiten Woche an einem gerade beginnenden Sprachkurs teilnehmen. Darüber war ich sehr froh, denn dort hatten viele Kursteilnehmer dieselben Probleme wie ich. Plötzlich hatte ich viele neue Freunde und fühlte mich wie in einer großen Familie. Mit dem Sprechen wurde es immer besser: Am Vormittag hatte ich Sprachunterricht und konnte am Nachmittag die neu gelernten Wörter und die vorher geübten Strukturen im Alltag anwenden.
Eva Svoboda, 21

Ich bin seit fünf Jahren Rentner und habe einen Enkelsohn, der sich sehr für Computer interessiert. Leider wohnt er weit weg und ich sehe ihn selten. Beim letzten Besuch fragte er mich, warum ich keinen Computer habe. Er würde mir gern E-Mails schreiben und Fotos schicken. Dass ich schon 70 bin, ließ er als Ausrede nicht gelten. Also meldete ich mich in der Volkshochschule zu einem speziell für Senioren organisierten Computerkurs an. Vom ersten Tag an fühlte ich mich überhaupt nicht wie ein Opa in der Schule, sondern eher wie ein kleiner, neugieriger Junge. Ich erinnerte mich plötzlich an viele Einzelheiten aus meiner eigenen Schulzeit. Unser Kursleiter hatte viel Geduld und versuchte, alles sehr einfach zu erklären. Ich hatte anfangs ein bisschen Mühe, die Funktionen der Tasten zu lernen, aber schließlich konnte ich es. Alle Senioren waren mit dem Kurs sehr zufrieden und konnten das vermittelte Wissen am eigenen Computer anwenden. Heute bin ich stolz auf den bestandenen Computerführerschein und maile und skype mit meinem Enkel, was das Zeug hält.
Richard Lehmann, 70

b Schreiben Sie einen kurzen Text über Ihre Lernerfahrungen im Deutschkurs. Die Fragen helfen Ihnen. Lesen Sie dann Ihre Texte im Kurs vor.

Wie lange lernen Sie schon Deutsch?
Warum lernen Sie Deutsch?
Wo lernen Sie Deutsch?
Was war für Sie beim Lernen wichtig?
Was hat Ihnen Spaß gemacht?
Welche Schwierigkeiten hatten Sie?

> Ich lerne noch nicht so lange Deutsch. Deutsch ist für mich schwierig, weil ich nicht viele Möglichkeiten habe, Deutsch zu sprechen. Mein Mann ist zwar Deutscher, aber zu Hause sprechen wir nur Englisch ...

c Sprechen Sie im Kurs über Ihre Texte: Welche Gemeinsamkeiten und Unterschiede gibt es?

4 Partizipien als Adjektive

a Lesen Sie die Sätze. Markieren Sie die Wörter vor dem Nomen. Wie heißen die Infinitive?

Ich konnte gleich an einem gerade beginnenden
  Sprachkurs teilnehmen.
Ich konnte die neu gelernten Wörter nachmittags
  anwenden.
Ich bin stolz auf den bestandenen
  Computerführerschein.

Partizipien	
Partizip II	Partizip I
ge-lern-t	beginnen-d
bestand-en	

b Suchen Sie in den Texten von Aufgabe 3a alle Partizipien, die vor einem Nomen stehen. Ergänzen Sie die Tabelle.

Partizip I (etwas geschieht gerade)	Partizip II (etwas ist geschehen)
an einem gerade beginnenden Sprachkurs	die neu gelernten Wörter

c Bedeutung der Partizipien – Lesen Sie die Beispiele und schreiben Sie Sätze aus 4b mit Relativsatz.

Was ist ein gerade beginnender Sprachkurs?
Das ist ein Sprachkurs, der gerade beginnt. → AKTIV
Was sind neu gelernte Wörter?
Das sind Wörter, die neu gelernt wurden. → PASSIV

d Lerntipps – Schreiben Sie die Sätze 1–4. Achten Sie auf die Adjektivendung.

Partizip I   1. Wenn Sie eine leise (sprechen) Dozentin haben, bitten Sie sie, lauter zu sprechen.
            2. Sprechen Sie ein Schwierigkeiten (bereiten) Wort mehrmals langsam.
Partizip II 3. Es ist wichtig, die einmal (lernen) Vokabeln regelmäßig zu wiederholen.
            4. Es ist notwendig, die (schreiben) Sätze von der Dozentin kontrollieren zu lassen.

1. Wenn Sie eine leise sprechende ...

5 Wie man am besten eine Fremdsprache lernt

2.36–39 **a Sie hören eine Umfrage zum Thema „Fremdsprachenlernen". Lesen Sie zunächst die Sätze a–f. Entscheiden Sie beim Hören, welcher Satz zu welcher Aussage passt.**

Nr.	Beispiel	1	2	3
Lösung	c			

a) Eine Fremdsprache lernt man nur in Sprachkursen gut.
b) Man lernt eine Fremdsprache am besten, wenn man dabei etwas tut.
c) Eine Fremdsprache lernt man am besten in dem Land, in dem man sie als Muttersprache spricht.
d) Das Gefühl für den Klang einer Sprache erhält man durch das Hören dieser Sprache.
e) Die Aussprache ist wichtiger als der Wortschatz.
f) Ein großer Wortschatz ist für das Sprechen und Verstehen das Wichtigste.

b Was hätten Sie geantwortet, wenn Sie an der Umfrage teilgenommen hätten?

6 Eine Nachricht von Eva

a Lesen Sie die E-Mail. Was möchte Eva? Welchen Vorschlag macht sie?

Hallo Hans,

seit einem Monat bin ich nun wieder in Prag. Unglaublich, wie die Zeit vergeht. Ich kann mich noch sehr gut erinnern, wie ich vor ein paar Monaten mit meinem Koffer nach Deutschland kam und kein Wort Deutsch konnte. In ganz kurzer Zeit habe ich sehr viel Deutsch gelernt. Durch deine Hilfe! Dafür möchte ich dir noch einmal herzlich danken. Bei mir gibt es viel Neues. Du weißt ja, dass ich nach meinem Aufenthalt in Deutschland studieren wollte. Stell dir vor, am 1. April geht mein Wunsch in Erfüllung. Was sagst du dazu? Leider habe ich hier keine Möglichkeit, Deutsch zu sprechen, und ich merke

jetzt schon, dass ich viel vergesse. Hast du nicht ein paar Tipps, was ich dagegen tun kann? Du hast doch so gut Englisch gelernt. Wie hast du das gemacht?
Übrigens habe ich eine tolle Idee: Mein erstes Semester an der Uni geht von April bis Anfang Juli. Während des Semesters habe ich sicherlich viel zu tun. Aber ich würde dich gerne im Juli zu mir nach Prag einladen. Dann kann ich dir die Stadt zeigen und mit dir mein Deutsch auffrischen ☺. Was hältst du davon? Du brauchst nicht lange zu überlegen. Sag einfach ja! ☺ ☺
Ich hoffe, dass es dir gut geht. Was gibt es Neues bei dir? Melde dich bitte bald!
Viele Grüße
Deine Eva

b Lesen Sie die Fragen. Notieren Sie die Antworten aus der E-Mail.

1. Seit wann ist Eva wieder in Prag?
2. Wann ist Eva nach Deutschland gekommen?
3. In welchem Zeitraum hat Eva Deutsch gelernt?
4. Wann wollte Eva anfangen zu studieren?
5. Wann beginnt Evas Studium?
6. Wie lange geht das Semester?
7. Wann hat Eva viel zu tun?
8. Wann soll der Besuch in Prag sein?
9. Wie will Eva ihr Deutsch auffrischen?

> **Temporale Präpositionen**
> (Zusammenfassung)
>
> | | |
> |---|---|
> | mit Dativ | an, vor, nach, in, seit, von ... bis, bei |
> | mit Genitiv | während |

c Formulieren Sie Fragen für die unterstrichenen Wortgruppen.

1. Ich fahre <u>seit acht Jahren</u> Auto.
2. Der nächste Deutschkurs beginnt <u>im September</u>.
3. <u>Bis morgen</u> muss ich den Antrag beim Arbeitsamt abgeben.
4. <u>In drei Wochen</u> beginnt der Orientierungskurs.
5. <u>Von Juli bis September</u> haben wir Ferien.

**d Seit wann? Wann? Wie lange? –
Interviewen Sie Ihren Partner /
Ihre Partnerin.**

Seit drei Jahren.

Wie lange sind Sie in Deutschland?

Seit wann haben Sie den Führerschein?

Schon zwei Jahre.

7 Ratschläge geben

a Was könnte Eva für ihr Deutsch tun? Was braucht sie nicht zu tun? Geben Sie Ratschläge.

+	**–**
Du solltest/könntest …	Du solltest auf keinen Fall …
An deiner Stelle würde ich …	Es wäre nicht so gut, wenn …
Es wäre gut, wenn …	Du brauchst nicht …
Es würde dir helfen, wenn …	

> ***nicht brauchen + zu + Infinitiv***
>
> Du **brauchst nicht** alle Wörter an einem Tag **zu wiederholen**.
> =
> Du musst nicht alle Wörter an einem Tag wiederholen.

positiv
1. Zeitungen in der Fremdsprache lesen
2. Vokabeln mit Kärtchen wiederholen
3. täglich Wortschatzübungen machen
4. neue Wörter in einem anderen Kontext benutzen

negativ
1. täglich Grammatik lernen
2. immer alles aufschreiben
3. viele Lehrbücher kaufen
4. alles im Wörterbuch nachschlagen

> *1. Du solltest Zeitungen in der Fremdsprache lesen.*
> *Du brauchst nicht täglich Grammatik zu lernen.*

b Schreiben Sie eine E-Mail an Eva. Schreiben Sie etwas zu den folgenden Punkten. Überlegen Sie zuerst eine Reihenfolge für die vier Punkte.

– Dank für die Einladung
– Tipps gegen das Vergessen

– Wünsche für das Studium
– eigene Situation

8 Was ich unbedingt noch lernen möchte …
Sammeln Sie zuerst zu zweit und dann im Kurs. Welche Wünsche sind leicht zu verwirklichen und welche sind komplizierter?

Projekt: Lernangebote
Sammeln Sie Prospekte, Werbematerial und Anzeigen für Lernangebote in Ihrer Region. Stellen Sie gemeinsam eine Informationsmappe zusammen.

Otto Waalkes   **28 : 7**

Wir befinden uns im Wohnzimmer der Familie
Redlich. Vater Redlich sitzt gemütlich in seinem
Fernsehsessel und buchstabiert im milden
Schein der Leselampe seine geliebte Bildzeitung.
Mutter Redlich poliert ihren geliebten Gummi-
baum. Beider Sohn sitzt über seinen Schulbü-
chern und macht seine Hausaufgaben. Er ver-
sucht es zumindest ...

SOHN: Papa!
VATER, *abwesend*: Ja?
SOHN: Ich hab hier 'ne Rechenaufgabe.
VATER: Meinetwegen. Aber komm nicht so spät
5 nach Hause!
SOHN: Ich hab hier 'ne Rechenaufgabe, die
krieg ich nicht raus!
VATER, *bei der Sache*: Was? Die kriegst du nicht
raus? Zeig mal her.
10 SOHN: Hier 28 durch 7.
VATER: 28 durch 7? Und das kriegst du nicht
raus? Elke!! Dein Sohn kriegt 28 durch 7 nicht
raus!
MUTTER: Dann hilf ihm doch!
15 SOHN: Was heißt denn 28 durch 7, Papa? Wofür brauch' ich das denn?
VATER: Wofür? Wofür? Alle naslang brauchst
du das! Stell dir vor, du hast 28 Äpfel, ihr seid
sieben Buben und wollt die Äpfel untereinan-
20 der aufteilen!
SOHN: Wir sind aber immer nur vier! Der Fips,
der Kurt, sein Bruder und ich!
VATER: Dann nehmt ihr halt noch den Erwin,
den Gerd und den Henner dazu, dann seid ihr ...
25 SOHN: Der Henner ist blöd. Der kriegt keinen
Apfel.
VATER: Na, dann musst du halt sehen, wen du
sonst noch auf der Straße triffst.
MUTTER: Der Junge geht mir nicht auf die
30 Straße! Der macht jetzt seine Schulaufgaben!

VATER: Jetzt misch dich nicht auch noch ein!
Oder weißt du eine bessere Erklärung dafür,
wie 28 durch 7 geht?
MUTTER: Jedenfalls geht der Junge nicht auf
35 die Straße!
VATER: Gut! Er bleibt hier! Wir haben also keine sieben Buben, sondern nur 28 Äpfel und die
teilen wir jetzt durch sieben Birnen, das macht
...
40 MUTTER: Aber Hermann! Das geht doch gar
nicht!
VATER: Ja, ja, 's war falsch ... Nun macht doch
nicht alles so kompliziert! Ihr seid also keine
sieben Birnen ... äh ... Buben ... Ihr seid sieben
45 Zwerge! Jawohl, ihr seid sieben Zwerge.
SOHN: Und?
VATER: Und die haben zusammen eine
28-Zimmer-Wohnung!

---

9 **28:7 – Ein Sketch**

⊙ 2.40   **a Hören Sie den Sketch. Wie viele Personen sprechen hier?**

**b Wählen Sie zwei Ideen zur Arbeit mit dem Text. Finden Sie Partner/innen und bearbeiten
Sie den Text.**

1. Sprechen Sie Abschnitte zu zweit, zu dritt.
2. Variieren Sie Textabschnitte.
3. Lernen Sie Textabschnitte auswendig.

4. Inszenieren Sie den Text (Mimik, Gestik).
5. Sprechen Sie über den Text von Otto Waalkes.

MUTTER: Ach Gott, Hermann, es gibt doch in
50 der ganzen Stadt keine 28-Zimmer-Wohnung!
VATER: Natürlich nicht! Es gibt ja auch in der
ganzen Stadt keine sieben Zwerge, verdammt
noch mal! Wenn ich deine unqualifizierten Be-
merkungen schon höre!
55 MUTTER: Unqualifiziert! Aha! Und was machen deine sieben Zwerge in ihrer 28-Zimmer-
Wohnung?
VATER: Wohnen! Was denn sonst? 28 Zimmer
durch sieben Zwerge?
60 MUTTER: Soso! Die gehn da durch. Hintereinander – wie?
SOHN: Und was macht das Schneewittchen,
Papa?
VATER: Die? Die soll bleiben, wo sie ist, die
65 dumme Nuss!
MUTTER: Aber Hermann!
[...]
SOHN, *schreit*: Schreit doch nicht so! Das geht
mir auf den Wecker!
70 VATER: Wecker! Sehr gut! Du hast 28 Wecker
und du musst um sieben raus. Wie viel ...?
MUTTER: Seit wann muss der Junge denn um
sieben raus?! Der muss um halb sieben raus, so
wie der immer rumtrödelt!
75 VATER: Gut! Gut!
MUTTER: Und wenn du schon mit Beispielen
kommst, dann denk dir doch eins aus, unter
dem sich der Junge auch etwas vorstellen kann!
VATER: Ist recht! Ist recht! 28 durch 7! Das
80 muss man teilen. Verstehst du? Wie einen Kuchen. Du hast eine Torte und die teilst du in
der Mitte durch. Und dann ist sie geteilt, klar?
SOHN: Ja. Und dann?
VATER: Und bei deiner Aufgabe musst du eben
85 28 Torten durch 7 teilen, jawohl! 28 Torten.
Elke! Ich bin's leid. Kauf jetzt 28 Torten!
MUTTER: Für wen denn?
VATER: Für uns sieben!
MUTTER: Wir sind aber doch nur drei!
90 VATER: Dann werden eben noch vier dazugela-

den. Die Gierigs. Die alte Raffke! Und der gefrä-
ßige Herr Mertens! Kauf die Torten!
MUTTER: 28 Torten?! Aber das ist ja viel zu
teuer, Hermann!
95 VATER: Für die Bildung von meinem Sohn ist
mir nichts zu teuer! Was der Staat mit seiner
verhunzten Bildungspolitik nicht schafft, das
muss die Familie eben ausgleichen. Jetzt kaufst
du die 28 Torten!
100 SOHN: Aber das ist doch Wahnsinn! Da muss
ja jeder von uns vier Torten essen!
VATER: Das werden wir ja sehen, ob wir das
schaffen. Wenn ich schon dran denk, an das
süße Zeug.
105 MUTTER: Ja, dann könnten wir doch ...
VATER: Nein! Die Aufgabe wird jetzt gelöst.
Kauf Torten!
MUTTER, *im Rausgehen*: ... 28 Torten! Vier Torten für jeden! Das schaffen wir doch nie ...
Vorhang

c **Erklärungen – Wählen Sie ein „Problem" aus und finden Sie jemanden im Kurs, der es Ihnen erklären kann.**

Kannst du mir erklären, ...   warum es in Europa Sommer und Winter gibt?
wie eine Lampe funktioniert?
warum Eisbären keine Pinguine fressen?
wozu man einen Schraubenzieher benutzt?
wie man einen Apfelkuchen macht?
warum es in Deutschland im Winter schneit?
wozu man eine Brille braucht?
...

Auf einen Blick

1 Über Lernerfahrungen sprechen

Was haben Sie gelernt?	Ich habe Rad/Ski/Auto fahren gelernt.
	Ich habe lesen/schreiben/Englisch / einen Beruf gelernt.
	Ich habe alle neuen Wörter gelernt.
	Ich habe gelernt, einen Computer zu bedienen.
	Ich habe kochen/schwimmen gelernt.
	Ich habe Kaufmann/Schreiner/Elektriker gelernt.
	Ich habe Pünktlichkeit/Zuverlässigkeit gelernt.
	Ich habe gelernt, gut zuzuhören.
	Ich habe gelernt, dass Geld nicht alles ist, aber dass es hilft.
Wo haben Sie gelernt?	im Kindergarten/Gymnasium / in der Schule/Berufsschule …
	an der VHS/Universität / am Goethe-Institut …
	in der Fahrschule / in der Familie …
Wie lange haben Sie gelernt?	drei Jahre (lang) / nur kurze Zeit …
	ungefähr ein halbes Jahr / ein paar Monate …
	Das war ein Ferienkurs.
	Das war ein dreiwöchiger Kurs.
Wie haben Sie gelernt?	mit (ohne) Fleiß/Lust/Mühe/Anstrengung …
	mit einem Buch / einer CD / dem Computer …
	durch Erfahrung/Training / viel Übung …
	mit einer Lehrerin / ohne Lehrer / mit Freunden / allein …
	leicht/schwer / (sehr) gut/schlecht / spontan …

2 Verben, die man leicht verwechselt

lernen

Jorge lernt Deutsch an
der Volkshochschule.

studieren

Tanja studiert Englisch
an der Universität.

lehren

Herr Prof. Dr. Funk lehrt
Mathematik an der Universität.

Grammatik

1 Partizip als Adjektiv

Partizipien kann man auch als Adjektive verwenden. Sie stehen vor dem Nomen und bekommen eine Adjektivendung.

Partizip I
Infinitiv + d   lernend   die lernenden Studenten

Partizip II
regelmäßig   gelernt   die gelernten Wörter
unregelmäßig   geschrieben   ein neu geschriebener Text

Partizip I (etwas geschieht gerade)   Partizip II (etwas ist geschehen)
der gerade beginnende Sprachkurs   die neu gelernten Wörter

Partizip I   Bedeutung: Aktiv
ein gerade beginnender Sprachkurs   Das ist ein Sprachkurs, der gerade beginnt.

Partizip II   Bedeutung: Passiv
neu gelernte Wörter   Das sind Wörter, die neu gelernt wurden.
                                              Das sind Wörter, die man neu lernt.

2 Temporale Präpositionen (Zusammenfassung)

	Dativ	Genitiv
Während des Semesters bleibe ich in Deutschland.		während
Am Montag beginnt der neue Kurs.	an	
Vor einer Woche ist sie nach Hause gefahren.	vor	
Nach einer Stunde war das Gespräch beendet.	nach	
Sie hat in kurzer Zeit Deutsch gelernt.	in	
Seit einem Jahr ist er in Deutschland.	seit	
Von Juli bis September sind Sommerferien.	von … bis (zum)	
Beim Mittagessen erzählte sie mir von ihrem Urlaub.	bei	

3 *nicht brauchen* + *zu* + Infinitiv

Du brauchst nicht alle Lehrbücher zu kaufen.   =   Du musst nicht alle Lehrbücher kaufen.
Du brauchst nicht alles aufzuschreiben.   =   Du musst nicht alles aufschreiben.

Wortbildung

Lange Wörter

Senioren + Computer + Kurs + Abschluss + die Prüfung = die Seniorencomputerkursabschlussprüfung

lange + Zeit + Gedächtnis + Training + das Programm = das Langzeitgedächtnistrainingsprogramm

Kurs + Abschluss + Party + Planung + die Gruppe = die Kursabschlusspartyplanungsgruppe

Raststätte

1 **Geschichten schreiben**

a Was ist passiert? Wählen Sie ein Foto und schreiben Sie eine kurze Geschichte dazu.

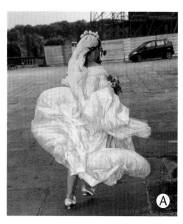  

A · B · C

> *Alles hatte gut angefangen. Das Wetter war perfekt und ...*

b Schreiben Sie die Geschichte im Kurs weiter. Jede/r schreibt mindestens einen Satz.

Ron arbeitete in einem Supermarkt draußen am Rand der Stadt. Er wohnte in einer kleinen Wohnung im 15. Stock eines Hochhauses. Seit etwa einem Jahr lebte er allein mit seiner Katze Tiger. Am 15. Mai war es ein Jahr her, dass Nora ihn verlassen hatte. Sie hatte ihm nicht einmal „Auf Wiedersehen" gesagt. Als er an diesem Abend nach Hause kam, sah er schon von Weitem Licht in seinem Wohnzimmer ...

c Schreiben Sie Faltgeschichten.

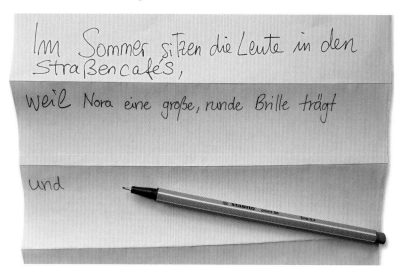

Jeder Spieler / Jede Spielerin hat ein Blatt Papier und einen Stift. Schreiben Sie oben auf das Blatt einen Aussagesatz – das, was Ihnen gerade einfällt. Falten Sie das Blatt nach hinten. Schreiben Sie nun oben auf das Blatt, mit welchem Wort der nächste Satz anfangen soll (z. B. *weil, aber, und, deshalb, wenn*), und geben Sie das Blatt weiter an Ihre/n Nachbar/in. Er/Sie schreibt weiter, faltet wieder das Blatt nach hinten usw.
Nach sieben Sätzen werden alle Texte vorgelesen.

② Partyspiele

Es wird Zeit, die Abschlussparty zu planen. Hier ein paar Vorschläge für Partyspiele.

a Was fehlt? Merken Sie sich die Gegenstände.

Auf einem Tablett liegen kleine Gegenstände (Steine, Schreibsachen, ein Bonbon, ein Taschenmesser …). Schauen Sie sich zwei Minuten lang alles an und merken Sie sich alles. Dann wird das Tablett weggenommen und ein Gegenstand heimlich entfernt. Wer zuerst weiß, was fehlt, bekommt einen Punkt. Je mehr Gegenstände auf dem Tablett sind, desto höher ist der Schwierigkeitsgrad.

b Wer bin ich? / Was bin ich?

Die Gruppe beschließt **ein** Thema (Comicfiguren, berühmte Personen …) und wählt Vertreter aus, die die anderen Teilnehmer auch kennen könnten (*Micky Maus, Barack Obama, Madonna, Königin Elisabeth …*). Die Personen werden auf Zettel geschrieben und den Mitspielern auf den Rücken geklebt. Nun gehen alle herum und stellen Ja/Nein-Fragen, um herauszufinden, wer sie selbst sind. Bei „Ja" darf man die gleiche Person noch einmal fragen. Bei „Nein" muss man zur nächsten Person gehen. Wer zuerst weiß, wer oder was sie/er ist, hat gewonnen. Man kann auch Gegenstände statt Personen raten: *Stuhl, Tisch …*

c Spielen, zeichnen oder erklären Sie Begriffe.

Spielen: Ein/e Spieler/in stellt einen Begriff oder Gegenstand dar. Die anderen müssen raten.

Zeichnen: Gemeinsam werden 30 Begriffe gesammelt, die man zeichnen kann: *Eis, Topf* … Die Begriffe werden auf Zettel geschrieben. Es spielen zwei Gruppen. Jemand aus Gruppe A zeichnet einen Begriff. Gruppe B muss raten. Dann umgekehrt.

Erklären: Es werden 30 Begriffe gesammelt, die man erklären kann: *Minderheit, Altersheim* … Die Begriffe werden auf Zettel geschrieben. Es spielen zwei Gruppen. Jemand aus Gruppe A erklärt einen Begriff, ohne den Begriff zu benutzen. Gruppe B muss raten. Dann umgekehrt.

d Nüssekönig/in

Jeder Spieler / Jede Spielerin bekommt acht Nüsse. Alle gehen im Raum herum und beginnen Gespräche mit den anderen Spielern und Spielerinnen. Wer im Gespräch „Ja" oder „Nein" sagt, muss seinem Gesprächspartner eine Nuss abgeben. Es geht also darum, die Fragen so zu stellen, dass der andere aus Versehen mit „Ja" oder „Nein" antwortet. Am Ende gewinnt, wer am meisten Nüsse hat.

3 Ein Krimi

Tod auf Rügen

①

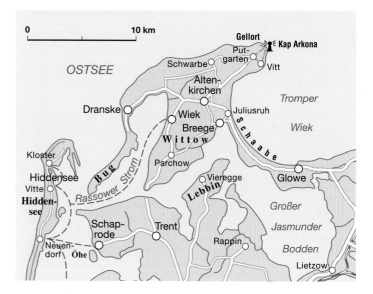

„Sie wünschen?"

„Ich hätte gerne eine Portion Kaffee und einen Apfelkuchen."

„Mit Sahne?"

„Nein, danke. Ohne Sahne, bitte."

Helmut Müller macht Urlaub.

„Fahren Sie ans Meer", hat sein Arzt gesagt, „Seeluft ist gesund!"

Zuerst wollte er nach Italien fahren. Aber im August ist es dort zu heiß und Müller mag keine weiten Reisen. Schließlich ist Müller nach Rügen gefahren. Die Insel Rügen liegt in der Ostsee. Von Berlin aus ist das nicht so weit, nur ungefähr 300 Kilometer. Jetzt sitzt der Privatdetektiv in einem kleinen Café in Breege. Das ist ein kleiner Ort im Norden der Insel, direkt am Meer. Am Nebentisch sitzt eine Dame und bestellt. Ihre Blicke begegnen sich, die Dame schenkt Müller ein Lächeln.

Müller freut sich auf Kaffee und Kuchen. Der Kellner kommt mit einem großen Tablett. Zuerst geht er zum Nebentisch.

„Eine Portion Tee mit Milch und die Kirschtorte. Bitte schön!"

Dann kommt der Kellner an den Tisch von Helmut Müller.

„Ihr Kaffee, bitte schön."

„Entschuldigung, wo ist meine Kirschtorte?"

„Ihre Kirschtorte? Oh, tut mir leid, das war das letzte Stück …"

Müller will protestieren. Er war doch zuerst da und hat zuerst bestellt, aber die Dame am Nebentisch kommt ihm zuvor:

„Wollen wir das Stück Torte nicht einfach teilen? Herr Ober, bringen Sie doch bitte noch einen Teller und eine Kuchengabel."

> **a Was erfahren Sie über Ort und Personen? Sammeln Sie Informationen.**

Ein paar Minuten später sitzt Helmut Müller bei der Dame am Nebentisch. Sie heißt Gerlinde Schmitz, ist Reiseleiterin, wohnt in Lübeck und begleitet gerade eine Touristengruppe nach Rügen.

②

Helmut Müller sitzt an einem Tisch im Garten und frühstückt. Es gibt Brötchen, Schinken, ein weiches Ei, Butter und Marmelade. Heute Morgen hat Müller schlechte Laune. Gestern wollte er mit Gerlinde Schmitz zu Abend essen. Aber sie hat nicht angerufen, nur eine SMS geschickt: *Keine Zeit! Melde mich, Gerlinde.*

Helmut Müller beendet sein Frühstück. Sein Blick fällt auf die Zeitung. „Tourist stürzt vom Kap" lautet die Schlagzeile. Müller beginnt zu lesen:

Tourist stürzt vom Kap

Ein schrecklicher Unfall ereignete sich gestern gegen 15 Uhr am Kap Arkona. Axel F., Tourist aus Lübeck, stürzte vom Hochufer. Lebensgefährlich verletzt konnte ihn die Feuerwehr am Abend bergen und ins Krankenhaus in Sassnitz bringen. Sein Zustand ist nach wie vor kritisch. Gerlinde S., 38, Reiseleiterin: „Ich bin schockiert. Wie konnte das passieren?" Seit Jahren fordert der Tourismusverband bessere Sicherheitsmaßnahmen …

b Was erfährt Helmut Müller über den Unfall aus der Zeitung und aus dem Telefonat?

Helmut Müller liest den Artikel noch einmal. Dann holt er sein Handy und wählt.
„Schmitz!"
„Hallo, Gerlinde, hier spricht Helmut Müller."
„Helmut! Schön, dass Sie anrufen. Wissen Sie schon Bescheid?"
„Ja. Das war meine Frühstückslektüre. Wie geht es dem Verletzten?"
„Seine Verletzungen waren zu schwer. Er ist heute Morgen gestorben."
„Wie ist der Unfall passiert?"
„Helmut, können wir uns heute Nachmittag treffen? Ich muss mit Ihnen sprechen, denn … vielleicht war es gar kein Unfall!"

③

Um 18 Uhr sitzen Helmut Müller und Gerlinde Schmitz im Restaurant „Jasmund".
„Was möchten Sie essen, Gerlinde?"
„Bestellen Sie ruhig, Helmut. Ich habe keinen Hunger."
Helmut Müller bestellt eine Fischplatte und einen trockenen Weißwein. Gerlinde Schmitz bestellt nur ein Mineralwasser.
„Sie wollten von dem Unfall erzählen, Gerlinde. Wie ist der Unfall passiert?"
„Das hat mich die Polizei auch schon gefragt. Ich weiß es nicht, ich war nicht dabei. Wir haben gestern einen Ausflug zum Kap Arkona im Norden der Insel gemacht. Wir sind am Hochufer entlanggegangen. Diese Tour kann ich Ihnen übrigens sehr empfehlen, man hat eine wunderschöne Aussicht. Ja, und dann haben wir die Leuchttürme besichtigt."
„Da war Herr Fiebig noch dabei?"
„Nein. Herr Fiebig und das Ehepaar Berger sind vorausgegangen. Axel Fiebig ist ein begeisterter Amateurfotograf, er wollte Fotos machen."
„Und was sagt das Ehepaar? Haben sie den Unfall gesehen?"
„Nein, sie waren nicht in der Nähe. Herr Fiebig wollte wohl Fotos machen und ist zu nahe ans Hochufer gekommen und abgestürzt."
„Aber am Telefon sagten Sie, dass es vielleicht gar kein Unfall war. Warum?"
„Die Polizei hat die Fotoausrüstung nicht gefunden, eine sehr teure Ausrüstung."

Die Fischplatte kommt und der Privatdetektiv isst mit großem Appetit.
„Helmut, könnten Sie mal mit dem Ehepaar reden?"
„Ein Verhör?"
„Nein, besser ein Gespräch."
„Gut. Morgen nach dem Frühstück in Ihrem Hotel?"
„Danke, Helmut! Und die Belohnung ist ein Ausflug zum Kap Arkona!"
„Nur wir zwei?"
„Nur wir zwei!"

⊙ 2.41 **c Spielen Sie Detektiv! Hören Sie die Aussagen und sammeln Sie Stichpunkte. Was könnte passiert sein? Vergleichen Sie Ihre Vermutungen im Kurs.**

Sven Berger   *Meike Berger*

Training: Sprechen

A

4 Ein Alltagsproblem lösen

a Ein Gespräch vorbereiten – Ordnen Sie die Sätze. Notieren Sie die Nummern.

Gefallen/Missfallen ausdrücken _____   Enttäuschung ausdrücken _____

Zustimmung/Ablehnung ausdrücken _____   Erstaunen/Überraschung ausdrücken _____

Zufriedenheit/Unzufriedenheit ausdrücken _____   Freude/Bedauern ausdrücken _____

① Da kann man nichts mehr machen.

② Ich möchte mich beschweren.

③ Ich finde das toll. Das ist ein guter Vorschlag.

④ Das war enttäuschend.

⑤ Es ist unerhört, dass ...

⑥ Ich bin sehr froh darüber, dass ...

⑦ Das ist zu schön, um wahr zu sein.

⑧ Einverstanden.

⑨ Schade, es hat leider nicht geklappt.

⑩ Darüber habe ich mich sehr gefreut/geärgert.

⑪ Ich bin da völlig anderer Meinung.

⑫ Was denken Sie sich eigentlich?!

⑬ Das hätte ich nicht erwartet!

b Ein Gespräch führen – Lesen Sie und spielen Sie die Situationen. Übernehmen Sie die Rolle der unten beschriebenen Person.

Situation 1
Sie haben vor drei Monaten ein Nichtraucherzimmer im Hotel „Zur goldenen Sonne" gebucht. Als Sie dort eintreffen, bekommen Sie ein verrauchtes Zimmer. Außerdem funktionieren die Dusche und die Heizung nicht richtig. Sie gehen zur Rezeption und beschweren sich. Sie wollen den Hoteldirektor sprechen.

Situation 2
Sie arbeiten als Kellner/in im Restaurant „Zur goldenen Sonne". Das Restaurant ist voll. Sie haben viel mehr Gäste als sonst. Die Küche kann so schnell gar nicht kochen. Ein Gast hat Gemüseauflauf bestellt. Der wird frisch zubereitet und braucht mindestens 25 Minuten. Das haben Sie dem Gast auch gesagt. Jetzt möchte er den Chef sprechen. Versuchen Sie, den Gast zu beruhigen, und bieten Sie ihm noch ein Glas Weißwein an.

Situation 3
Sie liegen im Krankenhaus in einem Zweibettzimmer und wurden gerade operiert. Die Operation haben Sie gut überstanden. In Ihrem Zimmer liegt ein/e ältere/r Patient/in, der/die schwer hört und den Fernseher voll aufdreht. Sie können deswegen nicht schlafen. Außerdem schnarcht er/sie nachts so laut, dass Sie in diesem Zimmer nicht gesund werden können. Drücken Sie bei der Visite Ihr Missfallen aus und bestehen Sie auf einem anderen Zimmer.

Training: Sprechen

B

4 Ein Alltagsproblem lösen

a Ein Gespräch vorbereiten – Ordnen Sie die Sätze. Notieren Sie die Nummern.

Gefallen/Missfallen ausdrücken _____

Enttäuschung ausdrücken _____

Zustimmung/Ablehnung ausdrücken _____

Erstaunen/Überraschung ausdrücken _____

Zufriedenheit/Unzufriedenheit ausdrücken _____

Freude/Bedauern ausdrücken _____

① Da kann man nichts mehr machen.

② Ich möchte mich beschweren.

③ Ich finde das toll. Das ist ein guter Vorschlag.

④ Das war enttäuschend.

⑤ Es ist unerhört, dass …

⑥ Ich bin sehr froh darüber, dass …

⑦ Das ist zu schön, um wahr zu sein.　⑧ Einverstanden.

⑨ Schade, es hat leider nicht geklappt.

⑩ Darüber habe ich mich sehr gefreut/geärgert.

⑪ Ich bin da völlig anderer Meinung.

⑫ Was denken Sie sich eigentlich?!　⑬ Das hätte ich nicht erwartet!

b Ein Gespräch führen – Lesen Sie die Situationen. Übernehmen Sie die Rolle der unten beschriebenen Person.

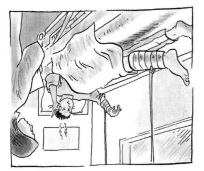

Situation 1

Sie arbeiten an der Hotelrezeption „Zur goldenen Sonne". Sie haben gleich Feierabend, sind müde und hatten heute viel Stress: Einen Bus mit 20 Touristen mussten Sie unterbringen. Da kommt ein unfreundlicher Gast zu Ihnen und beschwert sich, dass er kein Nichtraucherzimmer bekommen hat und das Dusche und Heizung nicht richtig funktionieren. Er will den Hoteldirektor sprechen. Beruhigen Sie den Gast und erklären Sie die Situation.

Situation 2

Sie sitzen im Restaurant „Zur Goldenen Sonne" und haben einen Gemüseauflauf bestellt. Sie warten schon eine halbe Stunde, doch das Essen kommt nicht. Der/Die Kellner/in will Ihnen noch ein zweites Glas Weißwein bringen. Der Wein ist aber lauwarm. Jetzt reicht es Ihnen. Sie wollen sofort den Chef sprechen.

Situation 3

Sie arbeiten als Stationsarzt/-ärztin im Krankenhaus. Ohne dass Sie vorher informiert waren, beschwert sich ein/e Patient/in während der Visite massiv über das Zimmer und den/die Zimmernachbarn/in. Sie versuchen, den/die Patienten/in zu beruhigen und das Problem zu lösen. Aber Sie haben für die nächsten 24 Stunden kein anderes Zimmer frei.

Alt und Jung

1 **Eine, zwei, drei Generationen**
Wiederholung: Familienwörter – Ergänzen Sie.

1. Ich habe noch zwei _____ . Einen Bruder und eine _____ .

2. Meine _____ arbeiten beide. Mein _____
   ist Arzt und meine _____ ist Lehrerin.

3. Meine Großeltern haben drei Kinder und acht _____ .

4. Mein Vater hat einen Bruder und eine Schwester. Das sind mein
   _____ und meine _____ .

5. Ich bin noch _____ . Aber im nächsten Jahr heirate ich.

6. Vorne neben mir sehen Sie meine zukünftige _____ .

2 **Bilder und Personen beschreiben**
Ergänzen Sie die passenden Wörter.

1. jungen • einer Freundin • arbeitet • Welt • wohnen • Von • an

Die beiden _____ Mädchen wollen nach der Schule um die

_____ reisen. Sie fahren zuerst zu _____ nach Brasilien,

die dort als Au-pair-Mädchen _____ . Sie können kostenlos bei ihr

_____ . _____ Brasilien wollen sie nach Argentinien fahren

und dann _____ der Küste weiter bis nach Feuerland reisen.

2. bestellt • frei • sieht • heute • gefeiert • ins • mit • Kinder • trifft

Auf diesem Foto _____ man einen Vater _____

seinen zwei Kindern. Er ist _____ zu Hause und kümmert

sich um die _____ . Seine Frau hat _____ . Sie

_____ sich mit zwei Freundinnen in der Stadt. Später wol-

len sie zusammen _____ Kino gehen. Der Mann hat gerade

beim Pizzaservice eine Pizza _____ . Mama ist weg und

jetzt wird _____ !

3 **Termine**
Wiederholung: Zeit – Beantworten Sie die Fragen.

1. Wie heißen die Jahreszeiten in Deutschland?
2. Was sagt man zu Samstag/Sonntag?
3. Wie heißen die Tageszeiten?
4. Was ist das? Der Tag hat 24 … und eine davon hat 60 …
5. Welcher Tag kommt nach Mittwoch?
6. In welchem Monat ist Weihnachten?

1. Frühling …

4 Das Wohnprojekt Meisenweg

3.2   **Ergänzen Sie den Dialog. 🔊Hören Sie zuerst und ergänzen Sie dann.**

● Hi, Werner. Kommst du vom Markt?

○ Hallo, Karin. Ja, i__ __ habe eingekauft. Wir beko__ __ __ __

Gäste zum Abendessen. We__ __ __ du, wen ich a__ __ dem Markt

getroffen ha__ __?

● Na, sag schon.

○ Eben ha__ __ ich Klaus getroffen. D__ __ hat mir erzählt, da__ __

Dagmar und Horst umge__ __ __ __ __ sind!

● Das gibt's doch ni__ __ __! Die haben hier do__ __ über 30 Jahre

gewohnt! Ei__ __ tolle Altbauwohnung mit Bl__ __ __ auf den

Wochenmarkt.

○ Doch, doch. Die sind in d__ __ Meisenweg gezogen. Ihr

Wohnp__ __ __ __ __ __ ist fertig geworden.

● Ach ja, i__ __ erinnere mich, irgendwann ha__ __ ich Horst getroffen u__ __ da hat er m__ __

davon erzählt. So e__ __ alternatives Altersheim …

○ Altersheim?

● Na ja, Alter__ __ __ __ __ stimmt vielleicht nicht ga__ __. Aber so ein Pro__ __ __ __ mit mehreren

Generationen.

○ Ge__ __ __! Das Projekt ist e__ __ Mehrgenerationenhaus, wo Junge u__ __ Alte zusammenwohnen.

D__ __ ist echt intere__ __ __ __ __ __. Inzwischen leben da schon fa__ __ 30 Personen: junge Familien

mit Kindern, Alleinstehende …

5 Präpositionen mit Akkusativ
Ergänzen Sie die Präpositionen *für, durch, gegen, ohne* und *um*.

1. Ich bin gerade noch _____ die Kurve gekommen, aber dann bin ich _____ die Ampel

gefahren, weil die Bremsen nicht funktioniert haben. _____ meinen Helm wäre ich jetzt tot.

2. In Deutschland brauchen Sie eine Versicherung _____ Ihr Motorrad.

3. Sie sind _____ Licht gefahren und

haben _____ die Vorfahrts-

regeln verstoßen.

4. Fahren Sie hier links _____ die

Ecke und dann immer geradeaus

bis zum Luisenpark.

5. Den Erste-Hilfe-Schein brauchen

Sie _____ Ihre Führerscheinprüfung.

6. Sie dürfen nicht _____ den Park fahren.

Sie können Ihr Fahrrad hier abstellen.

6 Alt und Jung

6.1 Interview mit Frau Schmieder – Ordnen Sie die Fragen und Antworten zu.

1. Haben Sie sofort Kontakt zu einer Familie gefunden?

___ a) Das würde ich nicht sagen. Man muss nur Freude am Zusammensein mit Kindern haben.

2. Wie oft sind Sie in der Familie?

___ b) Die Fröhlichkeit der Kinder und die Freude am Spiel.

3. Was macht Ihnen mit den Kindern besonders Spaß?

___ c) Ja, sofort. Wenn man mit jungen Menschen zusammen sein kann, wird man selber wieder jung.

4. Haben Sie auch Kontakt zu anderen Leihomas oder Leihopas?

___ d) Ja, wir haben geredet und das Kinderbüro hat mir eine Mutter mit zwei kleinen Mädchen genannt, die allein erzieht und arbeitet.

5. Können Sie anderen älteren Menschen diese Tätigkeit weiterempfehlen?

___ e) Je nachdem, wie ich gebraucht werde. Die Mutter ruft mich an, wenn sie etwas vorhat oder abends ausgehen möchte.

6. Braucht man nach Ihrer Meinung als Leihoma eine bestimmte Qualifikation?

___ f) Ja, wir treffen uns spontan, tauschen unsere Erfahrungen aus und geben uns gegenseitig Tipps.

6.2 In der E-Mail sind zehn Fehler: fünfmal Verbposition, fünfmal Rechtschreibung. Markieren Sie die Fehler und schreiben Sie den Brief richtig.

```
Liebe Astrid,
ich glaube, ich dir vor vier Jahren zu deinem 60. Geburtstag das letzte Mal einen Brief geschrieben
habe. Danach haben wir nur telefonirt! Heute möchte ich dir aber schicken die beiden Fotos von Pelle
und mir. Pelle nachmittags immer zu mir kommt, wenn Lisa arbeitet. Seit ich Räntner bin, habe ich
Zeit und bin für meinen Enkel der „Tagesopa". Es isst wunderbar!
Die Fotos sind von Pelles zweitem Geburztag vor drei wochen.
Wie siehst du, lieben wir beide Schokoladentorte!
Ich hoffe, es dir gut geht und ihr seid alle gesund. Grüß bitte deine
Familie und schreib mal wieder!
Dein Ketil
```

Liebe Astrid,
ich glaube, ich habe ...

6.3 Wohnen im Alter 1

Lesen Sie. Entscheiden Sie, welches Wort (a, b oder c) jeweils in die Lücken 1–8 passt.

Lebensabend: Familie oder Altenheim?

„Ein bisschen traurig sind wir schon, ① wir nach 43 Jahren unser Häuschen hier verlassen." Holger Bitt (74) und seine Frau ② sich entschieden, in ein Seniorenheim zu ziehen. Sie sind stolz darauf, ③ sie diese Entscheidung selbstständig getroffen haben. „Wir wollten nicht, dass andere über unsere Wohnsituation bestimmen", ④ die 75-jährige Hanna Bitt. „Und wir ⑤ auch auf keinen Fall ⑥ Kindern zur Last fallen." Fünf Kinder und 18 Enkel hat das Paar, doch über ⑦ Alternative zum Altenheim hat niemand nachgedacht. Für ⑧ Kinder bedeutet die eigenständige Entscheidung der Eltern vor allem eine Entlastung.

1.	2.	3.	4.	5.	6.	7.	8.
a was	a hat	a denn	a sagen	a würde	a unser	a eine	a den
b weil	b haben	b dass	b sagten	b wollten	b unserem	b einen	b ihre
c denn	c sind	c wenn	c sagt	c mussten	c unseren	c ein	c das

6.4 Wohnen im Alter 2 – Lesen Sie und entscheiden Sie, welche Wörter a–l in die Lücken 1–8 passen. Vier Wörter bleiben übrig.

„Ich bin da ① Hause, wo meine Kinder sind, weil ich sie liebe", so einfach erklärt Adolf Barth, warum er ② seine Frau Marianne sich vor zehn Jahren entschieden haben, zu ihrer ③ Tochter zu ziehen. Das neue Haus haben sie auch ④ finanziert. Damals konnten die beiden ihrer Tochter ⑤ der Betreuung ihrer zwei kleinen Kinder helfen. Heute sind sie selber auf die ⑥ Unterstützung von Tochter Doris angewiesen. Ohne sie geht nicht mehr viel.

Durch die Parkinson-Erkrankung der 73-jährigen Marianne Barth und die zunehmende Altersvergesslichkeit ihres Mannes hat Doris Langstein rund um die Uhr Dienst: „Jetzt sind sie meine zusätzlichen ⑦ Kinder." Die enge emotionale Verbundenheit ⑧ Eltern und Tochter ist die Voraussetzung für Doris Langsteins Engagement.

a ___ und	d ___ vor	g ___ auch	j ___ zwischen
b ___ zwei	e ___ zu	h ___ gemeinsam	k ___ sieben
c ___ einzigen	f ___ bei	i ___ jetzt	l ___ tägliche

7 Telefongespräche

⊙ 3.3–6

7.1 Sie hören jetzt Ansagen am Telefon oder per Lautsprecher. Zu jedem Text gibt es eine Aufgabe. Kreuzen Sie die richtige Antwort an.

1. Wann ist jemand im Büro?	2. Wann können Sie ein Buch bestellen?	3. Sie möchten einen Termin vereinbaren.	4. Frau Bultmann soll …
a Montags um 8 Uhr.	a Nur vormittags.	a Sie drücken die 1.	a ihr Auto bringen.
b Täglich.	b Immer.	b Sie drücken die 2.	b 100 Euro bezahlen.
c Freitags um 11 Uhr.	c Zu den Öffnungszeiten.	c Sie drücken die 3.	c zurückrufen.

7.2 Eine E-Mail schreiben – Sie haben diese Anzeige im „Stadtblatt" gelesen. Schreiben Sie eine E-Mail und äußern Sie sich zu folgenden Punkten:

- Welchen Sprachkurs Sie besuchen möchten.
- Wann Sie Zeit haben.
- Was Sie noch wissen möchten.
- Warum Sie diese Sprache lernen wollen.

Vergessen Sie nicht die Anrede, den Gruß und Ihre Adresse.

Sprachen *light*

Sie möchten eine Fremdsprache lernen? Kein Problem!
Wir bieten Fremdsprachenkurse für Erwachsene in

▶ Englisch, Französisch, Spanisch, Russisch, Italienisch, Türkisch, Deutsch
▶ angenehme Kursatmosphäre
▶ Sprachkurse rund um die Uhr
▶ Medienzentrum zum Selbststudium
▶ individuelle Beratung
▶ Sonderkurse zum Spartarif
▶ **Kontakt:** Sprachen light, info@sprachen-light.de · Aalstraße 8, 73430 Aalen

```
○ ○ ○                                                              ⊂⊃

    Sehr geehrte ...,
    ich habe im „Stadtblatt" Ihre ...
```

⊙ 3.7 **7.3 Aussprache: Satzmelodie – Hören Sie und markieren Sie die Satzmelodie (↘ ↗ →).**
Sprechen Sie die Sätze laut.

1. Frag doch mal im Bü<u>ro</u>, (→) ob es noch ein Pro<u>gramm</u> gibt. ( ) Das interessiert mich <u>sehr</u>! ( )
2. Welche Kurse interes<u>sie</u>ren Sie? ( ) Unsere Sp<u>rach</u>kurse ( ) oder die <u>Frei</u>zeitangebote? ( )
3. Ich kann Ihnen leider nicht <u>sa</u>gen, ( ) ob wir noch freie <u>Plät</u>ze haben. ( )
4. Ich möchte <u>wis</u>sen, ( ) wann der Kurs abends <u>an</u>fängt. ( ) Um <u>sie</u>ben ( ) oder um halb <u>acht</u>? ( )

8 Wissen Sie, …
Schreiben Sie die indirekten
Fragen zu Ende.

Entschuldigung, wissen Sie, …

An der Haltestelle

1. Um wie viel Uhr fährt der nächste Bus? *um wie viel Uhr der nächste Bus fährt?*
2. Ist der Bus schon weg? *ob*
3. Wo ist die nächste Bushaltestelle?
4. Gibt es hier auch einen Nachtbus?
5. Wo kann ich das Ticket kaufen?

Entschuldigung, können Sie mir sagen, …

Im Restaurant

6. Ist der Tisch reserviert?
7. Wann schließt das Restaurant?
8. Bis wann kann ich warmes Essen bestellen?
9. Kann ich ein Glas Wasser bekommen?
10. Haben Sie eine Weinkarte?

Ich möchte gerne wissen, …

Im Kaufhaus

11. Kann man hier auch Gutscheine kaufen?
12. Wo ist der Aufzug?
13. Darf man die Strumpfhosen anprobieren?
14. Haben Sie dieses Hemd auch in Blau?
15. Wer berät die Kunden in dieser Abteilung?

9 Ein Informationsgespräch am Telefon
Ordnen Sie die Dialogteile. Schreiben Sie den Dialog. Üben Sie den Dialog zu zweit.

● Hellmich.
○ _7_
● Guten Morgen, Frau Seidel.
○ ____
● Ja, da sind noch vier Plätze frei.
○ ____
● Hier bei uns in der Kaiserstraße 99.
○ ____
● Am 6. Oktober. Es gibt vier Termine, immer montags um 18 Uhr.
○ ____
● Das ist Frau Sander, eine ehemalige Personalleiterin.
○ ____
● Der Kurs ist kostenlos. Die Materialkosten sind fünf Euro.
○ ____
● Gerne. Tschüss, Frau Seidel.
○ ____

1. Tschüss.
2. Ah, das hört sich nach viel Erfahrung an. Was kostet der Kurs denn?
3. Das ist in Ordnung, vielen Dank. Ich komme in den nächsten Tagen vorbei und melde mich an.
4. Das ist ja prima. Wo findet der Kurs statt?
5. Das passt mir gut. Wer macht den Kurs?
6. Und wann genau beginnt der Kurs?
7. Vera Seidel. Guten Morgen, Herr Hellmich.
8. Ich interessiere mich für das Bewerbungstraining. Sind da noch Plätze frei?

10 Schüler und Lehrer im EULE-Projekt
Schreiben Sie Sätze. Vergleichen Sie im Kurs.

Wir hatten …
Man konnte …
Wenn man diese Kurse belegt, …
Ich nehme an dem Projekt teil, weil …

Kontakt zu älteren Menschen bekommen
Vorurteile abbauen   soziales Engagement lernen
kostenlosen Unterricht erhalten
Kontakt zu Jugendlichen bekommen
weniger Angst vor Fehlern haben   viel Spaß haben
das Selbstbewusstsein stärken
geistig fit bleiben   neue Fähigkeiten an sich entdecken
das, was man selbst gelernt hat, festigen

Wir hatten viel Spaß.

Schwierige Wörter

1 Hören Sie und sprechen Sie langsam nach. Wiederholen Sie die Übung.

○ 3.8   Weiterbildungskurse?↗   auch Weiterbildungskurse?↗   Gibt es hier auch Weiterbildungskurse?↗
Selbstbewusstsein.↘   stärkt das Selbstbewusstsein.↘   Training stärkt das Selbstbewusstsein.↘
Generationen?↗   zwischen den Generationen?↗   Wie ist das Verhältnis zwischen den Generationen?↗

2 Welche Wörter und Sätze sind für Sie schwierig? Schreiben Sie drei Lernkarten und üben Sie mit einem Partner / einer Partnerin.

Was kann ich für Sie tun?

1 Im Hotel

1.1 Suchen Sie zwölf Wörter zum Thema „Hotel".
Notieren Sie die Nomen mit Artikel.

das Doppelzimmer _____

_____

_____

_____

_____

_____

E	I	N	C	H	E	C	K	E	N	P	W
Ö	R	E	S	E	R	V	I	E	R	E	N
D	O	P	P	E	L	Z	I	M	M	E	R
B	A	D	Z	E	M	P	F	A	N	G	X
S	E	R	V	I	C	E	Ö	G	A	S	T
Z	I	M	M	E	R	N	U	M	M	E	R
L	Ä	U	D	U	S	C	H	E	P	K	G
E	I	N	Z	E	L	Z	I	M	M	E	R
G	B	E	S	T	E	L	L	E	N	Q	A
X	P	P	F	R	Ü	H	S	T	Ü	C	K

1.2 Ergänzen Sie die Sätze mit den passenden Verbformen.

tragen • aufräumen • machen • bedienen • reparieren • empfangen

1. Der Kellner _____ die Gäste.

2. Das Zimmermädchen _____ die Zimmer _____ .

3. Die Hotelkauffrau _____ die Buchhaltung.

4. Die Rezeptionistin _____ die Gäste.

5. Der Portier _____ die Koffer.

6. Der Hausmeister _____ die Lampen.

⊙ 3.9 **1.3 Ergänzen Sie den Dialog und hören Sie zur Kontrolle.** 🔊↓

● Hotel Regent, Sie _____ mit Frau Maischberger. Was kann ich _____ _____ tun?

○ Brandauer, guten Tag. Ich bekomme nächstes Wochenende einige _____ und wollte nachfragen, ob bei Ihnen zwei _____ frei sind.

● Einen Moment bitte … Ja, da sind noch Zimmer _____ . Aber ich empfehle Ihnen, gleich zu

_____ .

○ Was kostet denn ein Zimmer?

● 79 € für ein Doppelzimmer. Da ist das Frühstück _____ .

○ Gut, dann möchte ich _____ _____ gleich reservieren.

● Gut, Frau Brandauer. Die Reservierung ist bis Freitag 18 _____ gültig.

○ Vielen Dank.

● _____ geschehen. Kann ich sonst noch etwas für Sie tun?

○ Nein, danke, das war alles. Auf _____ .

● Auf Wiederhören, Frau Brandauer.

🔊 Doppelzimmer • für Sie • frei • inklusive • Wiederhören • Gäste • Uhr • sprechen • reservieren • Gern • die Zimmer

2 An der Rezeption

2.1 Was passt zusammen?

1. Haben Sie ein Zimmer frei?	____ a) Nein, bitte ein Raucherzimmer.
2. Was kann ich für Sie tun?	____ b) In der Tiefgarage für 10 € pro Nacht.
3. Möchten Sie ein Nichtraucherzimmer?	____ c) Balkon mit Meerblick?
4. Ist das Frühstück inklusive?	____ d) Ja, aber gegen Gebühr.
5. Wo kann man bei Ihnen parken?	_1_ e) Nein, wir sind leider ausgebucht.
6. Ich hätte gern ein Zimmer mit Balkon.	____ f) Nein, das müssen Sie extra bezahlen.
7. Hat das Zimmer einen Internetanschluss?	____ g) Ich möchte gerne ein ruhiges Einzelzimmer.

2.2 Schreiben Sie die Sätze. Achten Sie auf die Verbendung, den Kasus und die Wortstellung.

1. Die Spedition Höhne / ein Zimmer / haben reserviert / für Herrn Henning / .
2. Der Rezeptionist / nicht / können / der Auftrag / von der Firma / finden / .
3. Herr Henning / ein Einzelzimmer / bekommen / .
4. Aber / zwei Einzelzimmer / haben reserviert / die Firma / .
5. Der Kollege / ankommen / von Herrn Henning / erst morgen / .
6. Herr Henning / ein ruhiges Zimmer / sich wünschen / .
7. Der Rezeptionist / um 5:30 Uhr / sollen / der Gast / wecken / .

1. Die Spedition Höhne hat für Herrn Henning ein Zimmer reserviert.

2.3 n-Deklination – Markieren Sie die Nomen mit n-Deklination und schreiben Sie zu jedem davon einen Satz.

☒ der Tourist	☐ die Sekretärin	☐ der Kollege
☐ das Hotel	☐ der Mensch	☐ das Gepäck
☐ der Name	☐ der Junge	☐ der Portugiese

Die Rezeptionistin spricht mit dem Touristen.

2.4 n-Deklination – Ergänzen Sie die Sätze.

1. Das Zimmer ist für _____ (der Franzose).

2. Das Zimmermädchen kommt aus dem Zimmer von _____ (Herr Jensen).

3. Die Schlüssel gehören _____ (der Journalist) aus Zimmer 408.

4. Der Direktor spricht mit _____ (der Praktikant).

5. Herr Henning telefoniert mit _____ (ein Kollege).

6. Bitte rufen Sie für _____ (Herr Meyer) ein Taxi.

7. Das Taxi ist für _____ (Herr Henning und sein Kollege).

8. Hier ist eine Nachricht für _____ (der Student) aus Zimmer 204.

3 Ich habe ein Problem …

3.1 Welcher Satz passt zu welchem Bild?

1. Das Bett ist nicht gemacht. ____

2. Ich warte schon sehr lange. ____

3. Das Zimmer ist viel zu laut. ____

4. Wir haben ein falsches Zimmer. ____

5. Ich kann nicht in Ruhe schlafen. ____

6. Das Zimmer ist nicht gereinigt. ____

7. Ich will nicht mehr länger warten. ____

8. Das ist kein Doppelzimmer. ____

3.2 Reklamation – Schreiben Sie Imperativsätze. Benutzen Sie den Komparativ.

1. Das Zimmer ist zu laut. (ruhig)   *Geben Sie mir bitte ein ruhigeres Zimmer.*

2. Das Zimmer ist zu dunkel. (hell)   _____

3. Das Zimmer ist zu alt. (modern)   _____

4. Das Zimmer ist zu klein. (groß)   _____

5. Das Zimmer ist nicht schön. (gemütlich)   _____

6. Das Zimmer ist zu teuer. (billig)   _____

3.3 Ein Beschwerdebrief – Welche Wörter von a–o passen in den Brief?

Sehr ① ☐ Damen und Herren,
ich war ② ☐ Freitag, den 05. Februar, bei ③ ☐ im Hotel Regent für eine Nacht
zu Gast. Ich muss Ihnen ④ ☐ mitteilen, dass ich mit meinem Aufenthalt gar nicht
zufrieden war. So bekam ich gleich beim Einchecken ein ⑤ ☐ Zimmer. Ich wollte ein
Doppelzimmer, ⑥ ☐ ich bekam ein Einzelzimmer. Dann konnte ich zwar in das
richtige Zimmer, stellte aber fest, ⑦ ☐ das neue Zimmer nicht gereinigt war. Das
Zimmer war ⑧ ☐ laut, dass ich die ganze Nacht kein Auge zumachen konnte.
Deswegen möchte ich Sie ⑨ ☐, dass Sie mir 25 % des Zimmerpreises erstatten.

Mit ⑩ ☐ Grüßen
Markus Groitner

a) freundlichen   i) Ihr
b) mit   j) leider
c) bitten   k) Ihnen
d) liebe   l) geehrte
e) am   m) so
f) deswegen   n) dass
g) falsches   o) guten
h) aber

3.4 Sie waren bei Ihrem letzten Besuch im Hotel Regent sehr unzufrieden mit dem Service. Schreiben Sie an das Hotel einen Brief zu folgenden Punkten:

– Grund für Ihr Schreiben
– wann Sie im Hotel waren
– was Ihnen überhaupt nicht gefallen hat
– wie viel Prozent vom Zimmerpreis Sie zurückverlangen

4 Jobs im Hotel

4.1 Komposita – Schreiben Sie die Nomen mit Artikel wie im Beispiel.

~~Zimmerreinigung~~ • Hotelzimmer • Bewerbungsunterlagen • Appartementanlage • Arbeitsplatz •
Ausbildungsbeginn • Ausbildungsplatz • Hotelrestaurant • Eintrittstermin • Zimmermädchen

> *die Zimmerreinigung = das Zimmer + die Reinigung*

4.2 Interview mit einem Zimmermädchen – Ordnen Sie die Fragen den Antworten zu.

1. Wie viele Hotelzimmer muss man in einer Stunde reinigen?
2. Wie viele Tage Urlaub bekommt man?
3. Was gehört zu den Aufgaben vom Zimmerservice?
4. Wie viel verdient man pro Monat?

_____ a) Als Arbeitskraft im Zimmerservice hat man den gesetzlichen Anspruch
von 24 Werktagen – das sind vier Wochen. Ja nach Tarifvertrag kann es
etwas mehr sein.

_____ b) Wenn man nach Tarif bezahlt wird, kann man mit ungefähr 1000 € netto
rechnen. Natürlich spielt die Steuerklasse auch noch eine Rolle.

_____ c) In großen Hotels muss man ein Zimmer in etwa 20 Minuten schaffen.
Manchmal erwartet der Arbeitgeber eine Leistung von 15 bis 20 Zimmern pro
Arbeitstag. Das ist ziemlich viel.

_____ d) Ich muss Betten machen, die Zimmer reinigen und für frische Handtücher, neue
Seife, Duschgel, Klopapier usw. sorgen. Der Gast soll sich im Zimmer wohlfühlen.

**4.3 Würden Sie gern im Zimmerservice arbeiten? Was könnten Sie gut und womit hätten Sie
Probleme? Schreiben Sie und vergleichen Sie im Kurs.**

5 Ein Telefongespräch

⊙ 3.10 **Schreiben Sie das Gespräch zwischen Frau Reinhardt und Frau Mönch. Hören Sie zur
Kontrolle. 🎧 Hören Sie zuerst.**

– ~~Hardenberghotel, Sie sprechen mit Frau Reinhardt.~~
– Gut. Wo haben Sie denn zuletzt gearbeitet?
– Ja, ich kann Auto fahren. Das ist kein Problem.
– ~~Guten Tag, mein Name ist Mönch. Ich rufe wegen Ihrer Anzeige als Rezeptionistin an.~~
– Ja, Frau Mönch, haben Sie denn eine Ausbildung?
– Im Landhotel Potsdam. Leider mussten mein Mann und ich umziehen. Deshalb suche ich hier
eine neue berufliche Tätigkeit.
– Dann bin ich gespannt, Sie kennenzulernen. Kommen Sie doch morgen um 14 Uhr bei mir vorbei.
Dann reden wir über alles Weitere.
– Natürlich, ich habe eine dreijährige Ausbildung als Hotelfachfrau gemacht.
– Auf Wiederhören, Frau Reinhardt.
– Wie Sie sicherlich wissen, Frau Mönch, liegt unser Hotel etwas außerhalb der Stadt. Haben Sie
denn einen Führerschein?
– Ich komme natürlich sehr gern.
– Dann bis morgen um 14 Uhr. Auf Wiederhören, Frau Mönch.

> ● *Hardenberghotel, Sie sprechen mit Frau Reinhardt.*
> ○ *Guten Tag, mein Name ist Mönch. Ich rufe wegen Ihrer Anzeige ...*

6 Ein Winterwochenende

6.1 Ordnen Sie die Wintersportarten den Bildern zu.

hock ᵣₒ len schuh wan ~~eis~~ fah Eis Schnee ᵉʸ ~~laᵤ~~ spie ren Ski ~~feᵣ~~ dern deln

eislaufen _____ _____ _____ _____ _____

6.2 Wie heißen die Wörter? Schreiben Sie Komposita.

1. der Tourist am Wochenende der Wochenendtourist _____

2. die Fahrt mit dem Schlitten _____

3. Kinder aus der Großstadt _____

4. der Genuss durch Sport _____

5. das Erlebnis in der Natur _____

6. der Liebhaber zur Natur _____

6.3 Wiederholung: Adjektivdeklination – Ergänzen Sie die Endungen.

der lang___ Winter	ein lang___ Winter	die lang___ Party	eine lang___ Party
das lang___ Wochenende	ein lang___ Wochenende	die sportlich___ Frau	eine sportlich___ Frau
der traumhaft___ Wald	ein traumhaft___ Wald	das hungrig___ Tier	ein hungrig___ Tier
die dick___ Decke	eine dick___ Decke	der sonnig___ Tag	ein sonnig___ Tag
das schön___ Erlebnis	ein schön___ Erlebnis	das teur___ Hotel	ein teur___ Hotel

7 Die schönste Zeit …

7.1 Komparativ und Superlativ – Ergänzen Sie die Tabelle.

Grundform	Komparativ	Superlativ	
1. alt	älter	am ältesten	der/das/die älteste …
2. schnell			
3. schön			
4. groß			
5. teuer			
6. viel			
7. gern			
8. gut			
9. hoch			

7.2 Schreiben Sie die Sätze mit Superlativ.

1. Ich reise gern. (mit dem Zug) — *Ich reise am liebsten mit dem Zug.*

2. Mark fährt schnell. (mit den neuen Skiern) _____

3. Der Urlaub ist gut. (in Tirol) _____

4. Der Winter ist schön. (im Gebirge) _____

5. Eine Schlittenfahrt ist romantisch. (durch den Wald) _____

6. Es ist kalt. (im Januar) _____

7.3 Ergänzen Sie den Superlativ.

1. Die Stadt hat die _____ (sauber) Straßen.

2. Der _____ (warm) Tag war der 21. Juli.

3. Heute ist der _____ (lang) Tag des Jahres.

4. Ist das der _____ (kurz) Weg zum Bahnhof?

5. Die Schlittenfahrt gehört zu den _____ (schön) Erlebnissen vom Urlaub.

6. Die Zugspitze ist der _____ (hoch) Berg Deutschlands.

8 Reiseland Deutschland

3.11–13

Sie hören jetzt Ansagen aus dem Radio. Zu jedem Text gibt es eine Aufgabe. Kreuzen Sie die richtige Antwort an.

1. Wie wird das Wetter in Süddeutschland?
   - [a] Es kommt zu starken Schneefällen.
   - [b] Zuerst regnet es, dann schneit es.
   - [c] Die Sonne scheint den ganzen Tag.

2. Wo gab es einen Unfall?
   - [a] Auf der A8.   [b] Auf der A7.   [c] Auf der A3.

3. Für wann kann man Eintrittskarten gewinnen?
   - [a] Für Freitag.   [b] Für Samstag.   [c] Für Sonntag.

Werder an der Havel

Aussprache: Vokale

① **Hören Sie und markieren Sie den Akzentvokal (lang oder kurz). Sprechen Sie nach.**

3.14   Personal • Hotel • besondere Wünsche • ausgebucht sein • Küchenhilfe • Hotelkaufmann

sich beschweren • begrüßen • kochen • das Zimmermädchen • das Telefon • Probleme haben

② **Langsam und schnell sprechen – Hören Sie und sprechen Sie nach.**

3.15   Sie_hat | schon_mehrere_Jahre | Berufserfahrung. ↘   Sie hat schon mehrere Jahre Berufserfahrung. ↘

Er_hat | hier | ein_Jahr | als_Kellner | gearbeitet. ↘   Er hat hier ein Jahr als Kellner gearbeitet. ↘

Manchmal | muss_man | Überstunden_machen. ↘   Manchmal muss man Überstunden machen. ↘

27 Man ist, was man isst

1 Meinungen zum Thema „Essen"
Was sagen die Personen? Schreiben Sie indirekte Aussagen mit *dass* oder W-Wort.

Essen ist mein Hobby.

Kochen und Essen ist eine Erholung nach der Arbeit.

Warum mögen die Leute dieses langweilige Essen?

Scharfes Essen ist gut für den Körper.

Ich verstehe die Leute in Deutschland nicht.

Warum reden meine Freunde immer von Problemen?

1. Herr Lohmann sagt,
dass Essen sein Hobby ist.
_____

Er meint auch, _____
_____
_____

2. Herr Ogoke versteht nicht,
_____
_____

Er glaubt, _____
_____
_____

3. Frau Landivar sagt,
_____
_____

Sie weiß nicht, _____
_____
_____

2 Sprichwörter
Was bedeuten die Sprichwörter? Ordnen Sie zu.

1. Man isst, um zu leben, man lebt nicht, um zu essen.
2. Wenn der Bauch leer ist, kann der Kopf nicht denken.
3. Der Appetit kommt beim Essen.
4. Der hungrige Bär spielt nicht.
5. Liebe geht durch den Magen.

____ a) Man kann sich nicht konzentrieren, wenn man hungrig ist.
____ b) Wenn man Hunger hat, dann ist man schlecht gelaunt und will nur etwas zum Essen.
____ c) Gemeinsam gut zu essen ist gut für die Liebe.
_1_ d) Es gibt wichtigere Dinge im Leben als Essen.
____ e) Wenn das Essen gut schmeckt, dann hat man auch Lust, mehr zu essen.

3 Gesunde Ernährung
3.1 Was schmeckt für Sie so? Notieren Sie.

1. süß   *Zucker* _____
2. sauer _____
3. scharf _____
4. mild   _____
5. salzig _____
6. fettig _____

3.2 Wiederholung: Wortschatz „Essen und Trinken" – Sammeln Sie.

Sie arbeiten allein:
Notieren Sie möglichst viele Wörter mit Artikel in den Feldern.

Sie arbeiten in der Gruppe:
Ein Spieler zählt still und langsam von 1 bis 5, ein anderer wählt A oder B.
Wenn ein dritter Spieler „Stopp" sagt, notieren alle zwei Minuten lang Nomen mit Artikel.
Beispiel 2A = Thema „Getränke" mit maximal 5 Buchstaben: *der Saft*

Wer nach fünf Runden am meisten Wörter hat, hat gewonnen.

Wörter mit …	A maximal 5 Buchstaben	B mindestens 6 Buchstaben
1 Obst, Gemüse und Früchte		*die Aubergine*
2 Getränke		
3 Süßes		
4 Lebensmittel (außer 1, 2, 3)		
5 Dinge in der Küche		

3.3 Tipps zur Ernährung – Hören Sie und ergänzen Sie den Text.

den Durst • egal • ein Glas • essen • Flüssigkeit • Hunger • ihre Ernährung • Kaffee • Körper • gut •
nach dem Essen • Regel • Tee • Zeit nehmen

Essen ist doch Genießen, man muss sich ___Zeit nehmen___ (1). Viele Leute haben Probleme mit

der Gesundheit, weil sie nicht auf _____ (2) achten. Sie denken nicht über ihre

Gewohnheiten nach: Ihnen ist _____ (3), was sie essen, wie oft am Tag sie essen, wie viel sie

_____ (4) und was und wie viel sie trinken. Die wichtigste _____ (5) für

gesunde Ernährung heißt: Viel trinken! Wasser, _____ (6) und Fruchtsäfte sind gut für den

Körper. Wer viel trinkt, hat weniger _____ (7) und isst weniger. Ein erwachsener Mensch

braucht zwischen zwei und drei Litern _____ (8) pro Tag. Bleiben wir bei den Getränken:

Alkohol kann dem _____ (9) schwer schaden. Alkohol in kleinen Mengen, etwa Rotwein,

tut aber vielen Menschen auch _____ (10). Essen ist Genießen, warum also nicht

_____ (11) Wein oder Bier zum Essen dazu? Die Menge macht den Unterschied. Ähnlich

steht es mit _____ (12). Trinken Sie nie Kaffee gegen _____ (13), das ist viel

zu viel. Aber genießen Sie ruhig einen kleinen Kaffee _____ (14), wenn Sie Lust

dazu haben.

④ Gesund leben

4.1 Ab morgen wird alles anders. – Schreiben Sie Sätze mit dem Infinitiv mit „zu".

1. mehr Sport machen	Morgen beginne ich, _mehr Sport zu machen_____.
2. viel Kaffee trinken	Ich höre auch auf, _____.
3. nicht so viel essen	Ich versuche jeden Tag, _____.
4. auf das Gewicht achten	Der Arzt sagt, es ist wichtig,_____.
5. gute Ratschläge bekommen	Aber ich habe keine Lust, _____.
6. mit Freunden essen	Ich genieße es, _____.

4.2 Was ist für Sie wichtig, was nicht? Wählen Sie aus und schreiben Sie Sätze wie im Beispiel.

1. Ich finde es wichtig, …
2. Es ist schön, …
3. Es macht Spaß, …
4. Ich habe Lust, …
5. Es macht keinen Spaß, …
6. Es ist nicht wichtig, …
7. Es ist langweilig, …
8. Es ist verboten, …
9. …

ARBEITSAMT

1. Ich finde es wichtig, einen Job zu haben.

5 **Ernährung und Lebensgewohnheiten**

3.17–19 **Sie hören drei Gespräche. Zu jedem Gespräch gibt es zwei Aufgaben. Was ist richtig?**

1. Frau Saizewa nimmt nie
   Zucker zu Kaffee oder Tee.

   Richtig ☐ Falsch ☐

2. Was ist für Frau Saizewa
   in Deutschland fremd?

   ☐ a In Deutschland nimmt man meistens keinen Zucker.
   ☐ b Deutsche fragen einen Gast immer wieder, was er mag.
   ☐ c Wenn der Gast einmal Nein sagt, fragt man ihn nicht mehr.

3. Herr Angerer hat einige
   Jahre in China gelebt.

   Richtig ☐ Falsch ☐

4. Was findet Herr Angerer
   anders, wenn man in
   China essen geht?

   ☐ a Der Gastgeber fragt, was man essen möchte.
   ☐ b Man gibt seinem Gast oder Nachbarn die besten Stücke.
   ☐ c Jeder Gast bestellt die Speise, die er essen möchte.

5. Herr Brook findet, dass
   Pommes frites in Deutschland
   nicht schmecken.

   Richtig ☐ Falsch ☐

6. Was hat Herr Brook als kleiner
   Junge in Deutschland erlebt?

   ☐ a Er wollte noch mehr Torte und bekam keine.
   ☐ b Er hat zu viel Torte mit viel Sahne bekommen.
   ☐ c Er durfte wie die Erwachsenen Kaffee trinken.

6 **Was denken andere über …?**

3.20 **6.1 Lesen Sie die Sätze 1–9 und ordnen Sie sie A–C zu. Probleme? 🎧Hören Sie zuerst.**

A Frühstück in Deutschland   B Essenszeiten in Spanien   C Englisches Bier

_A_ 1. „Das" deutsche Frühstück gibt es nicht. Es gibt sehr unterschiedliche Gewohnheiten.

____ 2. Bei uns essen wir erst am Nachmittag zu Mittag.

____ 3. Bei den einen gibt es Müsli, bei den anderen Brötchen mit Butter und Marmelade.

____ 4. Ich kann das gar nicht mehr hören, diese dummen Witze über unser Essen und Trinken.

____ 5. In fast jedem Haushalt gibt es ein anderes Frühstück.

____ 6. In meiner Familie haben wir nie vor 9 Uhr zu Abend gegessen, meistens später.

____ 7. Wenn ich im Pub ein Bier trinke, ist das nicht wärmer oder kälter als hier in der Kneipe.

____ 8. Manche mögen Brot mit Schinken und Wurst mit oder ohne Ei.

____ 9. Wir essen auch meistens erst spät zu Abend.

6.2 Essgewohnheiten in Ihrer Kultur – Schreiben Sie etwas über die folgenden Punkte.

– Was sind typische Speisen in Ihrem Land?
– Was denken Ausländer über das Essen in Ihrem Land?
– Was ist Ihre Meinung dazu?
– Haben sich Ihre Essgewohnheiten geändert?

Man sagt, dass …
Bei uns essen die Leute …
In fast jedem Haushalt gibt es …
Bei den einen …, bei den anderen …
Wieder andere …
Hier …, dort …
Früher … Heute …

Was isst man in Polen am Abend?
Bei uns essen die Leute …

7 Anders als erwartet

7.1 Konjunktionen – Kreuzen Sie die passende Konjunktion an.

1. Herr de Smet isst ein großes Eis, ☒ a weil ☐ b obwohl ☐ c wenn er schon satt ist.
2. Frau Magris kocht meistens selbst, ☒ a weil ☐ b obwohl ☐ c dass es ihr Spaß macht.
3. Herr Kneissl isst kein Obst, ☒ a weil ☐ b obwohl ☐ c wenn er weiß, dass Obst gesund ist.
4. Uwe isst in der Kantine, ☒ a weil ☐ b obwohl ☐ c dass das Essen dort billig ist.
5. Frau Schweitzer hat geglaubt, ☒ a weil ☐ b obwohl ☐ c dass ihr Fisch nicht schmeckt.

7.2 Nebensätze mit *obwohl* – Ordnen Sie zu und schreiben Sie die Sätze.

1. Der Kühlschrank ist leer.　　　　　　　　___ a) Der Arzt hat es ihr verboten.

2. Frau Kowar isst nur ganz wenig.　　　　___ b) Sie hat sich sehr darauf gefreut.

3. Frau Kowalski trinkt viel Kaffee.　　　　___ c) Er hat viel Zeit.

4. Herr Kowar nimmt nur wenig ab.　　　　___ d) Frau Kowar hat gestern so viel eingekauft.

5. Das Essen schmeckt Frau Kowalski nicht.　___ e) Sie soll viel frisches Obst essen.

6. Herr Meier isst zwei Stück Torte.　　　　___ f) Er isst seit einem Monat nur ganz wenig.

7. Herr Kowalski macht heute kein Frühstück.　___ g) Sie hat großen Hunger.

8. Frau Meier isst kein Obst.　　　　　　　___ h) Er mag Torten eigentlich nicht.

> *1d Der Kühlschrank ist leer, obwohl Frau Kowar gestern so viel eingekauft hat.*

8 Essen gehen

Sie laden Freunde zum Essen ein. Schreiben Sie eine E-Mail.

Ihre Partnerin / Ihr Partner hat am Freitag (11. 11.) Geburtstag. Sie wollen sie/ihn mit einem Abendessen mit Freunden überraschen.
Treffpunkt: Restaurant „Da Mario", 20 Uhr. Sie laden Ina Daus ein. Sie brauchen eine Antwort bis morgen, weil Sie einen Tisch reservieren möchten.

Liebe/Lieber … • Hallo … • den Geburtstag von … feiern • zum Abendessen einladen • eine Überraschung • nichts wissen sollen • sich auf einen schönen Abend freuen • Bescheid sagen • Schöne Grüße

9 Im Restaurant

Lesen Sie die Dialoge A und B und entscheiden Sie, was in die Lücken passt: a, b oder c?

A

● Guten Tag! Was (1) ich für Sie tun?
○ Wir sind vier Personen? Haben Sie (2) für uns?
● Ich muss nachsehen. Haben (3) bitte etwas Geduld. …
　In zehn Minuten gibt es (4).
○ Danke, aber wir haben es (5).

1. ☒ a will　　☐ b kann　　☐ c muss
2. ☒ a Zeit　　☐ b ein paar Bier　☐ c einen Tisch
3. ☒ a Sie　　☐ b wir　　☐ c die Leute
4. ☒ a das Essen　☐ b eine Pause　☐ c Platz
5. ☒ a schnell　☐ b eilig　　☐ c gern

B

● Schönen Tag. Was darf es (6)?

○ Ich (7) gern eine Apfelsaftschorle.

◆ Und für (8) ein Mineralwasser mit Zitrone.

● Haben Sie sonst noch einen (9)?

○ Wir haben (10) noch nicht entschieden.

	a		b		c	
6.	a	sein	b	ein Essen	c	einen Tisch
7.	a	will	b	hätte	c	bestelle
8.	a	mich	b	Sie	c	dich
9.	a	Wunsch	b	Problem	c	Frage
10.	a	ihnen	b	euch	c	uns

10 Schmeckt's?

Smalltalk beim Essen – Ordnen Sie die Reaktionen a–g zu.

1. Das ist ja lecker.

2. Hat es dir nicht geschmeckt?

3. Ist das schwer zu kochen?

4. Was ist das? Das kenne ich nicht.

5. Du bist ja eine ganz tolle Köchin!

6. Und? Schmeckt's dir?

___ a) Das ist Borschtsch. Das isst man bei uns sehr oft.

_1_ b) Das freut mich, wenn es dir schmeckt.

___ c) Doch! Aber ich schaffe nicht alles, es ist zu viel.

___ d) Es ist nicht einfach. Ich kann dir das Rezept geben.

___ e) Danke, ich koche einfach gern, wenn ich Zeit habe.

___ f) Ja, das ist ganz fantastisch.

Aussprache: Umlaute *ä, ö, ü*

① Ergänzen Sie die Umlaute. Hören Sie zur Kontrolle und sprechen Sie.

⊙ 3.21   viele Br__tchen • Fruchts__fte trinken • der K__rper • Essig und __l • gesunde Ern__hrung

die K__che • viele S__ßigkeiten • __bergewicht haben • der K__se • eine gute K__chin

das Gem__se • Getr__nke bestellen • N__sse essen • fr__hstücken • ein Men__ bestellen

② Hören und Nachsprechen – Achten Sie auf die Aussprache der markierten Vokale und Umlaute.

⊙ 3.22   genug Gemüse essen • Hier ist Kuchen in der Küche. • beim Bäcker Brötchen holen

Frühstück um sieben • Süßigkeiten lieben • süße Getränke • Die Schärfe ist wichtig.

mit viel Öl kochen • Brot und Brötchen zum Frühstück • sich gesund ernähren

Schwierige Wörter

① Hören Sie und sprechen Sie langsam nach. Wiederholen Sie.

⊙ 3.23   zwischendurch. ↘   immer zwischendurch. ↘   Obst esse ich immer zwischendurch. ↘

Getreideprodukte. ↘   viele Getreideprodukte. ↘   Wir essen viele Getreideprodukte. ↘

ziemlich ↘   ziemlich scharf. ↘   Das schmeckt aber ziemlich scharf. ↘

② Welche Wörter und Sätze sind für Sie schwierig? Schreiben Sie drei Lernkarten und üben Sie mit einem Partner / einer Partnerin.

Die vier **Testtrainings in *Berliner Platz 3 NEU*** bereiten Sie auf den *Deutsch-Test für Zuwanderer* und das *Zertifikat Deutsch* vor. Beide Prüfungen bestehen aus vier Teilen: *Hören*, *Lesen*, *Schreiben* und *Sprechen*. In den Testtrainings 9–12 üben Sie verschiedene Teile der Prüfung. Bei den Testteilen für das *Zertifikat Deutsch* steht dieses Symbol ℗ ZD, bei denen für den *Deutsch-Test für Zuwanderer* steht dieses Symbol ℗DTZ.

Hören (Globalverstehen) – Gesprächsbeiträge

℗ ZD Sie hören nun fünf kurze Texte. Dazu sollen Sie fünf Aufgaben lösen. Sie hören diese Texte nur einmal. Entscheiden Sie beim Hören, ob die Aussagen 1 bis 5 richtig oder falsch sind.

⊙ 3.24 **(1)** Die Sprecherin isst sehr gern mit ihrer Familie zusammen. | Richtig | | Falsch |

⊙ 3.25 **(2)** Der Sprecher denkt, dass kochen zu viel Arbeit macht. | Richtig | | Falsch |

⊙ 3.26 **(3)** Die Sprecherin braucht keine Diät, weil sie gesund kocht. | Richtig | | Falsch |

⊙ 3.27 **(4)** Die Sprecherin isst keine Speisen mit viel Fett und Zucker. | Richtig | | Falsch |

⊙ 3.28 **(5)** Der Sprecher isst zwar schnell, aber regelmäßig. | Richtig | | Falsch |

Hören – Private und berufliche Gespräche

℗ DTZ Sie hören vier Gespräche. Zu jedem Gespräch gibt es zwei Aufgaben. Entscheiden Sie bei jedem Gespräch, ob die Aussage dazu richtig oder falsch ist und welche Antwort (a, b oder c) am besten passt.

Beispiel

⊙ 3.29 **(0)** Frau Schneider ist die Kollegin von Frau Hahn. | Richtig | | ~~Falsch~~ |

Worum bittet Frau Schneider Frau Hahn?
- a Sie soll Frau Schneider zur Fortbildung bringen.
- b Sie soll einen Kindergeburtstag organisieren.
- ☒ Sie soll auf Frau Schneiders Sohn aufpassen.

⊙ 3.30 **(1)** Herr Borchert telefoniert mit der Lehrerin von seiner Tochter. | Richtig | | Falsch |

(2) Wann hat seine Tochter den Termin?
- a Am Dienstag.
- b Am Donnerstag.
- c Am Freitag.

⊙ 3.31 **(3)** Erwin und Frieda sind schon älter. | Richtig | | Falsch |

(4) Was möchte Erwin lernen?
- a Wie man Computerprobleme löst.
- b Wie man schöne Bilder malt.
- c Wie man wieder fit wird.

⊙ 3.32 **(5)** Herr Steinbach möchte im City-Hotel eine Ausbildung machen. | Richtig | | Falsch |

(6) Ihm gefällt an der Arbeit in einem Hotel, …
- a dass man am Wochenende arbeitet.
- b dass man gut bezahlt wird.
- c dass man viel Verschiedenes macht.

⊙ 3.33 **(7)** Anna und Jakob sind Nachbarn. | Richtig | | Falsch |

(8) Was kann Anna nicht so gut?
- a Chinesisch kochen.
- b Computerprobleme lösen.
- c Fahrräder reparieren.

⚠ In der Prüfung müssen Sie Ihre Lösungen auf einem Antwortbogen markieren.

Lesen – Anzeigen, Werbung …

P DTZ　Lesen Sie die Situationen 1–5 und die Anzeigen a–h. Finden Sie für jede Situation die passende Anzeige. Für eine Aufgabe gibt es keine Lösung. Markieren Sie in diesem Fall ein X.

(1) Sie sind 16 Jahre alt und möchten die Arbeit in einem Hotel im Ausland kennenlernen.　____

(2) Sie haben eine Ausbildung als Koch und suchen eine Dauerstelle in einem Hotelrestaurant.　____

(3) Sie möchten nach der Elternzeit wieder als Kellnerin arbeiten. Wegen der Kinder suchen Sie eine Teilzeitstelle am Vormittag.　____

(4) Sie haben Ihren Schulabschluss gemacht und möchten einen Beruf im Hotel erlernen.　____

(5) Sie studieren und möchten tagsüber etwas dazuverdienen. Sie haben noch nie in einem Restaurant gearbeitet.　____

a

Café Romantico im Stadtzentrum

Mitarbeiterin für den Service gesucht!

Für die Schicht von 8–13 Uhr suchen wir eine motivierte Mitarbeiterin! Sie haben schon in der Gastronomie gearbeitet, sind effizient und stets freundlich im Umgang mit den Gästen? Dann freuen wir uns auf Ihre Bewerbung!
Senden Sie die üblichen Unterlagen an
Café Romantico,
z. H. Frau Zalisch, Am Marktplatz 6

b

Hotel Conti in Rimini/Italien

Wir sind eines der größten Hotels an einem beliebten Urlaubsort an der Adria. Für den Sommer suchen wir

eine Praktikantin / einen Praktikanten

Sie lernen alle Arbeitsbereiche kennen – vom Frühstücksservice bis zur Nachtbar. Italienischkenntnisse sind von Vorteil, aber keine Bedingung. Mindestalter 18 Jahre.
Bewerbungen bitte an: conti@rimini.it

c

Café am Park

Aushilfe für Abende und Wochenenden gesucht!

Wir sind ein gut gehendes Café und suchen ab sofort einen Springer / eine Springerin zu flexiblen Einsätzen abends und am Wochenende.
Sie haben schon mindestens 6 Monate Erfahrung als Kellner/Kellnerin, sind serviceorientiert und belastbar?
Wir bieten Ihnen ein angenehmes Arbeitsklima in einem jungen Team, Grundgehalt nach Tarif und eine faire Trinkgeldregelung.
Bewerbungen an: job@cafe-am-park.de

d

Das **Café an der Uni** bietet Nebenjobs für StudentInnen!
Geld verdienen, während andere im Seminar sitzen! In unserem Nichtrauchercafé direkt an der Uni bieten wir Arbeit auf Stundenbasis bei flexibler Zeiteinteilung an.
Nettes Auftreten und Teamfähigkeit sind Bedingung, Vorerfahrung nicht nötig – Einarbeitung erfolgt während der Arbeitszeit.
Öffnungszeiten: Mo–Fr 13–19 Uhr, am Wochenende und an Feiertagen geschlossen.

e

Iris-Hotel in Leipzig

Wir haben Ausbildungsplätze zum/zur **Buchhalter/in** und **Hotelkaufmann/-frau**. Sie haben einen guten Schulabschluss (Mittlerer Schulabschluss oder Abitur), eine Schwäche für Zahlen und möchten gern in einem Hotel arbeiten?
Wir bieten Ihnen einen interessanten Ausbildungsplatz mit der Möglichkeit, bundesweit in verschiedenen Hotels zu arbeiten.
Bei gutem Abschluss spätere Übernahme in Festanstellung möglich!
Bewerbungen an: Iris-Hotels Deutschland, Personalabteilung

f

Wir sind ein gut eingeführtes Sporthotel in einer traumhaften Skiregion und suchen für die Wintersaison (Anfang Dezember – Ende April)

eine/n ausgebildete/n Koch/Köchin.

Überdurchschnittlich gute Bezahlung, Unterkunft wird auf Wunsch gestellt.
Der Schwerpunkt unserer Speisekarte sind alpenländische Spezialitäten, wir bieten aber auch italienische Speisen an.
Interessiert? Dann freuen wir uns auf Ihre aussagekräftigen Bewerbungsunterlagen!
Chiffre ALP – 4681

g

Praktikumsplatz auf Mallorca!

Sie sind mindestens 16 Jahre alt und wollen das Angenehme mit dem Nützlichen verbinden? Sie möchten die Arbeit in einem Hotelbetrieb in einer klassischen Ferienregion kennenlernen? Dann machen Sie ein Praktikum in unserem Hotel mit internationalem Flair direkt am Meer!
Dauer: 4 Wochen
Zeitraum: Juli und August
Bezahlung: Unterkunft und Verpflegung werden gestellt.
Mehr Informationen unter www.mallorca-hotel.com/praktikum

h

Biergarten am See

Der Sommer kommt – und mit ihm die Biergartensaison!
Deshalb suchen wir zur Verstärkung unseres Teams eine **erfahrene Kellnerin in Teilzeit** für nachmittags (13–17 Uhr).
Zeitliche Flexibilität erforderlich, da der Biergarten bei Regen geschlossen bleibt!
Dafür bieten wir Ihnen außer einem fairen Grundgehalt und einer guten Arbeitsatmosphäre auch die Möglichkeit zu Zusatzschichten am Wochenende nach Absprache.
Zur Verabredung eines Vorstellungstermins rufen Sie bitte die 845 678 an.

Lesen (Globalverstehen) – Kurze Texte

P ZD Lesen Sie zuerst die 10 Überschriften. Lesen Sie dann die 5 Texte und entscheiden Sie, welcher Text (1–5) am besten zu welcher Überschrift (a–j) passt.

> **Tipps zum Lesen**
> 1. Lesen Sie die Überschriften zuerst.
> 2. Lesen Sie die Texte global, nicht Wort für Wort.
> 3. Finden Sie das Thema der Texte heraus. Markieren Sie Schlüsselwörter.

1 Momentan ist es heißer als heiß. Trinken, trinken, trinken lautet deshalb die Devise, das weiß jeder. Wir sind ausreichend darüber informiert, was man bei diesen Temperaturen essen soll: wenig Fleisch, noch weniger Fett, viel Obst und Gemüse, frische Sommersalate, am besten vegetarisch. Wo?
Keine Sorge, dafür gibt es ja uns!
www.marcellinos.de

2 Italienisch essen? Italien mit Herz und Zunge genießen? Wo könnte man das nördlich der Alpen besser als in München? Jedes zehnte Restaurant an der Isar ist ein Italiener. Die Auswahl ist gewaltig: Wo soll man hin? Was sollte man probieren? Antworten finden Sie in unserer aktuellen Serie auf unserer Homepage **www.az-gastro.de**

3 Man(n) kocht heute selbst – auch ohne Küchenerfahrung. In diesem Buch finden Sie die tollsten Rezepte, einfach und genau erklärt, in vier Schwierigkeitsgrade aufgeteilt. Auch Ungeübte bringen damit erstaunlich leckere Mahlzeiten zustande. Alles gut „gewürzt" mit vielen witzigen Notizen. Wie wäre es mit einem indonesischen Fleischtopf?
www.edition-xxl.de

4 Alkoholische Getränke werden sehr gern gekauft. Trotzdem ist der Alkoholverbrauch im letzten Jahrzehnt deutlich gesunken. Er liegt gegenwärtig bei 9,5 Litern/Kopf jährlich. Es zeigen sich deutliche Rückgänge bei Bier und Spirituosen. Die Verbraucher wissen, dass hoher Alkoholkonsum gesundheitsschädlich ist.
Arbeitsgemeinschaft Ernährungsverhalten e. V.
www.agev-rosenheim.de

5 Jede Woche erscheinen weitere, nicht gerade billige, modische Diäten auf den Seiten vieler Frauenmagazine. In Wahrheit wissen wir, dass sie nicht die Antwort auf unser Problem mit Übergewicht sind. Trotzdem fangen wir immer wieder Diäten an und geben viel Geld aus, nur um nach wenigen Wochen wieder beim alten Gewicht zu sein. Wir geben Ihnen einen kritischen Überblick über verschiedene Diäten.
Mehr Infos unter: www.sinnvoll-abnehmen.de

a) Viel Alkohol schadet der Gesundheit ☐
b) Italienisch kochen in München ☐
c) Tagestipp: Indonesisch essen gehen ☐
d) Italienisch essen in München ☐
e) Preiswert abnehmen! ☐

f) Teure Diäten helfen nicht ☐
g) Deutsche kaufen mehr Alkohol ☐
h) Leichte Kost bei großer Hitze ☐
i) Rezepte für Vegetarier ☐
j) Rezepte für Kochanfänger ☐

Lesen – Produktinformationen …

P DTZ   Lesen Sie den Text. Entscheiden Sie, ob die Aussagen 1–3 richtig oder falsch sind.

DFV – Deutsche Familienversicherung – Die Kasse für Ihre Gesundheit
Unser Bonusprogramm für gesundheitsförderndes Verhalten:

Teilnahmebedingungen

Teilnahmeberechtigter Personenkreis
Teilnehmen können alle Mitglieder der DFV ab dem vollendeten 14. Lebensjahr. Die Teilnahme ist freiwillig.
Für mitversicherte und selbst versicherte Kinder unter 14 Jahren können durch den erziehungsberechtigten Elternteil spezielle Kinderbonushefte angefordert werden. Kinderbonushefte können nur durch den gesetzlich vertretenden Elternteil eingelöst werden.

Beginn und Ende der Teilnahme
Die Teilnahme am Bonusprogramm beginnt mit einer entsprechenden Erklärung des Versicherten. Sie gilt grundsätzlich für zwölf Monate. Nach der Anmeldung erhält der Teilnehmer das Bonusheft.
Bei Abgabe des ausgefüllten Bonusheftes bei der DFV kann man die Teilnahme für ein weiteres Jahr erklären und erhält anschließend ein neues Bonusheft.
Mit dem Einreichen des Bonusheftes erklärt der Teilnehmer seine Aktivitäten für den jeweiligen Teilnahmezeitraum als beendet. Die erneute Teilnahme kann frühestens nach Ablauf der zwölf Monate erfolgen und bedarf einer erneuten schriftlichen oder elektronisch übermittelten Erklärung. Ein erneuter Heftversand für das bereits beendete Teilnahmejahr ist grundsätzlich nicht möglich. Bei Beendigung der Versicherung bei der DFV endet die Teilnahme am Bonusprogramm automatisch.

Bonusleistungen
Die DFV gewährt einen Bonus insbesondere für die Inanspruchnahme von Leistungen zur Früherkennung von Krankheiten und qualitätsgesicherten Leistungen zur Vorsorge wie z. B. den von der DFV für ihre Mitglieder kostenlos angebotenen Rückenkursen.
Maßnahmen, für die ein Bonus gewährt werden kann, sowie deren Anzahl sind im Bonusheft aufgeführt.

Prämien
Der Versicherte erhält eine Geldprämie. Näheres wird im Bonusheft beschrieben. Bei Verlust, Diebstahl oder sonstigem Abhandenkommen des Bonusheftes kann der Anspruch auf die Prämie nur gewährt werden, wenn die Durchführung der Maßnahmen auf andere Weise nachgewiesen wird.

(1) Für Kinder gibt es spezielle Unterlagen.   `Richtig` `Falsch`

(2) Die Teilnahme wird automatisch verlängert.   `Richtig` `Falsch`

(3) Für die Teilnahme am Bonusprogramm bekommt man kostenlose Kurse.   `Richtig` `Falsch`

Geschichte

1 **Geschichte in Bildern und Texten**
Lesen Sie die Texte auf Seite 44–45 noch einmal und ergänzen Sie die Sätze. 📖↓

1. Der Zweite _____ begann 1939 mit dem
   Überfall Deutschlands auf Polen. In diesem Krieg haben über 50 _____ Menschen ihr Leben
   _____ .

2. Seit Mitte der 50er Jahre erholte sich die
   _____ und Deutschland brauchte aus-
   ländische _____ . Die ersten Gastarbeiter
   kamen allein, wollten schnell Geld _____
   und dann wieder nach Hause fahren. Für viele wurde
   Deutschland ihre zweite _____ .

3. Die nach dem Krieg geborene _____
   wollte anders leben als ihre _____ . Die jungen Leute _____ gegen die
   Atomkraftwerke und die _____ . Auch Energiesparen und
   ökologische _____ wurden wichtige politische Themen.

4. Am 9. November öffnete die DDR die _____ . Die DDR-Bürger durften zum ersten
   Mal seit fast 40 Jahren wieder frei _____ .

📖 verloren • Millionen • Mauer • Weltkrieg • reisen • Umweltverschmutzung • Wirtschaft • Arbeitskräfte • Heimat •
Landwirtschaft • Eltern • protestierten • Generation •
verdienen

2 **Geschichte hören – ein Interview**
⊙ 3.34
P
Sie hören nun ein Gespräch. Dazu sollen Sie zehn Aufgaben lösen. Hören Sie das Gespräch zweimal. Entscheiden Sie beim Hören, ob die Aussagen 1–10 richtig oder falsch sind.

R   F

1. Herr Brode kann sich an diesen Tag
   nicht sehr gut erinnern. ☐ ☐
2. Er war an diesem Tag bei der Arbeit. ☐ ☐
3. Als er nach Hause kam, saß seine
   Frau schon vor dem Fernseher. ☐ ☐
4. Seine Frau hat den Fernseher immer an,
   wenn sie zu Hause ist. ☐ ☐
5. Für Herrn Brode war das zuerst
   alles wie in einem Film. ☐ ☐
6. Frau Stoll wohnt in Südamerika. ☐ ☐
7. Sie war in dieser Zeit in Urlaub. ☐ ☐
8. Im Dorf gab es keinen elektrischen Strom. ☐ ☐
9. Sie hat vom 11. 9. zuerst gar nichts erfahren. ☐ ☐
10. Erst in Europa hat sie wirklich gefühlt,
    was am 11. 9. passiert war. ☐ ☐

3 Zwanzig Jahre

Welche Wörter passen hier? Kreuzen Sie an: a, b oder c. Es gibt nur eine richtige Lösung.

Man ①, dass Menschen sich bei sehr wichtigen Ereignissen oft sehr genau an den Ort erinnern können, an dem sie von diesem Ereignis ② haben. Als ich vom Fall der Mauer erfuhr, war ich in Korea. Ich unterrichtete Deutsch. Schon Monate zuvor, als Ungarn die Grenze nach Westen öffnete, fragten ③ die Lernenden immer wieder: „Macht die DDR jetzt auch die Grenze auf?" „Nein, das kann nicht sein", antwortete ich. Ich ④ mir das nicht vorstellen. Dann kam der 9. November. Ich kam ⑤ Hause und sah im Fernsehen die Bilder vom Fall der Mauer. Es war unglaublich. Am nächsten Tag fragten mich die Koreaner wieder: „Was meinen Sie, jetzt kommt doch die Wiedervereinigung, oder?" Ich beantwortete die Frage nicht. Ich glaubte es ⑥ wirklich, aber plötzlich war alles möglich.

1.	2.	3.	4.	5.	6.
a weiß	a erfuhr	a mir	a konnte	a zu	a nicht
b wissen	b erfährt	b sich	b kannst	b nach	b niemand
c gewusst	c erfahren	c mich	c gekonnt	c bei	c kein

4 Wichtige Daten – berühmte Personen

Wiederholung: Präteritum – Ergänzen Sie die Verben.

Vier berühmte Leute aus deutsprachigen Ländern

1. Der Komponist Ludwig van Beethoven (1770–1827) _____*kam*_____ (kommen) aus Bonn. Er _____ (gehen) 1792 nach Wien und _____ (wohnen) dort 35 Jahre bis zu seinem Tod. Die letzten 32 Jahre von seinem Leben _____ (hören) er schlecht und _____ (sein) seit 1818 gehörlos.

2. Der Physiker Albert Einstein (1879–1955) _____ (veröffentlichen) die „Allgemeine Relativitätstheorie" im Jahr 1905. Damit _____ (verändern) er unser Bild von der Welt. 1933 _____ (fliehen) er vor den Nazis in die USA.

3. Die Österreicherin Bertha von Suttner (1843–1914) _____ (schreiben) mit „Die Waffen nieder" einen Roman, mit dem sie viele Menschen für die Friedensbewegung _____ (gewinnen). 1905 _____ (erhalten) sie den Friedensnobelpreis.

4. Die schweizerische Erzählerin und Jugendbuchautorin Johanna Spyri (1827–1901) _____ (beschreiben) in ihren Büchern die Menschen und Landschaften ihrer Heimat. Weltberühmt _____ (werden) ihre Geschichten um Heidi und ihren Großvater.

5 Vergangenheit: schriftlich und mündlich

⊙ 3.35 **5.1 Hören Sie zu und schreiben Sie dann einen Text über Adelina im Präteritum.** 🔊 ↓

1999 von Argentinien nach Deutschland – zuerst: Sprachkurs – sechs Monate – danach: mittlere Reife an der Abendrealschule – 2002: Lehre als Automechanikerin – einige Jahre nicht zu Hause – am Anfang viel Heimweh – im letzten Jahr nach Argentinien – Familie – schöne Zeit zusammen

Adelina kam 1999 von Argentinien ...

🔊 kommen • machen • dauern • anfangen • sein • haben • fahren • besuchen • fliegen

5.2 Schreiben Sie einen ähnlichen Text im Präteritum über sich selbst.

6 Zeitpunkt in der Vergangenheit: *als*
Schreiben Sie die Sätze mit den Verben im Präteritum.

1. nach Deutschland / als / Pjotr / kommen, / kein Wort Deutsch / er noch / sprechen / .
2. als / ich / einen Beruf / suchen, / es / schwer / sein, / zu / Arbeit / finden / .
3. als / Pjotr / sein Abitur / haben, / er / wissen / nicht, / was / er / werden / wollen / .
4. ich / als / ein kleines Kind / sein, / meine Familie / in Kiew / wohnen / .
5. als / 15 / ich / sein, / umziehen / nach Deutschland / wir / .
6. er / 14 / als / sein, / Pilot / er / werden / wollen / .

1. Als Pjotr nach Deutschland kam, ...

7 Zuerst – danach: *nachdem*
Plusquamperfekt und Präteritum – Markieren Sie, was zuerst kam, und ergänzen Sie die Sätze.

1. Darja _____ nach Deutschland _____ (auswandern),

   nachdem sie in Kasachstan das Abitur _____ (machen).

2. Nachdem sie genug Deutsch _____ (lernen),

   _____ sie eine Banklehre (machen).

3. Nachdem sie die Lehre _____ (beenden),

   _____ (bekommen) sie eine Stelle bei der Citybank.

4. Nachdem sie dort drei Jahre _____ (arbeiten),

   _____ (gehen) sie für zwei Jahre nach Moskau.

8 Gastarbeiter, Migranten ...
Plusquamperfekt – Verbinden Sie die Sätze wie im Beispiel.

1. Sergio arbeitete zehn Jahre als Elektriker. Er machte seine eigene Firma auf.
2. Chim wurde arbeitslos. Er machte ein vietnamesisches Restaurant auf.
3. Natascha arbeitete drei Jahre bei einer Bank. Sie bekam eine Stelle in Moskau.
4. Anthony lebte drei Jahre in Österreich. Er konnte kein scharfes Essen mehr essen.
5. Frau Schmieder hörte auf zu arbeiten. Sie half Familien mit Kindern.
6. Ich bestellte ein Taxi. Ich wartete noch 30 Minuten vor der Tür.

1. Nachdem Sergio zehn Jahre als Elektriker gearbeitet hatte, machte er ...
Sergio machte seine eigene Firma auf, nachdem ...

9 Europa und ich
Ergänzen Sie den Text.

Lucie und Sebastian Berger sind eine europäische Familie. Die
bei_ _ _ haben si_ _ bei ei_ _ _ EU-Prog_ _ _ _ in Schottland kennengelernt. S_ _ leben im Mom_ _ _ in Bayern, aber
s_ _ können si_ _ auch g_ _ vorstellen, da_ _ sie in Frankreich
leben od_ _ auch in ei_ _ _ anderen La_ _. Lucie fin_ _ _ an
d_ _ EU v_ _ allem g_ _, dass s_ _ die Mens_ _ _ _ zusam-
menbringt u_ _ dass es i_ Mitteleuropa se_ _ über 60 Jah_ _ _
keinen Kr_ _ _ mehr geg_ _ _ _ hat. S_ _ versteht ni_ _ _ _,
warum so vi_ _ _ Leute An_ _ _ _ vor d_ _ EU ha_ _ _, und
me_ _ _, dass d_ _ Verordnungen u_ _ Gesetze von d_ _ EU
meis_ _ _ _ den Bür_ _ _ _ helfen. S_ _ nennt z_ _ Beispiel d_ _ Handytarife, d_ _
erst du_ _ _ eine Veror_ _ _ _ _ aus Brüssel billiger gewo_ _ _ _ sind. Lucie glaubt, dass
die EU bürgerfreundlicher ist, als die meisten Menschen glauben.

10 Drei Meinungen zu Europa
Ergänzen Sie die Sätze.

Frieden • Kultur • Chancen • Pass • ~~Visum~~ • Bürokratie • Währung • Kriege

1. Ich finde falsch, dass man als Vietnamese ein _____Visum_____ für Europa braucht.

2. Meiner Meinung nach ist die gemeinsame _____, der Euro, eine gute Idee.

3. Ein Vorteil ist, dass die Europäer ohne _____ in der EU reisen können.

4. Viele meinen, dass es in Europa noch viel zu viel _____ gibt.

5. Es ist toll, dass die EU für junge Leute viele berufliche _____ bietet.

6. Bis 1945 gab es in Europa sehr viele _____. Das ist hoffentlich für immer vorbei.

7. Für mich ist der _____ seit über 60 Jahren das Wichtigste an der EU.

8. Für viele Menschen in der Welt ist Europa vor allem _____: Musik, Theater ...

11 Meine Meinung
Wählen Sie drei Satzanfänge aus und schreiben Sie Meinungen zu Themen Ihrer Wahl.
Vergleichen Sie im Kurs.

Mein Land und die EU • Mein Land und Deutschland • Familien • Schule • Arbeit • ...

1. Ich glaube, dass ...
2. Ich bin (nicht) der Meinung, dass ...
3. Ich finde es einen Vorteil, wenn ...
4. Ich denke, es ist ein Nachteil, wenn ...
5. Ich bin sicher, dass ...
6. Ich denke, man muss ...

1. Ich glaube, dass man in südlichen Ländern ruhiger lebt als in Deutschland.

Das Fotoalbum

Meine Großmutter war über achtzig, als sie in ein Altenheim umzog. Wir waren gerade am Packen, als sie
mir eine große, bunte Blechschachtel brachte, in der
einmal Lebkuchen verpackt waren. „Such dir aus, was
5 du willst", sagte sie. Ich öffnete die Schachtel. Darin
waren viele Briefe, Urlaubskarten und vier nummerierte
Umschläge – die Sammlung eines ganzen Lebens.
Ich setzte mich auf das alte Sofa, auf dem sie mir als Kind
Geschichten vorgelesen hatte, und öffnete den ersten Um-
10 schlag. Im Umschlag waren alte, vergilbte Fotos. Die Menschen blickten steif und ernst in die Kamera. Sie hatten
ihre besten Kleider an. Es muss ein besonderer Anlass gewesen sein, ein Fest, ein Jubiläum. Auf manchen stand auf
der Rückseite die Jahreszahl. Ein Foto fiel mir besonders
15 auf: ein junger Mann in Militäruniform. Selbstbewusst
blickt er in die Kamera. Auf der Rückseite steht „Frankreich 1916". Mein Großvater. Die meisten Personen auf den
Bildern kannte ich nicht. Verwandtschaft? Meine Großmutter hatte neun Geschwister, die alle ihre eigene Familie
20 gegründet haben, mit Kindern und Enkelkindern.

12 Biografien

12.1 Lesen Sie und ordnen Sie die Fotos A–F den Umschlägen 1–4 zu.

12.2 Lösen Sie die Aufgaben 1–5. Kreuzen Sie an: a, b oder c.

1. In der Schachtel sind …
   a Kuchen.
   b alte Fotos.
   c Fotos, Briefe und Postkarten.

2. Die ältesten Fotos sind …
   a alle von etwa 1914–18.
   b alle von Familienfeiern.
   c alle aus Frankreich.

3. Die meisten von den Fotos …
   a zeigen die Familie.
   b sind Urlaubsfotos.
   c zeigen die Natur.

4. Die Großmutter hatte …
   a viele Geschwister.
   b nur einen Enkel.
   c einen Fotoapparat.

5. Der Erzähler …
   a ist Fotograf von Beruf.
   b bekam mit 12 einen Fotoapparat.
   c nimmt alle Fotos mit.

12.3 Textarbeit – Wählen Sie …

1. … zehn Wörter aus dem Text aus, die Sie lernen möchten und schreiben Sie Lernkarten.
2. … einen Abschnitt, den Sie genau verstehen möchten. Arbeiten Sie mit dem Wörterbuch.
3. … einen Abschnitt aus, mit dem Sie „laut lesen" üben.

12.4 Schreiben Sie drei Fragen, die Sie der Großmutter gerne stellen möchten. Vergleichen Sie im Kurs.

Im zweiten Umschlag entdeckte ich die ersten Amateuraufnahmen – Menschen bei einem Ausflug, am See, in den Bergen, auf einer Familienfeier. Viele Bilder waren unscharf, aber ich er-
25 kannte die meisten Personen: meine Großeltern, meine Mutter, meinen Onkel, meine Tante. In diesem Umschlag war also die Familie meiner Großmutter versammelt. Die Fotos zeigten ihr Familienleben und ihre Kinder in verschiedenen
30 Altersstufen bis zur Hochzeit.
Im dritten Umschlag fand ich Fotos von mir als Baby, als Kind, als Jugendlicher, als Erwachsener. Die späteren Fotos hatte ich zum Teil selbst gemacht, um meiner Großmutter mein Leben zu
35 zeigen. Dabei war auch das erste Foto von mir als Baby und kleines Kind: Meine Mutter badet mich in einer kleinen Badewanne. Ich lerne gehen und die Hand eines Erwachsenen hilft mir dabei. Ich lerne fahren: das erste Dreirad,
40 ein Schlitten, Skier, ein Fahrrad. Mein Leben

als Kind war fast lückenlos dokumentiert, wahrscheinlich weil ich das erste Enkelkind war. Es folgten Bilder vom Karneval und vom ersten Schultag. Auf einem Bild sind alle Männer
45 der Familie vor einem Fernsehgerät versammelt. Sie lachen fröhlich in die Kamera und trinken Bier. Auf der Rückseite steht: „Wir sind Weltmeister!"
Auf den übrigen Schwarz-Weiß-Fotos fehle ich.
50 Mit zwölf bekam ich meinen ersten Fotoapparat. Ich begann zu fotografieren: meine Familie, meine Freunde, mein Kaninchen, meine Wellensittiche.
Im vierten und letzten Umschlag waren Farb-
55 fotos. Ein paar Urlaubsbilder waren dabei: aus Italien, Frankreich, Spanien, Amerika und Asien. Die Enkelkinder entdeckten die Welt und zeigten sie der Großmutter, die ihr Leben lang nie im Ausland war.
60 Ein Foto zeigt meinen Neffen in Berlin, wie er mit einem Hammer einen großen Brocken aus der „Mauer" schlägt. Das Souvenir liegt seitdem in Großmutters Schrank.
Dann wiederholten sich die Motive: Babys,
65 Kleinkinder, Schulkinder. Meine Kinder, die Kinder von meinem Bruder. Das Familienalbum war komplett. Die Urenkel schrieben die letzte Seite. Fast einhundert Jahre Geschichte waren in der Schachtel versammelt. Ich suchte mir einige
70 Fotos aus und machte daraus ein Album mit Schnappschüssen, Familiendokumenten und Erinnerungen.

Aussprache: Satzakzent

(1) Hören Sie und markieren Sie die Satzakzente in den Teilsätzen.

⊙ 3.36   Als die Nazis an die <u>Macht</u> kamen, mussten viele Menschen aus Deutschland fliehen.
Als der Krieg zu Ende war, war halb Europa zerstört.
Als das Wirtschaftswunder begann, kamen viele Menschen nach Deutschland zum Arbeiten.

(2) Einen Text lesen – Hören Sie und sprechen Sie nach.

⊙ 3.37   Mit dem <u>Wirt</u>schaftswunder | kamen die „<u>Gast</u>arbeiter". ↘ ||
Als <u>Er</u>ste waren 1955 Ita<u>lie</u>ner gekommen. ↘ || Ihnen folgten <u>an</u>dere Südeuropäer. ↘ ||
Junge <u>Män</u>ner, | die in kurzer <u>Zeit</u> viel <u>Geld</u> verdienen | und dann nach <u>Hau</u>se fahren wollten. ↘

> **TIPP**   Einen Text vorbereiten: Markieren Sie …
> a) die kleinen (|) und die großen Pausen (||),
> b) die Satzakzente stark (<u>Gast</u>arbeiter) und schwach (<u>Wirt</u>schaftswunder),
> c) die Sprechmelodie am Satzende (↘ ↗).
> Vergessen Sie die Pausen am Satzende nicht. Sehen Sie beim Vortragen Ihre Zuhörer an.

29 Männer und Frauen

1 Liebe?

1.1 Wiederholung: Wortschatz – Wie viele Eigenschaften finden Sie?

n	v	o	l	n	g	l	ü	c	k	l	i	c	h	t
e	ä	n	g	s	t	l	i	c	h	d	u	m	m	r
u	s	e	l	b	s	t	s	t	ä	n	d	i	g	a
g	p	s	x	h	j	l	y	b	l	o	n	d	h	u
i	ü	t	d	e	b	a	m	o	d	i	s	c	h	r
e	n	a	a	r	e	n	p	p	l	a	u	t	j	i
r	k	r	m	z	r	g	a	e	r	l	e	d	i	g
i	t	k	p	l	ü	w	t	l	a	n	g	s	a	m
g	l	d	e	i	h	e	h	ä	s	s	l	i	c	h
v	i	i	f	c	m	i	i	g	e	s	u	n	d	y
b	c	c	b	h	t	l	s	u	j	m	k	y	n	d
e	h	k	s	n	o	i	c	f	m	t	l	l	e	t
k	x	t	c	q	s	g	h	a	l	k	e	i	t	h
z	f	r	e	u	n	d	l	i	c	h	i	e	t	u
s	g	r	o	ß	z	ü	g	i	g	k	n	b	t	h

1.2 Ordnen Sie die Eigenschaften aus 1.1 in die Tabelle und ergänzen Sie weitere.

Charakter	Aussehen	Sonstiges
glücklich		

1.3 Finden Sie die Gegensätze. Arbeiten Sie auch mit dem Wörterbuch.

glücklich – unglücklich, traurig – ...

1.4 Ergänzen Sie die Adjektive. 🔁↓

1. Franziska lacht nie. Ich glaube, dass sie sehr _ _ _ _ _ _ _ _ ist.

2. Ein _ _ _ _ _ _ _ _ _ _ _ _ Mensch kommt nie zu spät.

3. Sie hat viele Freunde durch ihren _ _ _ _ _ _ _ _ _ _ _ _ _ Charakter.

4. Ilka ist nur 1,56 Meter _ _ _ _ _ und hat auch sehr _ _ _ _ _ _ _ Füße.

5. Mit einer _ _ _ _ _ _ _ _ _ _ _ _ Person sollte man nicht Riesenrad fahren.

6. Mein neuer Nachbar ist mir sehr _ _ _ _ _ _ _ _ _ _ _ _ _.

🔁 sympathisch • groß • kleine • pünktlich • freundlicher • traurig • ängstlichen

2 Wie Anna und Michael sich kennenlernten

3.38   **2.1 Ergänzen Sie den Dialog und hören Sie zur Kontrolle.**

a) Ich habe öfter angerufen
b) ~~sind jetzt seit~~
c) dass ich jetzt allein wohne
d) Michael kann auch zuhören
e) aber schon länger
f) da wusste ich, was er wollte
g) das konnten Männer immer schon sehr gut
h) da ist er nicht gleich gegangen
i) zum ersten Mal miteinander geredet

● Wir ___*sind jetzt seit*___ (1) zwei Jahren ein Paar. Ich kenne Michael _____ (2),

weil er immer wieder mal in meiner Firma war.

○ Ja, das ist einfach zu erklären. Ich bin Telefontechniker und ich betreue auch die Firma, in der

Anna arbeitet. Zum ersten Mal habe ich sie gesehen, als ich die neue Telefonanlage im Büro von

Anna installiert habe. Und da haben wir dann _____ (3).

● Ja, das Übliche halt, was man so redet. Aber als Michael mit seiner Arbeit fertig war,

_____ (4). Er hat dann noch so herumgedruckst.

Er wollte einfach nicht gehen, aber ich hatte einen Termin und musste weg.

○ Aber das Gute war ja, da ich für Annas Firma gearbeitet habe, konnte ich immer nachfragen,

ob alles okay ist, ob alles funktioniert. _____ (5), bis es endlich

ein Problem gegeben hat und ich wieder hinkonnte.

● Eigentlich gab es ja gar kein Problem mit der Telefonanlage, aber als Michael immer wieder

anrief, _____ (6). Ich habe ihn dann einfach zum

Mittagessen eingeladen.

○ So war das, genau! Ja, und dann habe ich Anna von meiner Ex-Freundin erzählt und dass wir ein

gemeinsames Kind haben. Und ich habe ihr auch erzählt, _____ (7).

● Ja, ja, _____ (8): erzählen, erzählen, vor allem aus

ihrem Leben! Aber als ich dann über mich sprach und aus meinem Leben erzählte, da merkte ich:

_____ (9), sehr gut zuhören.

**2.2 Eine Beziehung – Was passiert zuerst und was dann? Bringen Sie die Ausdrücke in eine
sinnvolle Reihenfolge.**

☐ ein Kribbeln im Bauch haben
☐ es tut mir/ihr/ihm leid, dass …
☐ getrennt sein
☐ keine Worte finden
☐ sich streiten
☐ sich sympathisch finden
☐ traurig sein

☐ enttäuscht sein von …
☐ gemeinsam alt werden
☐ sich gern haben
☐ sich verlieben
[1] sich kennenlernen
☐ sich versöhnen

2.3 Liebesgeschichte – Schreiben Sie die Geschichte über zwei Verliebte zu Ende. Benutzen Sie die Wörter und Ausdrücke. Lesen Sie Ihre Geschichte im Kurs vor.

anfangs • zuerst • sofort • gleich • es dauerte nicht lange • immer • oft • dann • einmal • später • nach zwei Jahren • vier Jahre später • schließlich

> Meine Freunde haben sich im Jahr 2011 bei Bekannten auf einer Geburtstagsfeier kennengelernt. Sie waren sich gleich sympathisch und haben sich sofort verliebt. Sie haben sich anfangs jeden Tag gesehen. Meine Freundin Gabi hatte immer so ein Kribbeln im Bauch und Tim war auch sehr nervös, wenn sie sich getroffen haben. Tim war sehr in meine Freundin verliebt. Er konnte oft keine Worte finden. Dann ...

2.4 Schreiben Sie eine eigene Geschichte nach dem Beispiel in 2.3.

3 Liebenswürdigkeiten und Macken
Ergänzen Sie den Text.

Also, *mein Schatzi* hat viele posi_ _ _ _ Eigenschaften, aber au_ _ einige negative. W_ _ mich wirklich im_ _ _ ärgert, ist, da_ _ _ *mein Schatzi* n_ _ die Schranktüren zum_ _ _ _ _.
Mein Schatzi verg_ _ _ _ einfach, Türen u_ _ Schubladen zuzumachen. In d_ _ Küche stört mi_ _ das am mei_ _ _ _ _. *Mein Schatzi* st_ _ _ das überhaupt ni_ _ _ und wenn i_ _ etwas sage, la_ _ _ *mein Schatzi* n_ _.
Was ich an *meinem Schatzi* toll fi_ _ _, ist, dass *mein Schatzi* so vi_ _ Humor hat. M_ _ kann immer Sp_ _ mit *meinem Schatzi* ha_ _ _, wirklich im_ _ _. Wenn ich mal so rich_ _ _ _ niedergeschlagen bin, baut *mein Schatzi* mich a_ _. *Mein Schatzi* ka_ _ sehr gut zuh_ _ _ _. Mit *meinem Schatzi* kann i_ _ wirklich durch Dick und Dünn ge_ _ _.

4 Weder ... noch ...
Zweiteilige Konjunktionen – Ergänzen Sie die Sätze.

nicht nur ..., sondern auch • sowohl ... als auch • sowohl ... als auch • entweder ... oder • entweder ... oder • entweder ... oder • weder ... noch • Weder ... noch

1. Mehmet spricht _____ _____ Arabisch und Französisch, _____ _____ Deutsch.

2. Ich habe keine Probleme im Betrieb: _____ mit den Kollegen _____ mit meinem Chef.

3. Du musst dich jetzt entscheiden: _____ du kommst mit _____ du bleibst zu Hause.

4. Ich muss _____ am Samstag _____ _____ am Sonntag für meine Prüfung lernen.

5. Bei unserem PC sind _____ die Tastatur _____ _____ die Maus kaputt.

6. Es gibt zwei Möglichkeiten: _____ du verlässt Petra _____ du ziehst hier aus.

7. Sophie hat kein Geld. _____ auf ihrem Girokonto _____ auf ihrem Sparbuch ist ein Cent.

8. Sophie braucht _____ einen guten Job _____ einen reichen Freund.

5 Macken

Wiederholung: Nebensätze – Schreiben Sie die Sätze.

1. Es stört mich, / er / zumachen / die Türen / nie / dass
2. Es ärgert mich, / mir / nicht zuhören / wenn / er
3. Das Problem ist, / dass / ihre Zeit / meine Freundin / einteilen können / nicht gut
4. Wenn / bekommen / noch mehr Strafzettel / er / , dann ist der Führerschein weg.
5. Ich finde es schrecklich, / unpünktlich sein / dass / so / sie
6. Es ärgert mich, / einen Termin / vergessen / sie / wenn
7. Es ist toll, / er / dass / mein Deutsch / immer / verbessern
8. Ich finde es furchtbar, / er / beim Essen / wenn / nicht ausschalten / sein Handy

> *1. Es stört mich, dass er die Türen nie zumacht.*

6 Gegensätze ausdrücken – Nebensätze mit *während*

6.1 Ein Paar mit Gegensätzen – Ordnen Sie 1–7 und a–g zu.

Jennifer …	Markus …
1. liebt Actionfilme.	___ a) bekommt von lauter Musik Ohrenschmerzen.
2. isst sehr gerne Fisch.	___ b) hat kein Interesse an Literatur.
3. findet Fußball langweilig.	___ c) hasst alles, was aus dem Meer kommt.
4. geht gerne in die Disco.	___ d) hält Mozart für den größten Komponisten.
5. könnte immer am Strand spazieren gehen.	___ e) würde gerne jedes Spiel vom 1. FC sehen.
6. liest gerne lange Romane.	*1* f) sieht gerne Komödien an.
7. schläft bei klassischer Musik ein.	___ g) mag nur Wanderungen in den Bergen.

6.2 Schreiben Sie zu 6.1 Sätze mit *während*.

> *1f Jennifer liebt Actionfilme, während Markus gerne Komödien ansieht.*
> *Während Jennifer Actionfilme liebt, …*

7 Wenn falsche Worte fallen – Killerphrasen
Was bedeuten 1–5: a oder b? Lesen Sie den Text auf Seite 58 noch einmal. Kreuzen Sie an.

1. sich provoziert fühlen
    [a] das Gefühl haben, dass ein anderer einen ärgern will
    [b] das Gefühl haben, dass man gerne jemanden ärgern möchte

2. jemand ist schuld an etwas
    [a] etwas passiert, weil jemand etwas falsch gemacht hat
    [b] jemand hat sich Geld geliehen

3. etwas kommt falsch an
    [a] die Person bekommt etwas zu spät
    [b] die Person versteht etwas nicht richtig

4. bereit sein, etwas zu tun
    [a] etwas nicht tun wollen
    [b] etwas tun wollen

5. die Beziehung
    [a] Möbel in eine neue Wohnung bringen
    [b] die Verbindung zwischen Personen

8 Streitgespräche
8.1 Wiederholung: Imperativ – Schreiben Sie Imperativsätze in der Du-Form und Ihr-Form.

1. nicht so viel arbeiten
2. öfter mal die Wäsche aufhängen
3. sich am Wochenende mehr um die Kinder kümmern
4. nicht so viel im Internet surfen
5. nicht zu spät kommen

> 1. Arbeite nicht so viel.
> Arbeitet nicht so viel.

8.2 Ich-Botschaften von einer Mutter – Schreiben Sie die Sätze.

1. Ich bin oft traurig, / muss / alles allein / ich / weil / machen
2. Mich ärgert, / überall / dass / ist / Unordnung
3. Ich wünsche mir, / wir / mehr / dass / machen / zusammen
4. Ich / jeden Tag / kochen / nicht / möchte
5. Ich / für mich / hätte / gerne / mehr Zeit

> 1. Ich bin oft traurig,
> weil ich ...

⊙ 3.39   **8.3 Aussprache: *s, st, sp, sch* – Hören Sie und sprechen Sie nach.**

● Finden Sie diese Person sympathisch? ○ Nein, nicht besonders. Mich stört ... ich weiß auch nicht.
● Was stört dich am meisten? ○ Wenn jemand ständig alles besser weiß.
● Streitest du gern? ○ Nein, aber ich finde, dass man sich auch mal richtig streiten muss.
● Sönke spricht oft stundenlang über seine Beziehung. ○ Das verstehe ich nicht.

9 Elterngeld
In jedem Satz sind zwei Rechtschreibfehler. Korrigieren Sie.

1. Die meissten Menschen in Deutschland möchten in einer Famielie leben.
2. Deutschlant soll familienfräundlicher werden.
3. Deshalb hat die Bundesregirung 2007 das Elterngelt eingeführt.
4. Das Elterngeld soll die situation von Familien verbesern.
5. Die Vater können sich um ihre Kinder kimmern.
6. Die Frauen können schneler in ihren Beruf zurükkehren.

> 1. Die meisten Menschen in Deutschland möchten ...

10 Die wichtigste Erfahrung meines Lebens!
Wiederholung: Tagesablauf – Was macht Herr Lehner in
seiner Elternzeit? Schreiben Sie einen Tagesablauf.
Vergleichen Sie im Kurs.

Wann?
um 5 Uhr 30, um 23.15 Uhr … • morgens, nachmittags … • am Vormittag … • nach dem Essen,
nach dem Schlafen … • dann, danach, später …

Was?
Windeln wechseln • Brei kochen • spazieren gehen •
telefonieren • Fläschchen machen • Freunde treffen •
Zeitung lesen • einkaufen gehen • Wäsche machen •
kochen • die Wohnung putzen • duschen • spielen •
schlafen • fernsehen • mit seiner Frau sprechen …

> *Morgens um 5 Uhr steht
> er auf und wechselt …*

11 Nebensätze mit *bis* und *bevor*
Schreiben Sie Sätze.

1. Erhan bleibt in Bielefeld.
2. Man muss einen Einstufungstest machen.
3. Wir warten.
4. Man muss einen Fahrschein kaufen.
5. Sie braucht einen Realschulabschluss.
6. Er hat mich dreimal angerufen.

Er hat den Deutschkurs beendet.
Der Deutschkurs beginnt.
Alle Leute sind in den Bus eingestiegen.
Man fährt mit der Straßenbahn.
Sie kann eine Lehre bei der Bank anfangen.
Er hat mich endlich erreicht.

> *1. Erhan bleibt in Bielefeld, bis er den Deutschkurs beendet hat.*

12 Pro und Contra: Familie oder Beruf?

3.40–43

Sie hören Aussagen zu einem Thema. Lesen Sie zunächst die Sätze a–f. Sie haben dafür eine
Minute Zeit. Entscheiden Sie dann beim Hören, welcher Satz zu welcher Aussage passt.

Nr.	1 Beispiel	2	3	4
Lösung	c			

a) Kinder oder Karriere – beides zusammen geht nicht.
b) Der Staat muss Familie und Beruf möglich machen.
c) Mein Beruf ist mir wichtig, Kinder möchte ich nicht.
d) Die Familie ist das Wichtigste im Leben.
e) Dazu müssen die Arbeitgeber die Voraussetzungen schaffen.
f) Das ist auch eine Frage des Geldes.

Schwierige Wörter

1 Hören Sie und sprechen Sie langsam nach. Wiederholen Sie die Übung.

3.44

Kaugummi. ↘   oft Kaugummi. ↘   Ich kaue oft Kaugummi. ↘

unordentlich. ↘   sehr unordentlich. ↘   Mein Onkel ist sehr unordentlich. ↘

Handy klingelt. ↘   wenn das Handy klingelt. ↘   Mich stört, wenn das Handy klingelt. ↘

2 Welche Wörter sind für Sie schwierig? Schreiben Sie drei Lernkarten und üben Sie mit einem
Partner / einer Partnerin.

30 Krankenhaus

1 Im Krankenhaus

1.1 In welche Abteilung im Krankenhaus müssen diese Menschen?

1. _____

2. _____

3. _____

1.2 Gesundheitswortschatz – Markieren Sie die Wörter. Arbeiten Sie auch mit dem Wörterbuch. Machen Sie eine Tabelle wie im Beispiel.

ALLERGIE|TERMINZAHNSCHMERZENVERLETZUNGINTERNISTÜBERGEWICHTSALBEWUNDEGRIPPE
MEDIKAMENTRÜCKENSCHMERZENGYNÄKOLOGIESPRECHSTUNDETABLETTEVERSICHERTENKARTE
FIEBERNOTAUFNAHMECHIRURGIETHERAPIEWARTEZIMMEROPERATIONHERZPROBLEMEPFLASTER
KRANKSCHREIBUNGTROPFEN

Probleme	Ärzte/Krankenhaus	Apotheke
die Allergie		

1.3 Im Krankenhaus – Wählen Sie das richtige Verb und ergänzen Sie die Sätze.

Ich muss zuerst die Versichertenkarte _____ (kaufen/zeigen/abholen) und das

Aufnahmeformular _____ (ausfüllen/mitbringen/schreiben). Dann

_____ (besuchen/machen/gehen) ich auf die Station. Die Krankenschwester _____

(zeigen/reinigen/bringen) mir mein Bett. Dann _____ (essen/warten/schlafen) ich auf

den Arzt.

1.4 Berichten Sie über eine Krankheit. Ordnen Sie und schreiben Sie in der Vergangenheit (Perfekt/Präteritum). Benutzen Sie Satzverbindungen. Vergleichen Sie im Kurs.

zum Arzt gehen   ins Bett legen   Kopfschmerzen haben

nicht besser fühlen   in die Apotheke gehen

sich bei der Arbeit krankmelden   Fieber messen

zuerst
dann
danach
und
aber
am nächsten Tag/ Morgen/Abend
später

Letzte Woche war ich krank. Zuerst hatte ich nur ..., dann ...

2 Ein Notruf

2.1 Ergänzen Sie die passenden Begriffe. 🔊↓

1. Ihre Kollegin ist auf der Treppe gefallen und hat sich am Kopf _____ .

2. Nach dem _____ kann sie nicht mehr sprechen.

3. Die _____ am Kopf blutet stark.

4. Sie rufen einen Krankenwagen. Der _____ hat die Nummer 112.

5. Ihre Kollegin muss eine Woche im _____ bleiben.

6. Sie kann nicht arbeiten. Ihr Mann bringt die _____ ins Büro.

🔊 verletzt • Krankenhaus • Notruf • Unfall • Krankmeldung • Wunde

2.2 Der Rettungsdienst will nur das Wichtigste wissen. Markieren Sie die wichtigen Informationen.

Wie ist Ihr Name und von wo aus rufen Sie an?	Guten Tag. Bitte kommen Sie schnell. Es ist etwas Schreckliches passiert. Ich heiße Katja Lies. Ich bin die Oma von Sascha. Ich bin auf dem Spielplatz in der Ostendstraße. Sascha ist nach der Schule immer bei mir. Wissen Sie, ich wohne gegenüber in der Ostendstraße 96, im Erdgeschoss.
Was ist passiert?	Da war ein großer, alter Hund und Sascha wollte mit ihm spielen. Er liebt Tiere. Er möchte gerne ein Tier haben, aber das geht ja nicht. Seine Eltern arbeiten und er ist noch zu klein. Der Hund hat Sascha gebissen.
Wo ist der Unfall passiert?	Das ist auf dem Spielplatz passiert. Sascha geht so gerne auf den Spielplatz. Da kann ich doch nicht Nein sagen.
Wann ist der Unfall passiert?	Ich konnte gar nichts tun. Ich bin nicht mehr so schnell. Früher war ich sehr sportlich. Ja, gerade, der Unfall ist gerade vor fünf Minuten passiert.
Wie viele Personen sind verletzt?	Ja, da war noch ein anderes Mädchen mit seinem Vater. Sascha und das kleine Mädchen haben zusammen gespielt. Er spielt gerne mit anderen Kindern. Ich weiß nicht. Es ging alles so schnell.
Welche Verletzung hat das Kind?	Sascha weint so sehr. Sein Bein blutet stark. Ach, bitte kommen Sie schnell!

2.3 Ordnen Sie 1–8 und a–h zu.

1. Notruf Köln. Wie kann ich Ihnen helfen?

2. Wie ist Ihr Name?

3. Gut, Herr Kölmel. Wo ist der Unfall passiert?

4. Wann ist der Unfall passiert?

5. Was genau ist passiert?

6. Gibt es noch mehr Verletzte?

7. Welche Verletzungen hat Ihr Mitarbeiter?

8. Gut, Herr Kölmel. Wir sind gleich bei Ihnen.

___ a) Hier in Ensen, Gartenweg 27, bei Neuner.

___ b) Nein, zum Glück nicht.

___ c) Wir brauchen einen Krankenwagen.

___ d) Vor ungefähr zehn Minuten.

___ e) Ja, bitte kommen Sie schnell.

___ f) Er kann nicht laufen und hat den Arm gebrochen. Und er hat eine Verletzung am Kopf.

___ g) Ein Mitarbeiter ist beim Möbeltragen gestürzt. Ein Schrank ist auf ihn gefallen.

___ h) Kölmel. K-Ö-L-M-E-L.

3 Das Aufnahmegespräch

3.1 Welche Fragen hat Herr Schiller? Ergänzen Sie und vergleichen Sie im Kurs.

Herr Schiller:	*Bekomme ich eine Narkose?*
Arzt:	Ja, wir geben Ihnen eine Narkose. Sie merken von der Operation nichts.
Herr Schiller:	*Wann* _____
Arzt:	Die Besuchszeit ist täglich von 9 bis 20 Uhr.
Herr Schiller:	*Kann* _____
Arzt:	Nein, bitte trinken Sie in dieser Zeit keinen Alkohol.
Herr Schiller:	*Darf ich* _____
Arzt:	Nein, bitte verlassen Sie während der Visite nicht die Station.
Herr Schiller:	*Was gibt es* _____
Arzt:	Zum Mittagessen gibt es täglich drei Menüs. Ein Menü ist vegetarisch.
Herr Schiller:	_____
Arzt:	Sie können gerne Tee oder Mineralwasser bekommen.
Herr Schiller:	_____
Arzt:	Ja, bitte schalten Sie Ihr Handy ab. Handys stören die Geräte.

3.2 Schreiben Sie Sätze. Achten Sie auf die Wortstellung im Satz.

1. die Versichertenkarte. / brauchen / Sie / auf jeden Fall
2. eine Krankmeldung / für den Arbeitgeber. / Sie / bekommen
3. noch / wir / müssen / Vor der Operation / verschiedene Untersuchungen / machen.
4. Sie / eine Operation? / Hatten / schon einmal
5. im Krankenhaus? / das letzte Mal / Sie / Wann / waren
6. können / an der Rezeption / eine Telefonkarte / kaufen. / Sie
7. Sie / Medikamente? / Nehmen / zurzeit
8. ins Krankenhaus. / Bei einem Arbeitsunfall / man / keine Einweisung / braucht

1. Sie brauchen auf jeden Fall die Versichertenkarte.

4 Ich bin im Krankenhaus.
Schreiben Sie eine E-Mail.

Sie können morgen nicht in Ihren Deutschkurs kommen, weil Ihr Mann / Ihre Frau im Krankenhaus ist.
Schreiben Sie etwas über folgende Punkte:
– Grund für Ihr Schreiben
– Entschuldigung
– Hausaufgaben?
– Termin für den Kursausflug?
Schreiben Sie auch eine Anrede und einen Gruß.

5 Packen für's Krankenhaus
Lesen Sie den Brief und kreuzen Sie für jede Lücke das richtige Wort unten an.

Liebe Anna,
jetzt ist es bald so weit. Wie schade, dass ich nicht bei dir sein kann, ① deine Tochter zur Welt kommt! Bist du sehr nervös?
Hier schicke ich dir noch ein paar Dinge, die du vielleicht brauchen kannst. Erst einmal etwas zu lesen. Ich habe dir einen Krimi und einen Liebesroman eingepackt. Hoffentlich gefallen ② die Bücher! Oder vielleicht hast du Lust, mal ein Hörbuch zu hören? Ich habe dir eins eingepackt, ③ meine Buchhändlerin ganz toll findet. Nimm also einen CD-Spieler mit.
Als ich damals dich bekommen habe, lag ich zwei Tage in der Klinik, ④ es wirklich losging. Ich habe mich furchtbar gelangweilt, bis dein Vater mir endlich etwas zum Lesen gebracht hat. Nimm etwas Geld mit, aber nur ein paar kleine Scheine. Paula hat einmal 100 Euro im Krankenhaus ⑤! Der Schein war in ihrer Handtasche und dann war er einfach weg. Und lass deinen Schmuck zu Hause oder frag nach, ⑥ das Krankenhaus deine Wertsachen für dich aufbewahren kann. Ach, ich weiß, das ist alles Blödsinn, aber ich bin so nervös. Ruf mich gleich an, wenn du im Zimmer bist und deine Telefonnummer weißt, ja? Ich drücke dir die Daumen!!!
Alles Liebe
deine Mama

1.	2.	3.	4.	5.	6.
a wenn	a dir	a der	a nachdem	a verlieren	a ob
b dass	b du	b das	b wenn	b verlor	b weil
c deshalb	c dich	c den	c bevor	c verloren	c obwohl

6 Einen Konflikt aushandeln
3.45–46 **Hören Sie die Gespräche. Zu jedem Gespräch gibt es zwei Aufgaben. Kreuzen Sie die richtigen Antworten an.**

1. Frau Marquez hat ein Problem mit Frau Schneider.   Richtig   Falsch

2. Frau Schneider …
   a spricht nachts laut im Schlaf.
   b schläft lieber allein.
   c versteht sich nicht gut mit Frau Marquez.

3. Herr Özdemir ist mit dem Essen zufrieden.   Richtig   Falsch

4. Was erzählt Herr Özdemir?
   a Das Essen ist nicht gut.
   b Seine Frau hat ihm etwas zu essen mitgebracht.
   c Er hat sich schon bei der Schwester beschwert.

7 Gesundheitsberufe
3.47 **Hören Sie das Gespräch mit Herrn Plötz und kreuzen Sie an: richtig oder falsch?**

	R	F
1. Herr Plötz arbeitet beim Deutschen Roten Kreuz.	☐	☐
2. Er hat 15 Jahre Erste Hilfe bei Notfällen geleistet.	☐	☐
3. Sein Vater hatte einen Herzinfarkt.	☐	☐
4. Rettungsassistenten arbeiten auch nachts.	☐	☐
5. Der Beruf von Herrn Plötz war gut für die Familie.	☐	☐
6. Jetzt arbeitet Herr Plötz in der Zentrale.	☐	☐
7. Herr Plötz hat keinen Spaß bei der Arbeit.	☐	☐

8 Vorteile und Nachteile

Schreiben Sie über Ihren Beruf oder einen anderen Beruf, der Sie interessiert.
Nennen Sie die Vorteile und Nachteile.

> *Ich bin … von Beruf. An meinem Beruf gefällt mir, dass … Aber ein Nachteil ist, dass …*

> Der/Ein Vorteil/Nachteil ist, dass …
> Mir gefällt / Ich finde gut, dass …
> … macht mir (keinen) Spaß, weil …
> Ich freue mich, dass …
> Mich ärgert/stört, dass/wenn …

9 Etwas genauer sagen – Relativsätze

9.1 Ordnen Sie jeder Person zwei Tätigkeiten zu. Erklären Sie die Begriffe wie im Beispiel.

1. Krankenschwester 2. Laborant 3. Hebamme 4. Stationsärztin 5. Altenpfleger

Blut untersuchen • Tests machen • Schwangere beraten •
Patienten untersuchen • bei der Geburt helfen •
Patienten waschen • sich um alte Menschen kümmern •
Medikamente verordnen • Spritzen geben •
beim Waschen und Anziehen helfen

> *1. Eine Krankenschwester ist eine Person, die Patienten wäscht und …*

9.2 Schreiben Sie Relativsätze.

1. Ist das der Arzt, …? Sie finden *ihn* sehr sympathisch. Sie haben gestern *mit ihm* gesprochen. *Er* macht oft Nachtdienst.

2. Ist das das Medikament, …? *Von dem* bekommen Sie eine Allergie. *Es* schmeckt schrecklich! *Nach dem* haben Sie die Schwester gefragt.

3. Das ist die Schwester, … *Sie* arbeitet auf der Kinderstation. Die Kinder freuen sich immer *auf sie*. Die Eltern telefonieren manchmal *mit ihr*.

4. Sind das die Patienten, …? *Sie* sind schon lange auf der Station. Sie treffen sich *mit ihnen* zum Kartenspiel. Die Stationsschwester ärgert sich manchmal *über sie*.

> *1. Ist das der Arzt, den Sie sehr sympathisch finden?*
> *mit dem Sie gestern gesprochen haben?*

9.3 Wenn ich ins Krankenhaus muss, wünsche ich mir … – Ergänzen Sie und bilden Sie Sätze.

Ärzte, zu denen … • eine Station, auf der … • eine Bettnachbarin, mit der … • Essen, das … •
ein Zimmer, in dem … • Krankenschwestern, von denen … • …

> *1. Ich wünsche mir Ärzte, zu denen ich Vertrauen habe und mit denen ich …*

10 Tempo! Tempo!

10.1 Lesen Sie die Überschrift und schauen Sie die Fotos an. Worum könnte es in dem Artikel gehen?

Geburt, Gold, Good bye

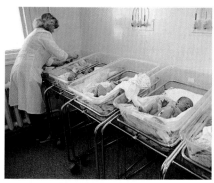

10.2 Lesen Sie den Zeitungsartikel und kreuzen Sie an: a, b oder c.

Mit seinem 16. Sieg hat sich der Skirennläufer Gerd Schönfelder von den paralympischen Winterspielen verabschiedet. Während er
5 auf dem Alpinhang von Whistler Creekside zur vierten Goldmedaille fuhr, brachte seine Frau Christina Sohn Leopold zur Welt. Als Schönfelder um 10.20 Uhr kana-
10 discher Zeit zum Super-G-Lauf startete, setzten bei seiner Frau die Wehen ein. 18.30 Uhr, also 10.30 Uhr deutscher Zeit, ist die offizielle Geburtszeit. „Das ist einfach un-
15 glaublich. Ein Tag, an dem man sich fragt, ob man träumt", sagte der 39-Jährige am Abend. „Der kleine Leopold ist 54 Zentimeter groß und wiegt 3390 Gramm.
20 Also fast genau so viel wie die fünf Medaillen, die ich gewonnen habe. Als ich meine Frau nach dem Rennen angerufen habe, wusste

sie noch gar nicht, dass ich die
25 Goldmedaille hatte. Und dann hat sie mir gesagt, dass es noch eine Überraschung gibt ..."
Es war ein verrückter Tag. Er passte zum außergewöhnlichen Leben
30 von Gerd Schönfelder, das sich schlagartig geändert hatte, als er mit 19 auf einen fahrenden Zug sprang. Der Teenager rutschte ab und kam unter den Zug. Er über-
35 lebte, verlor aber seinen rechten Arm. Heute ist er der erfolgreichste deutsche Skirennläufer bei den Winterspielen der Behinderten, bei denen er seit 1992 in
40 Albertville/Frankreich sechsmal gestartet ist. „Das ist schön, aber das war nicht unbedingt mein Ziel. Ich wollte gut Ski fahren und Spaß haben", sagte der Athlet.
45 „Ich muss aber immer volles Risiko fahren, dann bin ich am be-

sten. Das hat super funktioniert."
In Zukunft wird er mehr Zeit für seine Kinder Emilia (2) und Leo-
50 pold haben. Denn mit dem Erfolg in Kanada nahm der Bayer Abschied von den Paralympics. „So kann man echt aufhören. Das ist ja nicht mehr zu toppen. Meine
55 Karriere ist auf jeden Fall beendet", bekräftigte er sein Good bye. Seine Teamkollegen bedauern das sehr. „Ich bin stolz darauf, dass ich mit dem Gerd in der Na-
60 tionalmannschaft bin", sagte Schönfelders Teamkollege Martin Braxenthaler. Und Andrea Rothfuß, vierfache Medaillengewinnerin in Whistler, wird ihn vermissen:
65 „Ich war immer irgendwie seine Kleine. Da macht man doch einiges mit in dieser Männerwelt bei uns in Deutschland", sagte die 20-Jährige.

1. Gerd Schönfelder hatte …
   a 1992 in Frankreich einen Skiunfall.
   b mit 19 einen Zugunfall.
   c in Kanada Pech.

2. Er war bei den Paralympics in Kanada …
   a mit seiner ganzen Familie dabei.
   b ein erfolgreicher Eisläufer.
   c fünffacher Medaillengewinner.

3. Während ihr Mann den Super-G-Lauf fuhr, …
   a hatte Frau Schönfelder Wehen.
   b arbeitete Frau Schönfelder im Krankenhaus.
   c kümmerte sie sich um Tochter Emilia.

4. Seine Kollegen in der Nationalmannschaft …
   a freuen sich, dass er aufhört.
   b sind nur Männer.
   c werden ihn vermissen.

Aussprache: Wortakzent

① Hören Sie und markieren Sie den Wortakzent. Sprechen Sie die Wörter.
3.48

das Me-di-ka-ment • das Kran-ken-haus • die O-pe-ra-tion • die Un-ter-su-chung die Ver-si-cher-ten-kar-te • der Ar-beits-un-fall • der Not-dienst • die Ver-let-zung die Kin-der-krank-hei-ten • die Be-suchs-zei-ten • der Schlaf-an-zug • der Pa-tient

② Hören und vergleichen Sie. Markieren Sie den Wortakzent. Sprechen Sie dann.
3.49

1. reisen – verreisen – abreisen • kommen – bekommen – ankommen • rufen – gerufen – anrufen warten – erwarten – abwarten • kaufen – verkaufen – einkaufen • holen – wiederholen – abholen
2. die Station – die Kinderstation • das Haus – das Krankenhaus • die Pause – die Mittagspause der Unfall – der Skiunfall • das Formular – das Anmeldeformular • die Stelle – die Arbeitsstelle

P ZD Lesen Sie zuerst den Zeitungsartikel und lösen Sie dann die fünf Aufgaben (1–5).

Tag der offenen Tür im Kinderkrankenhaus Kiel

Kiel – Besucherrekord in der Klinik für Kinder- und Jugendmedizin in Kiel! Über 1000 Kinder kamen am Sonntag zusammen mit ihren Eltern, um „Krankenhaus" einmal anders zu erleben. Zum „Tag des Kinder-
5 krankenhauses" organisierten der Chefarzt und sein

Team ein Programm, das nicht nur die Kinder begeisterte. Der „Tag des Kinderkrankenhauses" findet einmal im Jahr statt und will Kindern die Angst vor „weißen Kitteln"* nehmen. An diesem Tag können die
10 Kinder das Krankenhaus auf spielerische Art erfahren. Die Begeisterung in den Augen der kleinen Besucher war der beste Beweis für das gelungene Programm.
Die neugierigen Kinder nahmen gleich einen blinkenden Rettungswagen in Besitz, ließen mutig ein EKG
15 von sich machen oder schauten ihren Bauch auf einem Sonographie-Bildschirm an. Einige erlaubten einer Krankenschwester sogar, mit der gefürchteten Spritze Blut abzunehmen, um es anschließend selbst zu untersuchen. Überall gab es etwas zu entdecken und dank
20 der lockeren Klinikatmosphäre war von Angst keine Spur. Trotz der vielen Menschen nahmen sich alle Ärzte, Krankenschwestern und Krankenpfleger die Zeit, die Fragen der kleinen Besucher in Ruhe zu beantworten.
25 Überall sah man aufgeregte Kinder mit ihren „Zickzackzetteln", so die wortwörtliche Übersetzung der fünfjährigen Nicole für ihr EKG-Protokoll, durch die Flure rennen. Um den Arm hatten sie einen bunt bemalten Gips – die beliebteste Attraktion an diesem
30 „Tag des Kinderkrankenhauses". Neben Süßigkeiten,

Fähnchen und Malstiften hielt die Cafeteria für alle Besucher ein reichhaltiges Kuchenbüfett bereit, welches das Team der Kinderklinik liebevoll zubereitet hatte. In den bunt geschmückten Räumen konnten die
35 Eltern Informationen austauschen, die sie an diesem Tag über die tägliche Arbeit in der Klinik, den Tagesablauf, die Mütterberatung und die Diabetikerschulung erhalten hatten. Die kleinen Besucher erfuhren währenddessen eine völlig neue Krankenhausatmosphäre
40 auf dem geschützten Kinderspielplatz im Innenhof oder durch das umfangreiche Bastelangebot im Spielzimmer.

Eine große Attraktion war natürlich der Auftritt der Klinik-Clowns „Iks" und „Ypsilon", die hunderten klei-
45 ner und großer Besucher die Nasenspitzen rot anmalten oder sie lustig schminkten. Für „Iks" und „Ypsilon", die wohl nördlichsten Clowns Deutschlands, nichts Neues. Schließlich besuchen sie regelmäßig einmal pro Woche die kleinen Patienten in der Kinderklinik, um
50 mit ihnen Spaß zu machen und ihnen Mut zu geben. Auch dieses Angebot der Kieler Kinderklinik ist einmalig in Deutschland.

Der Krankenhausdirektor, Dr. Ventzke, der die Gelegenheit auch nutzte, um seinen Kindern das Kranken-
55 haus zu zeigen, zog folgendes Fazit: „Die große Resonanz ist nicht nur Belohnung für den großen Einsatz aller beteiligten Mitarbeiter/innen, sondern macht auch deutlich, dass die Bürgerinnen und Bürger der Stadt Kiel Vertrauen in die Leistungsfähigkeit unseres
60 Hauses haben und gerne hierher kommen."

*Kittel – Weiße Kittel sind die traditionelle Arbeitskleidung vom Krankenhauspersonal.

Lösen Sie die Aufgaben 1–5. Entscheiden Sie, welche Lösung (a, b oder c) richtig ist.

Achtung: Die Reihenfolge der einzelnen Aufgaben folgt nicht immer der Reihenfolge des Textes.

> **TIPP**
> Lesen Sie vor dem zweiten Lesen erst **alle** Aufgaben. So finden Sie die passenden Stellen im Text schneller.
> Es zählt, was **im Text** steht! Was sein **könnte**, ist nicht wichtig.

① Am „Tag des Kinderkrankenhauses" kamen viele Kinder ins Krankenhaus, …
- a weil sie einen Unfall hatten oder krank waren.
- b weil sie die Klinik kennenlernen wollten.
- c weil Untersuchungen notwendig waren.

② Das Kinderkrankenhaus wollte mit der Aktion …
- a den Kindern die Angst vor der Klinik nehmen.
- b die Eltern für die Klinik interessieren.
- c kranken Kindern helfen.

③ Die Eltern haben …
- a Kuchen für die Besucher gebacken.
- b mit den Kindern gebastelt.
- c sich über das Krankenhaus informiert.

④ Die Kinder konnten an dem Tag …
- a mit dem Rettungswagen mitfahren.
- b sich den Arm eingipsen lassen.
- c andere Kinder untersuchen.

⑤ Die Clowns kommen regelmäßig, …
- a und schminken alle Kinder.
- b weil sie den Kindern Freude machen wollen.
- c obwohl sie wenig Zeit haben.

Hören (Detailverstehen) – Gespräch

P ZD
◉ 3.50

Sie hören nun ein Gespräch. Dazu sollen Sie 10 Aufgaben lösen. Sie hören das Gespräch zweimal. Entscheiden Sie beim Hören, ob die Aussagen 1–10 richtig oder falsch sind. Lesen Sie jetzt die Aufgaben 1–10. Sie haben dazu eine Minute Zeit.

① Herr Lanz hat fünf Enkel. · Richtig · Falsch

② Herr Lanz studiert seit diesem Herbst an der Universität. · Richtig · Falsch

③ Herr Lanz hatte immer viel zu tun, seit er nicht mehr arbeitet. · Richtig · Falsch

④ An der Volkshochschule hat Herr Lanz an verschiedenen Kursen teilgenommen. · Richtig · Falsch

⑤ Vor seinem Studium musste Herr Lanz das Abitur nachholen. · Richtig · Falsch

⑥ Für sein Studium muss Herr Lanz etwas bezahlen. · Richtig · Falsch

⑦ Man kann sich aus dem Lehrangebot aussuchen, was man möchte. · Richtig · Falsch

⑧ Je mehr Seminare und Vorträge man besucht, desto mehr muss man bezahlen. · Richtig · Falsch

⑨ Es gibt Vorträge nur für die Seniorinnen und Senioren. · Richtig · Falsch

⑩ Für die Seniorinnen und Senioren gibt es ein spezielles Büro an der Universität. · Richtig · Falsch

Hören – Ansagen

P DTZ   Sie hören fünf Ansagen aus dem Radio. Zu jeder Ansage gibt es eine Aufgabe. Welche Lösung (a, b oder c) passt am besten?

⊙ 3.51   **(1)** Wie wird das Wetter morgen Vormittag?

        ☐a Es gibt starken Regen.

        ☐b Es wird nicht mehr so warm.

        ☐c Es wird schön.

⊙ 3.52   **(2)** Wie teilt man dem Radio die Lösung mit?

        ☐a Auf einer Postkarte.

        ☐b Mit einem Anruf.

        ☐c Mit einer SMS.

⊙ 3.53   **(3)** Im Stadtmuseum …

        ☐a feiert der Bürgermeister seinen 50. Geburtstag.

        ☐b gibt es ein spezielles Angebot für Kinder.

        ☐c kostet der Eintritt 5 €.

⊙ 3.54   **(4)** Weil es einen Streik gibt, …

        ☐a fahren von morgens bis abends keine U-Bahnen.

        ☐b fahren die S-Bahnen heute nicht.

        ☐c fahren ab 20 Uhr keine Busse.

⊙ 3.55   **(5)** Auf welcher Autobahn muss man heute aufpassen?

        ☐a Auf der A 8.

        ☐b Auf der A 9.

        ☐c Auf der A 92.

Sprechen – Über sich sprechen

P DTZ

Name

Geburtsort

Wohnort

Arbeit/Beruf

Familie

Sprachen

> **Information zu diesem Prüfungsteil:**
> Sie stellen sich zuerst vor. Danach bekommen Sie noch eine zusätzliche Frage zu einem von den sechs Punkten in der Liste.

Sprechen – Kontaktaufnahme

P ZD   Unterhalten Sie sich mit Ihrer Gesprächspartnerin / Ihrem Gesprächspartner. Folgende Themen sind möglich:

– Name
– wo er/sie herkommt
– wo und wie er/sie wohnt (Wohnung, Haus …)
– Familie
– was er/sie macht (Schule, Hobbys, Sport …)
– ob er/sie schon in anderen Ländern war
– welche Sprachen er/sie gelernt hat
  (wie lange? warum?)
– …

Außerdem kann der Prüfer / die Prüferin noch ein weiteres Thema ansprechen.

Lesen (Sprachbausteine)

P DTZ   Lesen Sie den Text und schließen Sie die Lücken 1–6. Welche Lösung (a, b oder c) passt am besten?

Theodora Herzsprung
Wiesenweg 25
24960 Glücksburg

An die
Allgemeine Krankenkasse (AKK)
Seestraße 3
24960 Glücksburg

Glücksburg, den 19. Mai

Teilnahmegebühr für Geburtsvorbereitungskurs

Sehr ⓪ Damen und Herren,

ich habe ① einem Geburtsvorbereitungskurs teilgenommen. Dort habe ich viele wichtige Informationen zu den Themen Schwangerschaft und Geburt ②. Die Kursleiterin hat uns außerdem gesagt, ③ die Krankenkassen ihren Versicherten die Kosten für diese Kurse ersetzen. Deshalb bitte ich ④ darum, mir die Kursgebühr von 150 € zu überweisen. Eine Quittung über die Kursgebühr schicke ich ⑤. Ich würde mich freuen, wenn Sie das Geld schnell überweisen ⑥.

Herzlichen Dank im Voraus,

Theodora Herzsprung

Beispiel

⓪ a freundliche
  ☒ geehrte
  c liebe

① a an
  b für
  c in

② a bekommen
  b erzählt
  c gegeben

③ a dass
  b ob
  c weil

④ a euch
  b Ihnen
  c Sie

⑤ a an
  b bei
  c mit

⑥ a kann
  b könnten
  c wurden

Information für das Zertifikat Deutsch
Der Teil Sprachbausteine 1 im Zertifikat Deutsch funktioniert genauso.
Dort sind es zehn Lücken statt sechs.

1 Ich brauche mehr Bewegung.

⊙ 4.2 **Hören Sie das Interview mit Herrn Grünwald.
Was ist richtig? Kreuzen Sie an.**

1. Herr Grünwald findet es wichtig, …
   - a dass er beim Sport Erfolgserlebnisse hat.
   - b dass er genug Bewegung hat.

2. Herr Grünwald sagt, …
   - a dass er bei der Arbeit zu wenig Bewegung hat.
   - b dass er sich gern bei der Arbeit bewegt.

3. Nach der Arbeit …
   - a geht Herr Grünwald gerne Schwimmen.
   - b fährt er manchmal eine Runde Fahrrad.

4. Am liebsten …
   - a ist er beim Fahrradfahren allein.
   - b macht er Sport mit einem Kollegen.

5. Herr Grünwald macht Sport, …
   - a weil er gesundheitliche Probleme hatte.
   - b obwohl er meistens keine Lust hat.

2 Sportarten

2.1 Ordnen Sie die Gegenstände zu und notieren Sie jeweils mindestens eine Sportart.

das Boot • das Fahrrad • das Netz • das Tor • der Ball • der Helm • der Schläger • die Ski • die Brille •
die Sportschuhe

①  ②  ③  ④  ⑤

der Schläger _____ _____ _____ _____

Tennis _____ _____ _____ _____

⑥  ⑦   ⑧  ⑨  ⑩

_____ _____ _____ _____ _____

_____ _____ _____ _____ _____

2.2 Rund um den Sport – Ein Kreuzworträtsel (ß = ss)

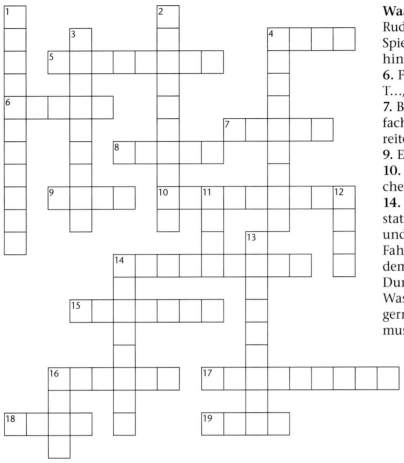

Waagerecht: 4. Zum Segeln und Rudern braucht man ein … **5.** 22 Spieler/innen laufen 90 Minuten hinter einem Ball her. Das ist … **6.** Für T…tennis braucht man einen T…, einen Schläger und ein Netz. **7.** Bei Hobbysportlern soll Sport einfach nur … machen. **8.** Wenn Sie reiten wollen, brauchen Sie ein … **9.** Ein anderes Wort für Mannschaft. **10.** Im Winter kann man auf manchen Seen oder in Hallen e… **14.** Ballspiele finden auf einem … statt. **15.** Schneller als zu Fuß gehen und gesünder als Autofahren. Fahren Sie mit dem … **16.** Nach dem Sport hat man oft … und Durst. **17.** Dafür braucht man viel Wasser. **18.** Schon Kinder spielen gern damit. **19.** Beim Basketball muss man Nr. 18 in den … werfen.

Senkrecht: 1. Das tragen viele nicht nur zum Sport an den Füßen. **2.** Wenn Sie eine Sportart gut können wollen, dann müssen Sie viel … **3.** Sie sind dabei, aber sie spielen nicht mit, die … **4.** Kleidung für Nr. 17. **11.** Das gibt beim Klettern Sicherheit. **12.** Tennis und Volleyball spielt man über ein … **13.** Viele sitzen beim Sport lieber vor dem …, als selbst aktiv zu werden. **14.** Das braucht man z. B. beim Tennis oder Eishockey. **16.** Der … schützt bei manchen Sportarten den Kopf.

3 Bewegung und Fitness – eine Umfrage

⊙ 4.3
P

Hören Sie zu und kreuzen Sie an: richtig oder falsch?

	R	F
1. Herr Stein fand Schulsport am Anfang gut, aber bei dem neuen Lehrer nicht mehr.	☐	☐
2. Seit der Schule interessiert sich Herr Stein überhaupt nicht mehr für Sport.	☐	☐
3. Frau Akgündüz geht joggen, wenn sie sich über die Arbeit geärgert hat.	☐	☐
4. Frau Akgündüz findet Sport am besten, wenn sie dabei mit Freunden Spaß hat.	☐	☐
5. Herr Beetz trainiert mit anderen, die auch im Rollstuhl sitzen.	☐	☐
6. An den Wochenenden sieht Herr Beetz gern anderen Sportlern bei Wettkämpfen zu.	☐	☐
7. Frau Mertens findet, dass sich viele Leute mit ihrem Sport Stress machen.	☐	☐
8. Frau Mertens ist gerne draußen, um zu gehen und sich mit anderen zu unterhalten.	☐	☐

4 Pronomen und Pronominaladverbien bei Präpositionen

4.1 Person oder nicht? Welches Fragewort passt zum unterstrichenen Satzteil?

1. Werner hatte große Probleme <u>mit seinem Turnlehrer</u>. *Mit wem?*

2. Petra interessiert sich nicht mehr <u>für Sport</u>, weil es da nur ums Geld geht. _____

3. Lisi will immer besser werden, sie ist nie zufrieden <u>mit ihrer Leistung</u>. _____

4. Herrn Grubers Tochter spielt gut Tennis, der Vater ist sehr stolz <u>auf sie</u>. _____

5. Arno klettert sehr viel und hat keine Angst <u>vor der Gefahr</u>. _____

4.2 Schreiben Sie Sätze wie im Beispiel.

1. Vielen Dank für deine Einladung zum Segeln.   (ich – sich freuen über)
2. Martina hat mit Tennis aufgehört.   (sie – sich nicht mehr interessieren für)
3. Beim Fußballspielen gibt es viele Verletzungen.   (Bernd – Angst haben vor)
4. Im Fernsehen sieht man immer die gleichen Sportarten. (Silvia – sich ärgern über)
5. Anni läuft seit Januar jeden Tag eine halbe Stunde. (sie – begeistert sein von)
6. Max möchte gern mehr Sport machen.   (er – keine Zeit haben für)

> *1. Ich freue mich sehr <u>darüber</u>.*

4.3 Lesen Sie 1–6. Markieren Sie rechts den Ausdruck, der zu den unterstrichenen Wörtern passt.

1. Frau Kirchler erzählt viel <u>von ihrer Tochter Karina</u>. Sie erzählt viel *von ihr* / *davon*.
2. Karina Kirchler ist Turnerin und <u>hat viele Erfolge</u>. Die Mutter ist sehr stolz *darauf* / *damit*.
3. Karina reist zu Wettkämpfen in <u>viele fremde Länder</u>. Sie interessiert sich sehr *dafür* / *daran*.
4. <u>Andere Sportarten</u> interessieren sie nicht. Sie langweilt sich *dafür* / *dabei*.
5. Wenn sie reist, skypt sie <u>mit ihren Freundinnen</u>. Sie spricht oft und lang *damit* / *mit ihnen*.
6. Karina Kirchler findet <u>ihre Leistung</u> nie gut genug. Sie ist nie zufrieden *damit* / *mit ihr*.

5 Verben mit Präpositionen – Nebensätze
Rolfs Urlaub – Ordnen Sie zuerst die Nebensätze zu. Schreiben Sie dann Sätze wie im Beispiel.

1. Rolf freute sich …,   ___ a) nach Kuba zu fahren.

2. Er hatte sich … entschlossen,   ___ b) wie die Leute auf Kuba leben.

3. Im Flugzeug ärgerte er sich …, ___ c) dass diese Touristen in einem anderen Hotel sind.

4. Er hatte Lust …,   _1_ d) zwei Wochen Urlaub am Meer zu machen.

5. Er hoffte …,   ___ e) dass eine Gruppe von Touristen so laut war.

6. Er interessierte sich …,   ___ f) zu lesen und zu schlafen, aber das war unmöglich.

> *1d Rolf freute sich darauf, zwei Wochen*
> *Urlaub am Meer zu machen.*

6 Beruf „Skitrainer"

Lesen Sie den Text. Ergänzen Sie die Lücken. 🔀 ↓

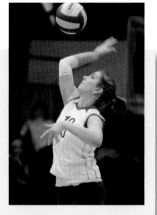

Helmut Spiegl ist i_n_ Tirol aufgewachsen, in der Nä____ von Inns-

bruck. Skifah_____ war dort wich_____. Die Eltern, die Freu_____,

alle fuhren S_____. Als Schüler train_____ er beim Ski-Club

Götzens. Z_____ der Zeit wa_____ die olympischen Sp_____ von

Innsbruck, da ko_____ er bei d_____ Skirennen zuschauen.

Der Sp____ faszinierte ihn.

Helmut Spiegl w_____ nie Profisportler und d_____ hat mehrere

Gr_____: Sein Vater war gestorben, a___ Helmut erst 10 Jahre

a_____ war, und da feh_____ die Unterstützung. Und das G_____

für gutes Sportma_____ fehlte auch. „Und viel_____ hatte ich auch ni_____ genug Talent",

sa_____ Herr Spiegl heute. Aber tro_____ machte er wichtige Erfah_____: Er lernte, was

Er_____ und was Misserfolg bed_____. Und er fa_____ Freunde, die er im_____ noch hat, obwohl

er schon 30 Jahre in Kanada lebt.

🔀 ar • as • cht • eld • en • eutet • folg • gt • he • iele • ierte • ki • leicht • ls • lt • lte • mer / n • nd • nde • nnte • ort

• ren • ren • rungen • terial • tig • tzdem • u • ünde •

7 Sport und Beruf

7.1 Was tun Sportlerinnen und Sportler? Markieren Sie die Verben mit Reflexivpronomen.

Jede Sportlerin über-
legt sich genau, was
sie will und was ihre
Ziele sind. Sie stellt
sich vor, was sie im
Sport erreichen will:
Soll es ein Hobby
bleiben? Will sie an
Wettkämpfen teil-
nehmen? Welche
Vorteile hat sie durch den Sport im Privatleben oder im Beruf? Ich mache mir deshalb
einen Plan für mein Training. Darin lege ich
Ziele und kleine Zwischenziele fest. Ich brauche diese Planung.
Dana, Volleyballspielerin

Ein Sportler
muss genauso
planen wie ein
Geschäftsmann:
Was will er in der nächsten Woche erreichen?
Ich nehme mir vor, was ich zuerst machen
will. Und ich lege gemeinsam mit meiner
Trainerin fest, wie intensiv ich trainieren
muss. Und ich muss mich natürlich oft entscheiden: Welche Schwerpunkte sind genau
zu diesem Zeitpunkt besonders wichtig? Im
Beruf und im Sport.
Klaus, Geschäftsführer und Langstreckenläufer

**7.2 Sport und Lernen – Was machen Sie, wenn Sie etwas Neues lernen? Schreiben Sie Sätze
mithilfe der Texte aus 7.1. Vergleichen Sie im Kurs.**

Ich überlege mir, was meine Ziele sind. Ich stelle mir vor, ...

8 **Reflexivpronomen im Dativ**
Akkusativ oder Dativ? Ergänzen Sie die Reflexivpronomen.

1. Ich interessiere _mich_ nicht für Sport im Fernsehen. 2. Ich denke _____, da geht es nur ums Geld. 3. Aber mein Bruder interessiert _____ dafür. 4. Er sieht _____ viele Sportsendungen an. 5. Und er merkt _____ fast alle Ergebnisse. 6. Meine Schwester ist auch sehr sportlich. Sie hat _____ vorgenommen, jeden Tag mindestens eine Stunde zu trainieren. 7. Und sie kann _____ dabei richtig quälen. 8. Ich mag das nicht und meine Freundin auch nicht. Ein bisschen Sport finden wir gut, aber es muss _____ Spaß machen. 9. Wir können _____ auch nicht vorstellen, dass wir bei jedem Wetter im Freien sind. 10. Wenn es regnet oder kalt ist, mache ich es _____ lieber bequem.

9 **Sport ist gesund! – Wirklich?**
Was ist Ihre Meinung? Schreiben Sie den Leserbrief weiter. Die Ausdrücke helfen.

Es stimmt (nicht), dass … • Ich glaube (nicht), dass … • Ich stimme (nicht) zu, dass … • Ich finde (nicht), dass … • Man sagt zwar, dass … • Ein Vorteil/Nachteil von … ist …

> Sie schreiben am 11. August unter dem Titel „Sport ist gesund", dass zu viele Menschen zu wenig Sport machen, vor allem auch die Kinder in der Schule. …

10 **Das Verkehrsmittel Nr. 1**

P▮▮▮
Lesen Sie die sechs Überschriften und die drei Texte auf Seite 201. Ordnen Sie den Texten die passenden Überschriften zu. Es passt jeweils nur eine Überschrift.

Ⓐ Mit dem Rad zur Arbeit – Immer mehr Firmen ermutigen die Mitarbeiter zum täglichen Sport.

Ⓑ 200 km am Wochenende – Für viele Radfahrer kein Problem

Ⓒ Mehr Radwege und weniger Stau auf den Straßen: In Münster funktioniert es.

Ⓓ „Rad" und „Raus in die Natur", das gehört zusammen.

Ⓔ Radwege für wenige: Die meisten Wege machen die Münsteraner mit dem Auto.

Text   1   2   3   Ⓕ Radfahren in der Stadt – Stress pur
Überschrift _____   _____   _____

Text 1 Ich lebe in Münster, das ist die Fahrradstadt Deutschlands. Ich habe gelesen, in Münster werden 40 % aller Fahrten mit dem Fahrrad gemacht. Ich denke, das liegt daran, dass es in der Stadt über 300 km Radwege gibt, und daran, dass Münster sehr flach ist. Die Stadt ist auch sehr gut beschildert. Wenn ich in einen Stadtteil komme, den ich nicht so gut kenne, finde ich dort spezielle Wegweiser nur für die Radfahrer. Und weil so viele mit dem Rad fahren, gibt es auch weniger Staus auf den Straßen.

Text 2 Ich fahre eigentlich gern Rad, aber nicht in der Stadt. Das ist mir viel zu gefährlich und zu hektisch. Auf den Straßen hupen die Autofahrer, wenn man nicht sofort Platz macht. Und auf den Radwegen gibt es so viele „Kampfradler", die schnell und aggressiv unterwegs sind. Radfahren muss entspannend sein. Wenn am Wochenende schönes Wetter ist, fahren wir auf einem Radwanderweg durch die Landschaft, meine Frau und ich. Die Kinder haben das auch gern gemacht, als sie noch kleiner waren.

Text 3 Radfahren ist mein Hobby, vor allem liebe ich mein Mountainbike. Ich fahre meistens allein auf den Wegen durch den Wald oder hinauf auf die Berge, weil ich am liebsten meine Ruhe habe. Und am Wochenende mache ich manchmal mit Freunden Bergtouren mit dem Rad und wir übernachten in einer Hütte. Das macht großen Spaß. Leider kann ich nicht mit dem Fahrrad zur Arbeit fahren. Was würde denn der Chef sagen, wenn ich total verschwitzt im Büro ankomme, oder total nass, weil es regnet?

11 **Mit welchem Ziel? – *damit* – *um … zu***
Wozu verwendet man diese Fahrräder? Schreiben Sie je zwei Sätze.

das Kind in den Kindergarten bringen • die Freizeit genießen •
eine Reise machen • einkaufen • sich fit halten • sich in der Natur erholen •
Spaß haben • zur Arbeit fahren • die Post austragen •
kleine Transporte erledigen • als Bote arbeiten

A Die Frau nimmt das Fahrrad, um einzukaufen.

Aussprache

⊙ 4.4 **Satzakzent – Hören Sie und markieren Sie den Satzakzent. Sprechen Sie den Text laut. Beachten Sie die Pausen und die Satzmelodie.**

Ja, ich mache gerne Sport! Ich mache alles Mögliche. Oft freue ich mich schon den ganzen Tag darauf, dass ich am Abend joggen kann. Dabei vergesse ich schnell, worüber ich mich bei der Arbeit geärgert habe. Aber am liebsten mache ich Sport mit Freunden. Im Winter fahren wir oft zusammen in die Berge zum Skifahren. Oder wir fahren im Sommer an einen See und spielen Volleyball. Ich finde, Sport muss Spaß machen. Leistungssport finde ich blöd.

Schwierige Wörter

① **Hören Sie und sprechen Sie langsam nach. Wiederholen Sie die Übung.**

⊙ 4.5
Leistungssport. ↘   regelmäßig Leistungssport. ↘   Sie macht regelmäßig Leistungssport. ↘
Wintersportgebiet. ↘   ein tolles Wintersportgebiet. ↘   Die Alpen sind ein tolles Wintersportgebiet. ↘
viel Disziplin. ↘   braucht man viel Disziplin. ↘   Beim Sport braucht man viel Disziplin. ↘

② **Welche Wörter sind für Sie schwierig? Notieren Sie drei Wörter/Sätze wie in 1. Üben Sie mit einem Partner / einer Partnerin.**

Einkaufen

1 Spaß und Stress

1.1 Was passt zusammen? Ordnen Sie zu.

1. Ich kaufe gern ein, …

2. Es ist stressig, …

3. Ich gehe gern mit …

4. Ich genieße es, wenn …

5. Normalerweise …

6. Obwohl ich gerne einkaufe, …

7. Es nervt mich, wenn …

_____ a) am Abend nach der Arbeit einzukaufen.

_____ b) einer Freundin in die Stadt.

_____ c) gehe ich selten in die Stadt, weil ich wenig Geld habe.

_____ d) gehe ich zweimal in der Woche zum Supermarkt.

_____ e) ich ohne die Kinder meine Einkäufe machen kann.

_____ f) man an der Kasse im Supermarkt so lange warten muss.

_____ g) wenn ich genügend Zeit habe.

1.2 Schreiben Sie mit den Satzanfängen aus 1.1 vier Sätze über sich. Vergleichen Sie im Kurs.

2 Wo kaufen Sie was?

2.1 Wortschatztraining – Wie viele Gegenstände auf dem Bild kennen Sie auf Deutsch? Schreiben Sie die Wörter in eine Tabelle wie im Beispiel.

Lebensmittelgeschäft	Kleidergeschäft	Drogerie/Apotheke	Elektroladen
Würstchen			

2.2 Ergänzen Sie die Tabelle mit weiteren Wörtern, die Sie kennen.

3 Das Lied vom X
Wie heißt das passende Adjektiv? Der Liedtext auf Seite 91 hilft.

die Kraft _____

der Sex _____

der Nutzen _____

die Macht _____

die Sucht _____

die Freiheit _____

4 Verbraucher fragen – Experten antworten

4.1 Lesen Sie den Text einmal schnell. Welche zwei Überschriften passen zum Text?

Ⓐ **Schnell klicken und Geld sparen**

Ⓑ **Tipps zum Einkauf im Internet**

Ⓒ Vorsicht vor spontanen Entscheidungen

Ⓓ **Internetgeschäfte werden immer einfacher**

Es ist verführerisch, im Internet bequem nach Schnäppchen zu jagen. Besonders Gewinnspiele, billige Waren, Versteigerungen oder Last-Minute-Reisen verlocken zum schnellen Kauf. Doch was auf den ersten Blick unkompliziert und zeitsparend aussieht, kann oft teuer und gefährlich werden. Die Verbraucherzentrale rät deshalb, bei der Bestellung per Mausklick auf Folgendes zu achten:

1 Prüfen Sie vor dem Einkauf, ob das Onlineangebot Namen, Adresse und Telefonnummer des Anbieters enthält.

2 Prüfen Sie, ob die Allgemeinen Geschäftsbedingungen (AGB) vollständig lesbar und bei Bedarf herunterzuladen sind.

3 Geben Sie so wenige persönliche Daten wie möglich an. Wenn der Anbieter nach Ihren Familienverhältnissen oder persönlichen Vorlieben bzw. Hobbys fragt, will er fast immer ein Kundenprofil für spätere Werbezusendungen sammeln, die Sie vielleicht gar nicht wollen.

4 Das Internet ist nicht sicher! Wenn keine geschützte Übertragung angeboten wird, sollte man niemals die Kreditkartennummer angeben. Bietet der Händler keine anderen Zahlungsweisen wie z. B. per Rechnung, Nachnahme oder Paypal an, sollten Sie vorsichtig sein!

Bezahlen Sie auf keinen Fall, bevor Sie die Ware haben. Sie haben sonst bei Problemen nichts in der Hand, um Ihre Interessen durchzusetzen.

5 Vergessen Sie nicht, Preise zu vergleichen und die Währung (Euro/Dollar / Schweizer Franken …) zu berücksichtigen. Beachten Sie auch, dass bei Käufen aus Ländern außerhalb der EU zu den Transport- und Verpackungskosten zusätzliche Kosten für Steuern und Zölle hinzukommen können.

6 Prüfen Sie, ob die wichtigsten Eigenschaften des Produkts klar und verständlich beschrieben sind. Wie im Versandhandel können Sie die Produkte vor dem Kauf weder anfassen noch testen.

7 Achten Sie bei technischen Produkten auf die Angabe von Service-Hotlines oder Vertragswerkstätten für den Fall, dass Sie später Beratung brauchen. Bei Waren, die viel Geld kosten, sollte man prüfen, ob Herstellergarantien gewährt werden.

4.2 Lesen Sie den Text noch einmal und lösen Sie dann die vier Aufgaben.
Achtung, die Reihenfolge der Aufgaben entspricht nicht immer dem Text.

1. Name und Adresse des Verkäufers …
   - [a] braucht man nicht.
   - [b] kann man telefonisch erfragen.
   - [c] sollte man immer kennen.

2. Bei Käufen außerhalb der EU …
   - [a] spart man Geld.
   - [b] kommen oft noch weitere Kosten dazu.
   - [c] muss man immer in Euro bezahlen.

3. Bei der Bestellung im Internet sollte man …
   - [a] nach Schnäppchen jagen.
   - [b] nicht zu viele persönliche Informationen geben.
   - [c] an einem Gewinnspiel teilnehmen.

4. Bei teuren Produkten …
   - [a] sollte man auf die Garantie achten.
   - [b] hat man immer Garantie.
   - [c] kann man Umtausch ausmachen.

4.3 Was wird hier erklärt? Suchen Sie die Wörter im Text von Aufgabe 4.1. 🔊 ↓

1. _____ Institution zur Information und Beratung von Käufern
2. _____ die generellen Regeln einer Firma für ein Geschäft
3. _____ Verkäufer, der Ware anbietet
4. _____ Liste von Eigenschaften, die ein Kunde hat (Beruf, Hobbys …)
5. _____ Werbung über Post oder E-Mail
6. _____ hier: Transport von Daten im Internet
7. _____ die Art der Bezahlung (bar, Kreditkarte …)
8. _____ Steuern, die man für Ware aus dem Ausland bezahlt

🔊 Allgemeine Geschäftsbedingungen • Anbieter • Kundenprofil • Übertragung • Verbraucherzentrale • Werbezusendung • Zahlungsweise • Zölle

5 Die Kündigung eines Abos …

5.1 Was passt? Kreuzen Sie an. Es gibt manchmal zwei Möglichkeiten, manchmal nur eine.

1. Über die Details …
- [☒] Ihres neuen Vertrags
- [☒] von ihrem neuen Vertrag
- [c] Ihr neuer Vertrag

… sprechen wir morgen.

2. Die Mitarbeiter …
- [a] unser Firma
- [b] unsere Firma
- [c] unserer Firma

… sind sehr qualifiziert.

3. Die Garantie …
- [a] dieses Produktes
- [b] dieser Produkte
- [c] dieses Produkt

… beträgt drei Jahre.

4. Die Elektronik …
- [a] modernes Auto
- [b] moderne Autos
- [c] moderner Autos

… ist sehr kompliziert.

5. Die Verbraucherverbände …
- [a] Deutschlands
- [b] Deutschland
- [c] in Deutschland

… haben sehr viel Einfluss.

6. Die Reparatur …
- [a] eines Druckers
- [b] ein Drucker
- [c] von einem Drucker

… lohnt sich oft nicht.

7. Der Sohn …
- [a] mein alter Kollege
- [b] von meinem alten Kollegen
- [c] meines alten Kollegen

… wird Bauingenieur.

8. Das Gehalt …
- [a] meiner Frau
- [b] meine Frau
- [c] von meiner Frau

… ist höher als meins.

9. Die Freundin …
- [a] meiner ältesten Tochter
- [b] von meiner ältesten Tochter
- [c] meine älteste Tochter

… ist Verbraucheranwältin.

5.2 Schreiben Sie diese Sätze neu mit Genitivformen wie im Beispiel.

1. Bei der Kündigung <u>von einem Zeitungsabo</u> muss man auf die Kündigungsfrist achten.
2. Vor dem Kauf <u>von einer neuen Waschmaschine</u> sollte man sich informieren.
3. Für die Reparatur <u>von meinem alten Fernseher</u> habe ich 200 Euro bezahlt.
4. Die Bestellung <u>von einem Ersatzgerät</u> dauert zwei Wochen.
5. Das Ergebnis <u>von unserem interessanten Gespräch</u> halten wir in einem Protokoll fest.
6. Notieren Sie bei telefonischen Absprachen immer den Namen <u>von Ihrem Gesprächspartner</u>.
7. Der Grund <u>von meinem letzten Anruf</u> war mein Problem mit Ihrem Service.
8. In die Ausbildung <u>von unseren jungen Mitarbeitern</u> investieren wir viel Geld.

1. Bei der Kündigung <u>eines Zeitungsabos</u> muss man auf die Kündigungsfrist achten.

6 Präpositionen mit Genitiv: *trotz/wegen*
Schreiben Sie die Sätze mit *trotz* oder *wegen*.

1. Obwohl sie ein gutes Jobangebot bekommen hat, bleibt Frau Rasch bei ihrer alten Firma.
2. Weil ihre Wohnung so schön ist, möchte sie nicht umziehen.
3. Obwohl Frau Maus ein gutes Gehalt halt, ist sie unzufrieden.
4. Weil das Arbeitsklima schlecht ist, sucht sie einen neuen Job.
5. Obwohl Herr Raab Grippe hat, arbeitet er weiter.
6. Weil er wichtige Termine hat, kann er sich nicht ins Bett legen.

> *1. Trotz eines guten Jobangebots bleibt sie bei ihrer alten Firma.*

7 Tipps zum Telefonieren
Wiederholung Deklination – Ergänzen Sie die Endungen oder schreiben Sie X.

1. Sie sollten immer freundlich_X_ sein, auch wenn Sie sich beschweren wollen.

2. Notieren Sie genau___, was Ihr Ziel ist und was Sie erreichen wollen.

3. Ein___ freundlich___ Begrüßung ist die Voraussetzung für ein___ erfolgreich___ Gespräch.

4. Erklären Sie in ruhig___ und freundlich___ Ton, was Sie möchten.

5. Notieren Sie die genau___ Uhrzeit und das Ergebnis des Gespräches.

6. Schreiben Sie den vollständig____ Namen Ihres Gesprächspartners und d___ Namen der Firma auf.

8 Freundlichkeit und Unfreundlichkeit
Machen Sie diese Aussagen freundlicher. Es gibt viele Möglichkeiten. Vergleichen Sie im Kurs.

1. Ich will mit Herrn Gaul über den Vertrag sprechen. Er soll heute Abend zu mir kommen.
2. Sagen Sie Ihrem Chef, dass er sofort kommen soll. Ich will mit ihm sprechen.
3. Kommen Sie um zehn Uhr in mein Büro. Ich muss etwas mit Ihnen besprechen.

> *1. Ich würde gern mit Herrn Gaul ...*

9 Telefongespräche trainieren

der Tastendruck   die Spracheingabe

9.1 Hören Sie das Gespräch. Mit wem spricht Herr Maier? ⊙ 4.6

☐ Mit einem Computer.   ☐ Mit einer Bankangestellten.   ☐ Mit beiden.

9.2 Hören Sie noch einmal. Notieren Sie die Zahlen.

Kontonummer: _____   Geheimzahl: _____   Kontostand: _____

9.3 Was passt?

1. ☐a Er sagt die Kontonummer nicht gleich.
   ☐b Er sagt eine falsche Kontonummer.

2. ☐a Er weiß die Geheimzahl zuerst nicht.
   ☐b Er spricht am Anfang zu leise.

3. ☐a Er stellt keine Fragen.
   ☐b Er stellt dem Automaten Fragen.

4. ☐a Er beschimpft den Automaten.
   ☐b Er beschimpft die Bankangestellte.

9.4 Amelie Schulenbach von der Volksbank Odenwald schreibt eine Notiz an ihre Kollegin. Kreuzen Sie für jede Lücke die richtige Antwort an.

Liebe Rosi,

ich muss ganz ① weg (Zahnarzttermin!!!). Leider hat eben ein Kunde angerufen und sich ② unser Telefonbankingsystem ③. Ich habe ihn beruhigt und ihm eine Informationsbroschüre ④. Könntest du sie ⑤ gerade noch schicken? Sein Name und seine ⑥ stehen unten.

Danke, du bist ein Schatz. Bis morgen.

⑦

Amelie

1. a nachher   b bald   c dringend
2. a auf   b über   c für
3. a beschweren   b beschwert   c beschwerte
4. a vergessen   b versprechen   c versprochen
5. a ihm   b ihn   c ihr
6. a Adresse   b Kontostand   c Hausnummer
7. a Hochachtungsvoll   b Ihre   c Liebe Grüße

10 Pronomen als Ergänzungen

10.1 Wiederholung Personalpronomen – Ergänzen Sie die Tabelle.

Nominativ	ich			es				sie/Sie
Akkusativ		dich			sie		euch	
Dativ			ihm			uns		

10.2 Personalpronomen im Akkusativ und Dativ – Kreuzen Sie an: a, b oder c?

1. Ich muss dem Chef den Brief zeigen oder hast du a *sie er* b *ihn ihm* c *sie ihm* gezeigt?
2. Heute kam eine E-Mail von „T.Box". Ich habe a *sie Ihnen* b *ihn sie* c *ihr Sie* weitergeleitet!
3. Es tut mir leid, dass Sie die Ware erst heute bekommen. Die Spedition sollte a *Ihnen sie* b *Sie ihm* c *sie Ihnen* schon gestern bringen.
4. Franziska liebt mein Sofa. Ich glaube, ich schenke a *es ihr* b *ihn ihr* c *sie ihm*.
5. Sven hat ein Buch für seine Eltern gesehen. Er will a *ihn Ihnen* b *es ihnen* c *er ihnen* kaufen.
6. Ich kann Ihnen das Problem erklären. Am besten beschreibe ich a *es Ihnen* b *ihn Ihnen* c *es Ihr* in einer E-Mail.

10.3 Verben mit Akkusativ und Dativ – Schreiben Sie Sätze wie im Beispiel. Markieren Sie die Akkusativ- und Dativergänzungen.

1. ich / du / eine Lampe / schenken   – zum Geburtstag
2. ich / er / ein Parfüm / schenken   – zu Weihnachten
3. sie / er / das Handy / erklären   – dreimal am Tag
4. Sie / der Firma / ein Brief / schreiben / müssen   – gleich morgen
5. wir / Sie / die Insel Rügen / empfehlen   – besonders für den Sommerurlaub
6. sie / er / das Buch / zurückgeben   – nachdem sie es gelesen hat
7. Frau Pöltl / die Tochter / ein Paket / schicken   – mit „Postexpress"
8. er / wir / ein neuer Fernseher / bringen   – morgen

1. Ich schenke dir eine Lampe. Ich schenke sie dir zum Geburtstag.

11 Ein Gedicht von Johann Wolfgang von Goethe

⊙ 4.7 **Hören Sie zu und lesen Sie mit. Welche Zusammenfassung passt besser zum Gedicht: A, B oder C?**

Ach, was soll der Mensch verlangen?
Ist es besser, ruhig zu bleiben?
Klammernd *fest sich anzuhangen*?[1]
Ist es besser, *sich zu treiben*?[2]
Soll er sich ein Häuschen bauen?
Soll er unter Zelten leben?
Soll er auf die Felsen *trauen*?[3]
Selbst die festen Felsen beben.
Eines *schickt sich nicht für alle*![4]
Sehe jeder, wie er's treibe,
Sehe jeder, wo er bleibe,
Und wer steht, dass er nicht falle!

1 sich an etwas festhalten 2 sich sehr anstrengen 3 vertrauen 4 nicht alles passt für alle

A Das Leben ist gefährlich. Man muss sehr aufpassen.

B Man muss versuchen, im Leben voranzukommen. Man muss sich und die Welt verändern.

C Man kann nicht wissen, was für einen Menschen gut ist. Jeder muss seinen Weg selbst finden.

12 Glück und Geld

12.1 Sprüche zum Thema „Geld" – Was gehört zusammen?

1. Geld allein macht nicht glücklich,

2. Geld regiert die

3. Als ich klein war, glaubte ich, Geld sei das Wichtigste im Leben.

4. Die besten Dinge im Leben sind nicht die,

5. Geld allein macht

___ a) Welt. (Unbekannt)

___ b) die man für Geld bekommt. (Albert Einstein)

___ c) Heute, da ich alt bin, weiß ich: Es stimmt. (Oscar Wilde, Schriftsteller)

___ d) nicht unglücklich. (Peter Falk, Schauspieler)

_1_ e) aber es hilft. (Unbekannt)

12.2 Gibt es bei Ihnen Sprüche zum Thema „Geld"? Können Sie sie ins Deutsche übertragen?

Aussprache

⊙ 4.8 **① Hören Sie zu und achten Sie auf die Aussprache am Wortende.**

② Sprechen Sie die Strophe und variieren Sie Ihre Sprechweise. Sprechen Sie als Jugendlicher, Lehrer, Millionär. Sprechen Sie auch mit mehreren Personen.

Geld ist lustig.
Geld macht fröhlich.
Geld ist sehr, sehr nützlich,
denn das Leben ist leider ziemlich teuer.

Geld macht Freude.
Geld macht Spaß.
Geld gibt so viel Kraft
und manche geben damit Feuer.

TIPP	-b / -d / -g	spricht man am Wort- und Silbenende immer hart: „-p, -t, -k".
	-er	spricht man am Wort- und Silbenende ähnlich wie ein kurzes „a".
	-ig	spricht man am Wort- und Silbenende: „-ich".

33 Umwelt und Energie

1 Energie sparen – das Kima schonen

1.1 Energiesparen bei Familie Hellmann. Sechs Tipps für den Alltag – Ergänzen Sie.

Geräte • Schlafzimmer • Energie • geduscht • ~~Zimmern~~ • Fenster • Licht • Wohnräume • täglich •
Ausnahme • Kauf • Standby

1. Nur in den __Zimmern__ , in denen jemand
   ist, haben wir das _____ an.

2. Unsere _____ sind wärmer als
   das _____ oder der Flur.

3. Wir lüften mehrmals _____ alle
   Räume ca. zehn Minuten, ansonsten bleiben
   die _____ geschlossen.

4. Eigentlich wird bei uns nur _____ ,
   Baden ist die _____ .

5. Beim _____ von technischen Geräten
   achten wir darauf, dass sie wenig _____
   verbrauchen.

6. Technische _____ , z. B. Fernseher,
   stellen wir nicht auf _____ , sondern
   wir schalten sie ganz aus.

⊙ 4.9 **1.2 Hören Sie und kreuzen Sie an: richtig oder falsch?**

	R	F
1. Georg Kuhn dreht die Heizung zehn Minuten am Tag ab.	☐	☐
2. Die Wohnung darf nicht kalt werden.	☐	☐
3. Alle Zimmer müssen die gleiche Temperatur haben.	☐	☐
4. Beim Heizen kann man Geld sparen.	☐	☐
5. Georg Kuhn trägt zu Hause immer ein T-Shirt.	☐	☐
6. Seine Freundin friert manchmal in seiner Wohnung.	☐	☐

1.3 Imperativ wiederholen – Schreiben Sie Anweisungen.

1. die Heizung nachts runterdrehen   *Dreh / Drehen Sie die Heizung nachts runter.*

2. öfter mit dem Fahrrad fahren   _____

3. Obst und Gemüse aus der Region essen   _____

4. eine Waschmaschine mit EU-Etikett kaufen   _____

5. sich mit Nachbarn ein Auto teilen   _____

6. nicht zu viel einkaufen   _____

7. sich über eine Solaranlage informieren   _____

2 Spartipps: günstig, ökologisch und gesund

2.1 Sie brauchen ein Auto und überlegen einen Neukauf? Dann lesen Sie zuerst unsere Expertentipps. Beantworten Sie danach die Fragen.

Pro und Kontra: kaufen oder leihen?

Das ist unser Vergleichsobjekt.

Steffen Probst von *stattauto*:
Also, *stattauto* ist wie ein Verein organisiert. Man bezahlt einen Eintrittsbeitrag von 50 Euro, eine Kaution von 500 Euro und eine monatliche Gebühr von 7 Euro. Eintritt und Kaution bezahlt man nur einmal. Und dann bezahlt man nur die gefahrenen Kilometer und die Zeit.
Der Kilometer kostet nur 21 Cent. Die Ausleihzeit wird so berechnet: die Stunde 2,10 Euro, der Tag 21 Euro oder die Woche 105 Euro (Beispiel München – Passau: 1 Tag, 350 km = 73,50 Euro). Überlegen Sie also genau: Wie oft brauchen Sie ein Auto für Ausflüge, Transporte, Großeinkauf usw.? Vielleicht brauchen Sie das Auto nur einmal pro Woche. Rechnen Sie selbst und Sie werden sehen, *stattauto* ist meistens billiger!
Ein anderes Beispiel: Sie fahren für zwei Wochen in den Urlaub, vielleicht 1200 Kilometer. Bei zwei Urlaubsreisen im Jahr kostet Sie das ca. 1200 Euro im eigenen Auto plus zusätzliche Kosten wie Reparaturen, Steuer und Versicherung. Das *stattauto* kostet Sie 900 Euro und darin sind alle Kosten schon enthalten!

Tim Kuhn von der Firma „Autokauf":
Ein Mietvertrag, ob Leasing oder Carsharing, kann ganz schön teuer werden! Da ist der Ratenkauf oft billiger. Es empfiehlt sich in jedem Fall, vorher genau zu rechnen. Bei einem Neupreis von ca. 16 500 Euro, wie in unserem Beispiel ein VW Golf ohne Extras, kostet die Rate im Monat nur 275 Euro. Dazu kommen noch die Zinsen von etwa 500 Euro im Jahr.
Und ein ganz wichtiges Argument: Beim Ratenkauf gehört das Auto nach fünf Jahren Ihnen! Und die Zinsen werden auch immer weniger.
Wenn Sie schon ein Auto haben, können Sie es in Zahlung geben, was den Kaufpreis reduziert. Außerdem hat Ihr Wagen nach fünf Jahren immer noch einen hohen Wiederverkaufswert, wenn Sie dann ein anderes Auto kaufen wollen.
Dazu kommen noch eine Menge anderer Vorteile, die ein eigenes Auto bietet. Sie haben z. B. keine Wartezeiten wie etwa beim Carsharing, denn mit dem eigenen Auto können Sie fahren, wann Sie wollen!

1. Welche Vorteile nennen die Experten? Notieren Sie.

_____   _____

_____   _____

_____   _____

2. Welche Argumente fehlen? Welche Nachteile hat das *stattauto* bzw. das eigene Auto? Notieren Sie Argumente.

2.2 Nebensätze wiederholen – Ergänzen Sie die Konjunktionen: *weil, wenn, obwohl, dass.*

1. Annette Schippe kauft Gemüse aus der Region, _____weil_____ die Transportwege kurz sind.

2. _____ man auch im Oktober Erdbeeren kaufen kann, kauft sie nur welche im Sommer.

3. _____ man weniger Fleisch und Wurst isst, tut man sich selbst und dem Klima Gutes.

4. _____ es in der Wohnung kalt ist, kann man auch mal einen Pullover anziehen.

5. Herr Althoff hofft, _____ seine Familie langfristig Wasser und Strom sparen kann.

6. _____ die Waschmaschine noch funktioniert, kauft er eine neue mit dem EU-Etikett.

7. Guido Seidel fährt ein großes Auto, _____ es sehr viel Benzin verbraucht.

8. Lisa kritisiert ihren Vater, _____ er nicht umweltbewusst handelt.

9. Auch _____ es regnet, kann man mit dem Fahrrad fahren. Es gibt ja Regenkleidung.

10. Guido sagt, _____ man Kompromisse machen muss.

3 Etwas planen – Zukunft ausdrücken mit *werden*
3.1 Schreiben Sie die Sätze. Verwenden Sie das Futur mit *werden*.

1. Er macht eine Umschulung im Krankenhaus.
   Er wird eine Umschulung im Krankenhaus machen.

2. Er hat mit vielen Menschen Kontakt.
   _____

3. Er fängt oft um 6 Uhr morgens an.
   _____

4. Sein Gehalt ist nicht schlecht.
   _____

5. Er hat Schichtdienst.
   _____

6. Er macht auch Nachtdienst.
   _____

7. Er fährt mit dem Fahrrad zur Arbeit.
   _____

8. Er hat sechs Wochen Urlaub im Jahr.
   _____

9. Seine Frau nimmt auch an einer Weiterbildung teil.
   _____

10. Sie macht einen Computerkurs.
   _____

3.2 Im neuen Jahr wird alles anders.
Schreiben Sie wie im Beispiel.

1. morgens früher aufstehen
   Ich werde morgens früher aufstehen.

2. joggen gehen
   _____

3. morgens nur Obst essen _____

4. weniger Kaffee trinken _____

5. meine Eltern regelmäßig besuchen _____

6. immer gleich das Geschirr spülen _____

7. seltener shoppen gehen _____

8. regelmäßig ins Fitnessstudio gehen _____

9. weniger Geld ausgeben _____

10. mit dem Fahrrad in Urlaub fahren _____

4 Was tun mit dem Hausmüll?
4.1 Im Text sind 10 Fehler: 5 Verbformen und 5 Rechtschreibfehler. Korrigieren Sie.

Ich lebe jetzt seit zwei Jahren in München. Als ich nach Deutschland komme, war ich über die

vielen Mültonnen sehr erstaunt und dachte, die Deutschen sind verrückt: ein Container für Papier,

einer für Plasstik. Glas wird sogar nach Farben getrennen. Mit der Zeit habe ich mich daran gewöhnt

und finde das jezt auch gut. Bei unseren Nahbarn wurden die Mülltonnen auch mal kontrollieren.

Die haben dann eine Mahnung bekommt. Das kann sogar richtig teuer werde.

4.2 Definitionen – Erklären Sie die Begriffe mit Relativsätzen.

1. Hausmüll sind Abfälle.
   Abfälle entstehen in privaten Haushalten.
2. Eine blaue Tonne ist ein Behälter.
   In diesem Behälter sammelt man Papier.
3. Ein Recyclinghof ist ein Platz.
   Zu diesem Platz darf man zum Beispiel alte Geräte bringen.
4. Restmüll kommt in die Mülltonne.
   Die Mülltonne wird alle 14 Tage geleert.
5. Zum Sondermüll gehören alle Abfälle.
   Diese Abfälle enthalten gefährliche Giftstoffe.
6. Kleidercontainer sind große Behälter.
   In den Behältern sammelt man alte Kleidung.

1. Hausmüll sind Abfälle, die in privaten Haushalten entstehen.

4.3 Passiv wiederholen – Schreiben Sie die Sätze im Passiv Präsens wie im Beispiel.

Bei unseren Nachbarn wird/werden …
1. montags: die Wäsche waschen
2. mittwochs: die Mülltonnen an die Straße stellen
3. freitags: die Autos waschen
4. freitags: Großeinkauf machen
5. samstags: immer die Treppen putzen
6. sonntags: die Eltern zum Kaffeetrinken einladen

> 1. Bei unseren Nachbarn wird montags die Wäsche gewaschen.
> 2. Mittwochs werden …

4.4 Schreiben Sie Nebensätze im Passiv (Präsens/Präteritum).

1. Ich habe gehört,	lesen / dass / immer weniger / Bücher
2. Können Sie mir sagen,	hier alle Fehler / ob / korrigieren
3. In der Zeitung steht,	dass / im nächsten Jahr / schließen / das Schwimmbad
4. Ruf doch mal in der „Kamera" an,	welcher Film / zeigen / heute
5. Gestern ist der Krimi ausgefallen,	die Fußballweltmeisterschaft / weil / senden
6. Weißt du noch,	die DDR / wann / gründen
7. Finden Sie es gut,	nicht mehr rauchen / dass / in Restaurants und Kneipen
8. Ich bin froh,	dass / auch viel lachen / in unserem Sprachkurs
9. Woher soll ich wissen,	der Test / wann / schreiben
10. Weißt du,	Klaus / warum / einladen / nicht zur Party

> 1. Ich habe gehört, dass immer weniger Bücher gelesen werden.

5 Was müsste man tun?
Ergänzen Sie die Konjunktiv-II-Formen der Modalverben und schreiben Sie die Sätze zu Ende.

1. Ich weiß, ich bin zu dick und ich _____ (müssen)

   auf Schokolade verzichten. Ich _____ (dürfen)

   überhaupt keinen Zucker essen, aber _____

   _____

   _____

2. Klaus und Margot _____ (sollen) um 9 Uhr auf-

   stehen, aber _____

3. Wir _____ (können) eigentlich öfter mit dem Fahrrad fahren, aber _____

   _____

4. Esma trinkt drei Tassen Kaffee am Tag. Das _____ (dürfen) reichen, aber _____

   _____

5. Kian _____ (können) fünf Freundinnen haben, aber _____

   _____

6 Kleingärten

6.1 Ergänzen Sie den Text.

Wir haben eine Wohnung in der Stadt und haben uns
schon immer einen Garten gewünscht. Am liebsten
natür_ _ _ direkt an der Wohnung. Da i_ _ ein
Schrebergarten ei_ _ gute Altern_ _ _ _ _ . Die Pacht
ist nicht beson_ _ _ _ hoch, etwa 300 Euro im Ja_ _ .
Und das ist ziem_ _ _ _ günstig. Unser Garten i_ _
ungefähr 300 qm groß. Im Häus_ _ _ _ ist eine kleine
Kü_ _ _ mit Kühlschrank, ein kle_ _ _ _ Herd und fließendes Was_ _ _ . Im Garten bauen
w_ _ auch Gemüse an. W_ _ haben ein pa_ _ Apfelbäume und sogar au_ _ einen Teich.
Wir ha_ _ _ den Garten in d_ _ letzten Jahren oft a_ _ Wochenendurlaub benutzt. Das
he_ _ _ , wir sind freitags dor_ _ _ _ gefahren und sind da_ _ bis Sonntagabend geblieben.
W_ _ nutzen diese Zeit v_ _ allem zur Erholung: le_ _ _ , in der Sonne lie_ _ _ , die Natur genießen u_ _ vor allem vom All_ _ _ abschalten – und dazu gehört au_ _ die Gartenarbeit vom
Frühjahr bis zum Her_ _ _ . Im Sommer kommen oft Freunde vorbei und wir grillen zusammen.

6.2 Wiederholung Endungen – Ergänzen Sie.

1. Über vier Millionen Kleingärtner bewirtschaften ihr___ eigen___ klein___ Schrebergarten.

2. Gefahrlos___, natürlich___ Spielmöglichkeiten für die Kinder steigern die Lebensqualität.

3. Für uns Kinder war der Schrebergarten ein___ riesig___ Spielplatz.

4. Für mein___ ganz___ Familie ist der Garten ein___ wunderbar___ Ort der Erholung.

7 Herr Göhnermeiers Schrebergarten – Aussprache
Emotionales Sprechen – Sprechen Sie nach.

⊙ 4.10

Das finde ich wichtig. ↘   Ich finde das unwichtig. ↘

Das ist absolut wichtig. ↘   Das ist überhaupt das allerwichtigste! ↘

Für mich ist das sehr wichtig. ↘   Für mich ist das völlig unwichtig. ↘

Findest du das wichtig? ↗   Findest du das unwichtig? ↗

Findest du das wirklich wichtig? ↗   Findest du das wirklich unwichtig? ↗

Schwierige Wörter

① Hören Sie und sprechen Sie langsam nach. Wiederholen Sie die Übung.

⊙ 4.11

Umweltschutz. ↘   aktiver Umweltschutz. ↘   Fahrrad fahren ist aktiver Umweltschutz. ↘

Geschirrspülmaschine? ↗   eine Geschirrspülmaschine? ↗   Haben Sie eine Geschirrspülmaschine? ↗

Wasserverbrauch. ↘   beim Wasserverbrauch. ↘   Wir sparen beim Wasserverbrauch. ↘

② Welche Wörter sind für Sie schwierig? Schreiben Sie drei Lernkarten und üben Sie mit einem
Partner / einer Partnerin.

Hören – Ansagen am Telefon, öffentliche Durchsagen

P DTZ   Sie hören vier Ansagen. Zu jeder Ansage gibt es eine Aufgabe.
Welche Lösung (a, b oder c) passt am besten?

⊙ 4.12   **Beispiel**

0 Wen soll Frau Kuhn anrufen?
- a Den Hausmeister.
- b Den Vermieter.
- ☒ Einen Handwerker.

⊙ 4.13   **1** Wohin soll der Sohn von Herrn Janzen am Freitagnachmittag gehen?
- a In die Schule.
- b Ins Fußballstadion.
- c Zum Sportplatz.

⊙ 4.14   **2** Was soll Herr Kuckuck tun?
- a Ein Rezept abholen.
- b In der Praxis anrufen.
- c Ins Krankenhaus gehen.

⊙ 4.15   **3** Was soll Frau Beckmann machen?
- a Die Firma Modista anrufen.
- b Die Rechnung bezahlen.
- c Den Rock zurückschicken.

⊙ 4.16   **4** Wo soll Herr Geber sich vorstellen?
- a Bei einem Handwerker.
- b Bei einer Zeitarbeitsfirma.
- c Im Jobcenter.

Hören – öffentliche Durchsagen

P ZD   Sie hören nun fünf kurze Texte. Dazu sollen Sie fünf Aufgaben lösen. Sie hören jeden Text zweimal.
Entscheiden Sie beim Hören, ob die Aussagen 1–5 richtig oder falsch sind.

		R	F
⊙ 4.17	**1** Auf der Autobahn Leipzig–Dresden befinden sich Tiere auf der Fahrbahn.	☐	☐
⊙ 4.18	**2** Der Intercity-Express nach Berlin wird nicht mehr erreicht.	☐	☐
⊙ 4.19	**3** Der Kinofilm beginnt um 22 Uhr im Kino Cinestar.	☐	☐
⊙ 4.20	**4** Ein Kilo spanische Orangen kostet 2,49 €.	☐	☐
⊙ 4.21	**5** Am Wochenende regnet es nicht, aber die Temperaturen fallen.	☐	☐

Sprechen – Gespräch über ein Thema

P ZD ### Teilnehmende/r A

Zuerst berichten Sie Ihrer Gesprächspartnerin / Ihrem Gesprächspartner kurz, welche Informationen Sie zu diesem Thema haben. Danach berichtet Ihre Gesprächspartnerin / Ihr Gesprächspartner kurz über ihre/seine Informationen.

Danach erzählen Sie Ihrer Gesprächspartnerin / Ihrem Gesprächspartner, ob Sie Sport treiben, welchen und warum (nicht). Ihre Gesprächspartnerin / Ihr Gesprächspartner wird Ihnen von ihren/seinen Vorstellungen erzählen. Reagieren Sie darauf.

Sport finde ich super! Jeden Morgen gehe ich joggen und zweimal pro Woche trainiere ich – ich spiele Tennis. Wir haben auch oft Turniere. Im Winter, wenn es auf dem Platz zu kalt ist, bin ich oft im Fitnesszentrum. Und im Urlaub treibe ich natürlich auch viel Sport – ich gehe in die Berge und mache täglich Wanderungen.

Johanna Probst, 23, Angestellte

Horst Rimasch, 41, Ingenieur

Sport? Sport ist für mich die wichtigste Nebensache der Welt. Vor ein paar Jahren habe ich noch aktiv Handball gespielt, aber dann bekam ich leider Probleme mit den Knien und musste aufhören. Aber natürlich bin ich immer noch ein Sportfan – wenigstens vor dem Fernseher! Und ich gehe immer noch regelmäßig schwimmen. So halte ich mich fit.

Teilnehmende/r B

Ihre Gesprächspartnerin / Ihr Gesprächspartner berichtet zuerst über ihre/seine Informationen zu diesem Thema. Berichten Sie danach Ihrer Gesprächspartnerin / Ihrem Gesprächspartner kurz über die Informationen, die Sie haben.

Ihre Gesprächspartnerin / Ihr Gesprächspartner wird Ihnen von ihren/seinen Vorstellungen erzählen. Reagieren Sie darauf. Danach erzählen Sie Ihrer Gesprächspartnerin / Ihrem Gesprächspartner, ob Sie Sport treiben, welchen und warum (nicht).

Schreiben

P DTZ   Wählen Sie Aufgabe A **oder** Aufgabe B. Zeigen Sie, was Sie können. Schreiben Sie möglichst viel.

Aufgabe A

Sie haben in der Zeitung eine Anzeige gelesen: Familie Riedmann sucht eine Babysitterin / einen Babysitter. Schreiben Sie einen Brief an die Familie, weil Sie sich für diese Arbeit interessieren.

Schreiben Sie etwas über folgende Punkte. Vergessen Sie nicht die Anrede und den Gruß.

– warum Sie schreiben
– Angaben zu Ihrer Person
– Ihre Erfahrungen mit Kindern
– möglicher Vorstellungstermin

Aufgabe B

Sie haben vor einem Monat bei einem Internet-Versand eine dunkelblaue Hose gekauft. Beim ersten Waschen hat sie ihre Farbe verloren. Sie erreichen bei der Firma telefonisch niemanden. Deshalb schreiben Sie eine E-Mail.

Schreiben Sie etwas über folgende Punkte. Vergessen Sie nicht die Anrede und den Gruß.

– warum Sie schreiben
– Garantie?
– Umtausch oder Geld zurück
– wie Sie erreichbar sind

Lesen – Kataloge, Register, Verzeichnisse

P DTZ   Sie sind im Kaufhaus. Lesen Sie die Aufgaben 1–5 und den Wegweiser.
In welches Stockwerk (a, b oder c) gehen Sie?

Beispiel

0 Sie brauchen einen neuen Topf.
   a 3. Stock
   ☒ 2. Stock
   c anderes Stockwerk

1 Sie möchten einen Stuhl für draußen kaufen.
   a Dachterrasse
   b 4. Stock
   c anderes Stockwerk

2 Sie brauchen ein aktuelles Fernsehprogramm.
   a 3. Stock
   b Dachterrasse
   c anderes Stockwerk

3 Sie sind morgen zu einer Grillparty eingeladen und sollen Salat mitbringen.
   a Dachterrasse
   b Untergeschoss
   c anderes Stockwerk

4 Sie möchten einer Freundin einen Roman zum Geburtstag schenken.
   a 3. Stock
   b Erdgeschoss
   c anderes Stockwerk

5 Ihre Nachbarin hat eine Tochter bekommen. Sie möchten dem Kind etwas zum Anziehen schenken.
   a 4. Stock
   b 1. Stock
   c anderes Stockwerk

Einkaufszentrum am Südpark

	Restaurant Deutsche und internationale Spezialitäten – große Frühstückskarte – Eis und Kuchen – Aktuell: Olympia live im Fernsehen auf unserem Großbildschirm!
Dachterrasse	**Alles für den Garten** Grills – Grillkohle – Sonnenschirme – Gartengeräte – Blumentöpfe – Möbel für Terrasse, Balkon und Garten
	Kinderland Puppen – Modelleisenbahnen – Holzspielzeug – Lego – Bilderbücher – Bastelbedarf – Kindermöbel – Gesellschaftsspiele – Musikinstrumente
4. Stock	**Sport** Sportgeräte – Sportschuhe – Sportkleidung – Fahrräder – Ski – Sportlernahrung – Badekleidung
	Multimedia/Bücher Computer – Computerzubehör – Computermöbel – CDs – DVDs – Kameras – Fernseher – Bücher
3. Stock	**Elektrogeräte** Herde – Spülmaschinen – Waschmaschinen – Staubsauger – Küchenmaschinen – Toaster – Mikrowellen – Kaffeemaschinen – Rasierapparate – Haartrockner
2. Stock	**Haushaltswaren** Kochgeschirr – Küchenzubehör – Geschirr – Gläser – Besteck – Tischwäsche – Topflappen – Geschirrtücher
1. Stock	**Herrenmode, Damenmode, Kindermode** Hosen – Röcke – Pullover – T-Shirts – Hemden – Blusen – Schuhe – Kinderbekleidung – Babybekleidung
	Drogeriemarkt Parfüms – Shampoo – Make-up – Hautcremes – Toilettenpapier – Windeln – Waschmittel – Putzmittel
Erdgeschoss	**Schreibwaren/Zeitschriften** Stifte – Kulis – Druckerpapier – Briefumschläge – Scheren – Klebstoff – Hefte – Ordner – Zeitungen und Zeitschriften
Untergeschoss	**Lebensmittel** Obst – Gemüse – Backwaren – Fleisch – Wurst – Fisch – Käse – Süßigkeiten – Getränke

1 Wo treffen sich Leute?

1.1 Wiederholung lokale Präpositionen – Ergänzen Sie. 📖 ↓

Leute treffen sich …

1. ____ Gasthaus.
2. ____ der Fußgängerzone.
3. ____ Einkaufen.
4. ____ Kindergarten.
5. ____ dem Sportplatz.
6. ____ der Moschee.
7. ____ dem Weg in die Schule.

8. ____ Hause.
9. ____ Bahnhof.
10. ____ der Kirchengemeinde.
11. ____ der Arbeit.
12. ____ Schwimmbad.
13. ____ der Bushaltestelle.
14. ____ einem Ferienclub.

15. ____ Sport.
16. ____ Café.
17. ____ Sportverein.
18. ____ der Kneipe.
19. ____ der Disco.
20. ____ Freunden.
21. ____ der Straße.

📖 an • am • auf • auf • auf • bei • bei • bei • beim • beim • in • in • in • in • in • in • in • in • in • im • im • im • im • im • zu

⊙ 4.22 1.2 Wo treffen diese Leute Freunde und Bekannte? Hören Sie und notieren Sie.

Bettina Senger   Theresa Schneider   Georg Vorderegger   Erkan Erdogan

_____   _____   _____   _____

_____   _____   _____   _____

_____   _____   _____   _____

2 Feste

2.1 Ergänzen Sie die E-Mail.

```
Hallo Suse,

Mehmet hat uns am Wochenende eingeladen. Die Schillerstraße ma_ _ _ _ ein Straßenfest
m_ _ Musik, Clowns, Spi_ _ _ _ _ und natürlich m_ _ gutem Essen. U_ _ wer kocht? Mehmet!
Wahrsch_ _ _ _ _ _ _ _ _ fängt er sc_ _ _ _ am Mittwoch m_ _ _ den Vorbere_ _ _ _ _ _ _ _ _
an. Wol_ _ _ _ wir ihm hel_ _ _ _ ? Dann lernen w_ _ endlich das Gehe_ _ _ _ _ seines
berü_ _ _ _ _ _ Böreks kennen. W_ _ findest du d_ _ _? Wir könnten ja au_ _ etwas
Essbares mitbr_ _ _ _ _ _ ; vielleicht den Nudel_ _ _ _ _ _ _ , den meine O_ _ immer
gemacht h_ _ , oder wir bac_ _ _ _ einen Kuchen. Wa_ _ _ hast du Ze_ _ _? Ich kann am
Mitt_ _ _ _ _ und am Donne_ _ _ _ _ _ _ ab 16 Uhr.

Melde dich bald! Liebe Grüße

Miriam
```

2.2 Schreiben Sie eine E-Mail.

Sie waren auf einem Fest und schreiben danach einem Freund / einer Freundin. Erzählen Sie.
Schreiben Sie etwas zu folgenden Punkten:

– Was war das für ein Fest?
– Wo/Wann hat es stattgefunden?
– Wen haben Sie dort getroffen?
– Was hat Ihnen besonders gut gefallen?

3 Alte Heimat – neue Heimat

⊙ 4.23 **3.1 Was bedeutet „Heimat"? Ergänzen Sie. 🔊 Hören Sie zuerst und ergänzen Sie dann.**

Text 1

Ich • dann • eine • ~~was~~ • bedeutet • ob • nicht • es

Sylvia sagt: Ich habe mir von deutschen Freunden erklären lassen,

___was___ ① Heimat bedeutet. Für die meisten _____ ② Heimat

das Land, die Gegend, wo sie geboren bzw. aufgewachsen sind.

_____ ③ bin aber der Meinung, dass _____ ④ nichts

damit zu tun hat, _____ ⑤ ich in dem Land geboren bin oder

_____ ⑥. Wenn ich mich dort wohlfühle, _____ ⑦ ist

es für mich auch _____ ⑧ Heimat.

Text 2

in • habe • und • ich • aber • Unser

Ayşe erzählt: Ich bin irgendwie schon Türkin, _____① ich bin

in Deutschland geboren. Meine Eltern sagen: „_____ ②

Heimatland ist die Türkei." Aber da ich _____ ③ Deutsch-

land geboren bin, fühle _____ ④ mich hier mehr zu Hause.

Also _____ ⑤ ich zwei Heimatländer: die Türkei _____ ⑥

Deutschland.

Text 3

für mich • egal • wie • ein bisschen • Erinnerung • die • Gefühle

Sara meint: Ich weiß nicht, _____ ① ich das erklären kann.

Das ist _____ ② schwierig, denn Heimat ist _____ ③

mehr eine _____ ④ an die Zeit meiner Kindheit. Das sind

ganz verschiedene _____ ⑤, _____ ⑥ ich habe, wenn

ich an meine Heimat Argentinien denke, _____ ⑦ wo ich in dem

Moment gerade bin.

3.2 Sätze verbinden – Ergänzen Sie.

aber • sondern • wenn • die • wo • mit denen

1. Als Kind erlebt man die Bilder, Töne und Gerüche, _____ man nie vergisst.

2. Meine Heimat ist das Land, _____ ich geboren wurde.

3. Ich lebe gern in Deutschland, _____ meine Heimat ist es nicht.

4. Ich glaube, man gewinnt oder verliert die Heimat, _____ man Kind ist.

5. Ich denke oft an die Freunde, _____ ich zur Schule gegangen bin.

6. Ich glaube, man hat nicht nur eine Heimat, _____ mehrere.

4 Konsequenzen: *deshalb/deswegen, trotzdem*

4.1 Lesen Sie den Text und lösen Sie die Aufgaben 1–4. Entscheiden Sie, welche Lösung (a, b oder c) richtig ist.

Von Osten nach Westen
von Barbara Kerneck

In den Plattenbauten von Marzahn-Hellersdorf wohnen etwa 25.000 Spätaussiedler, zehn Prozent der Bevölkerung des Berliner Bezirkes Marzahn. Einkaufen und zum Arzt gehen kann man hier auf Russisch. Deutsch braucht
5 man nur fürs Sozialamt.
„Damals hat es hier noch richtige Straßenschlachten zwischen Migranten aus der ehemaligen Sowjetunion und einheimischen Gangs gegeben", sagt Wolfgang Zeiser. Doch damit sei es zum Glück vorbei. Danach sind im
10 Bezirk Jugendhäuser, Mädchenzentren und Sportclubs gegründet worden und die halten alle Jugendlichen, egal welcher Herkunft, auf Trab. Da ist keine Zeit mehr zum Prügeln.

Nikolaj Poljanski, genannt Kolja, ... macht im dritten
15 Jahr eine Lehre als Koch bei einer Filiale des Jugendaufbauwerks Berlin. Hier bekommen 80 Jugendliche, die durch ihre Biografien benachteiligt sind, eine Berufsausbildung. Kolja kocht mit Hingabe, aber der Meister fürchtet, dass sein Deutsch für die Theorieprüfungen nicht
20 ausreicht. „Ich bin ehrlich: Ich bin schlecht", kommentiert Kolja seine deutschen Sprachkenntnisse, „ich hab schon versucht, die Abendschule zu besuchen. Aber da saßen lauter Frauen und da hab ich gleich an was anderes gedacht ..." Koljas Freundin ist ebenfalls Spät-
25 aussiedlerin und an den Wochenenden geht's in eine Russendisco.

Adelina Stößel spricht heute selbstbewusst Deutsch mit charmantem russischem Akzent. Als gelernte medizinische Laborassistentin hat sie gerade auf dem zweiten
30 Bildungsweg ihr Abitur nachgemacht und ein Biotechnologie-Studium begonnen. Sie jobbt als Model und spielt in ihrer Freizeit in einer russischen Theatergruppe.

Adelina kam im Alter von vierzehn Jahren mit Vater und Bruder nach Deutschland. „Initiatorin und Motor" dieser
35 Umsiedlung, wie sie sich ausdrückt, war ihre Großmutter. Die alte Dame las deutsche Zeitungen und schwärmte für Willy Brandts Ostpolitik. Im Aufnahmelager Marienfelde fand Adelina alles wunderbar. Doch dann zogen sie ins bürgerliche Reinickendorf im Norden Berlins und
40 Adelina wurde zur Außenseiterin. Noch heute kann sie es nicht fassen, dass keine einzige Mitschülerin sie während der zwei Jahre zu sich nach Hause einlud. Obwohl ihr Deutsch schon alltagstauglich war, bekam sie Sprechhemmungen: „Ich hab' die Wurst im Supermarkt immer
45 abgepackt gekauft, um bloß nichts an der Fleischtheke verlangen zu müssen."
In der Bundesrepublik leben über zwei Millionen Aussiedler aus den GUS-Staaten. Die Mehrheit der erwachsenen Spätaussiedler gibt an, dass sie um der Zukunft ihrer
50 Kinder willen emigriert sind. Die Eltern verlieren bei der Migration oft ihr ganzes Vermögen. Wenn es um Stellen geht, so nehmen die meisten einen großen sozialen Abstieg in Kauf. Ingenieure arbeiten als Schlosser und Geologinnen als Putzfrauen.

1. In Berlin–Mahrzahn …
   - [a] gab es Probleme zwischen Deutschen und Zuwanderern.
   - [b] funktioniert die Sozialarbeit nicht.
   - [c] kann man als Russe leben.

2. Koljas Meister sagt, dass Kolja …
   - [a] kein guter Koch ist.
   - [b] nicht genug Deutsch kann.
   - [c] nichts lernt.

3. Adelina Stößel …
   - [a] hat das Abitur gemacht und studiert jetzt.
   - [b] fühlte sich in Berlin immer wohl.
   - [c] hat ganz leicht Deutsch gelernt.

4. Viele Spätaussiedler …
   - [a] finden schnell wieder gute Arbeitsstellen.
   - [b] sind wegen der Zukunft ihrer Kinder gekommen.
   - [c] können keine Arbeit finden.

4.2 Verbinden Sie die Sätze mit *deshalb* oder *trotzdem*.

1. Mischa spricht nur mit Leuten aus seinem Land. Er lernt nur langsam Deutsch.
2. Olga war in Russland Ärztin. In Deutschland arbeitet sie als Krankenpflegerin.
3. Petar hatte in Kroatien Arbeit. Er ist nach Deutschland gegangen.
4. Aynur will Architektin werden. Sie hat das Abitur gemacht und ein Studium begonnen.
5. Vanja war früher Musiker und Dirigent. Heute arbeitet er als Lastwagenfahrer.
6. Kemal hat Mechaniker gelernt. Er macht sich selbstständig.

1. Mischa spricht nur mit Leuten aus seinem Land, deshalb …

5 Zugvögel – Aussprache üben
Üben Sie mit dem Text auf Seite 119. Hier finden Sie einige Tipps:

– Markieren Sie Satzmelodie, Satzakzent und Pausen.

   große Pause: Heimat ist dort, // wo ich mich wohlfühle. // ↘
   kleine Pause: Wo / haben / Zugvögel / ihre Heimat? // ↘

– Üben Sie den Text in Abschnitten.

– Sprechen Sie laut.

– Welche Wörter sind schwierig? Üben Sie diese Wörter zuerst
   einzeln, dann in Wortgruppen und zum Schluss den ganzen Satz.

– Sprechen Sie zuerst langsam, dann in normalem Sprechtempo.

6 Ein Interview mit Nikola Lainović
Schreiben Sie die Sätze im Perfekt.

1. Ich / mit meinem Vater / nach Florenz / fahren / .
2. Wir / im Studio / ein Fest / machen / .
3. Auf dem Fest / ich / meine Frau / kennenlernen / .
4. Sie / Kunstgeschichte / studieren / und / ein Praktikum / machen / .
5. Wir / nach München / ziehen / .
6. Damals / suchen / einen Zeichner / der Langenscheidt-Verlag / .
7. Ich / sich bewerben / als Zeichner / .
8. Ich / die Zeichnungen / von Berliner Platz / machen / .
9. Ich / dieses Gedicht / illustrieren / .

1. Ich bin mit meinem Vater nach Florenz gefahren.

7 Heimweh

Welches Wort passt? Kreuzen Sie an.

Ich heiße Rasim Coskun. Ich bin ① fünf Jahren in Deutschland. Ich lebe gern hier, ② es gibt Tage, an denen ich meine Heimat vermisse. Dann fehlen ③ meine Familie, meine Freunde, das Essen. Am Anfang war das schlimm. Ich war sehr traurig und ④ am liebsten sofort wieder nach Hause gefahren. Jetzt ist es schon viel ⑤ .

Aber manchmal sehne ich mich einfach nach „zu Hause". Dort kenne ich ⑥ Platz, jede Straße. Ich kenne die Geräusche und die Gerüche und ich ⑦ die Menschen. ⑧ ich in so einer Stimmung bin, dann lade ich meine Freunde ein. Ich koche ein ⑨ Gericht, wir essen, trinken, lachen und ich erzähle von ⑩ Heimat … Ich ⑪ weiter hart arbeiten und Geld sparen, denn ich weiß, ⑫ ich irgendwann zurückgehe.

1.	2.	3.	4.	5.	6.
a erst	a denn	a mir	a bin	a mehr	a alle
b seid	b aber	b mich	b würde	b gut	b jeder
c seit	c obwohl	c ich	c wäre	c besser	c jeden

7.	8.	9.	10.	11.	12.
a versteh	a Weil	a typisches	a meiner	a würde	a weil
b verstehe	b Als	b typisch	b meine	b wäre	b dass
c versteht	c Wenn	c typische	c mein	c werde	c dann

8 Realitäten und Wünsche

8.1 Ergänzen Sie die Sätze. Manchmal gibt es mehrere Möglichkeiten.

1. Mein Garten ist klein. Ich kann kein Gemüse anbauen.

   Wenn mein Garten größer _wäre_ , _könnte/würde ich Gemüse anbauen._

2. Ich habe keine Zeit. Ich kann dir nicht helfen.

   Aber wenn ich Zeit _____ , _____

3. Ich habe keinen Motorradführerschein. Ich darf nicht Motorrad fahren.

   Wenn ich einen Motorradführerschein _____ , _____ .

4. Ich habe am Montag einen Termin. Wir können uns nicht verabreden.

   Wenn ich am Montag keinen Termin _____ , _____ .

5. Ich esse immer zu viel Kuchen. Ich ärgere mich über mich.

   Wenn ich weniger Kuchen essen _____ , _____ .

8.2 Was würden Sie tun, wenn …? Schreiben Sie Antworten und vergleichen Sie im Kurs.

1. Was würden Sie zuerst tun, wenn Sie sehr viel Geld hätten?
2. Was würden Sie essen, wenn Sie eine Woche nur eine Speise essen dürften?
3. Was würden Sie anbieten, wenn unerwartet Gäste kommen würden?
4. Wo würden Sie gerne wohnen, wenn Sie die Wahl hätten?
5. Was würden Sie einem Freund in Ihrer Stadt zeigen, wenn er Sie besuchen würde?

1. Wenn ich sehr viel Geld hätte, würde ich es niemandem erzählen. Ich würde zuerst …

9 **Wir sind Mutter und Tochter und Kolleginnen.**
Ihr Porträt – Schreiben Sie die Sätze weiter und stellen Sie Ihr Porträt im Kurs vor.

1. Mein deutsches Lieblingswort ist _____

2. Heimat ist für mich _____

3. Typisch Deutsch ist _____

4. Ein Vorurteil, dem ich persönlich ständig begegne, ist _____
_____

5. Für meine Miete in _____ (Ihr Wohnort) könnte ich dort, wo meine Familie lebt, _____
_____

6. Was mir in _____ (Ihr Wohnort) fehlt: _____

7. Dafür gibt es in _____ (Ihr Wohnort) ein bisschen zu viel _____

8. Wenn ich im Ausland _____ (Ihr Wohnort) erklären muss, sage ich _____
_____

9. Als König/in von _____ (Ihr Land/Deutschland) würde ich _____
_____

10. Bei „multikulti" denke ich _____

11. Ich glaube an _____

12. Ich esse am liebsten _____

13. Bei einem Mann / einer Frau achte ich zuerst auf _____

14. Als 13-Jährige/r wäre ich gerne _____

15. Mein größter Fehler ist _____

16. Glücklich macht mich _____

17. Mich ärgert im Moment _____

18. Dieses Kompliment verunsichert mich _____

19. Diesen Menschen möchte ich gerne kennenlernen: _____

20. Auf meinem Nachttisch liegt _____

Aussprache

⊙ 4.24 **Viele Konsonanten – Hören Sie und sprechen Sie.**

1. das Schrecklichste   Das Schrecklichste ist, wenn man von der Familie getrennt lebt. ↘

2. du brauchst | nichts   Du brauchst mir nichts zu sagen. ↘ Ich kenne dich! ↘

3. ausschlafen   Im Urlaub kann man jeden Tag ausschlafen. ↘

4. selbst schneiden   Sie kann sich die Haare selbst schneiden. ↘

> **TIPP** Sprechen Sie jeden Laut. Sprechen Sie ein Wort zuerst langsam, dann in normalem Tempo. Üben Sie das Wort in Wortgruppen oder in kurzen Sätzen.

Arbeit im Wandel

1 **Arbeit hat viele Gesichter.**

1.1 Ergänzen Sie die Texte.

Text 1 Jede neunte Firma wird heute von Migranten gegründet. Einer v__ __ ihnen i__ __ Tarik.
E_ beliefert Ca__ __ __, Hotels u__ __ Restaurants m__ __ Kaffee, T__ __ und Schok__ __ __ __ __ __.
„Bevor i__ __ mich selbst__ __ __ __ __ __ __ gemacht ha__ __, war i__ __ in ei__ __ __ Rösterei a__ __
Verkäufer anges__ __ __ __ __. Heute b__ __ ich mein eig__ __ __ __ __ Chef", sa__ __ er.

Text 2 Wie viele andere Menschen in Deutschland hat Sandra zwei Jobs. I__ ihrem Haup__ __ __ __ __
ist s__ __ Sachbearbeiterin. I__ ihrem Nebe__ __ __ __ arbeitet s__ __ als Trai__ __ __ __ __ in
ei__ __ __ Kletterpark. „We__ __ ich d__ __ ganzen T__ __ am Schrei__ __ __ __ __ __ war,
bra__ __ __ __ ich d__ __ Arbeit a__ der fris__ __ __ __ __ Luft", me__ __ __ sie.

Text 3 Alex macht ein Praktikum, um ins Berufsleben einzusteigen. „Es macht richtig Spaß. Ich
ka__ __ Erfahrungen sam__ __ __ __ und beruf__ __ __ __ __ Kontakte knü__ __ __ __ __", sagt e__. „Ich
ho__ __ __, dass i__ __ nach d__ __ Praktikum v__ __ selben Arbei__ __ __ __ __ __ übernommen
we__ __ __ oder schn__ __ __ bei ei__ __ __ anderen Untern__ __ __ __ __ eine Arb__ __ __ finde."

1.2 Lesen Sie die fünf Texte auf Seite 126/127 noch einmal. Was passt zu wem?

1. Ich verdiene genug und kann mich doch um meine Tochter kümmern. _____

2. Ich habe viel gelernt. Jetzt will ich Berufserfahrung sammeln. _____

3. Mein Freund meint, mit nur einem Job wäre ich nicht ausgelastet. _____

4. Wenn ich den ganzen Tag auf dem Bau war, mache ich mich abends schick. _____

5. Ich bin unabhängig, aber ich habe auch viel Verantwortung. _____

⊙ 4.25 **1.3 Hören Sie das Gespräch und kreuzen Sie an: richtig oder falsch?**

	R	F
1. In Finnland wird weniger Wert auf die Ausbildung im Betrieb gelegt als in Deutschland.	☐	☐
2. Herr Mäkelä findet, dass Deutsche gemütlich arbeiten.	☐	☐
3. Herr El Busati mag Frankfurt.	☐	☐
4. Herr El Busati hat viele deutsche Bekannte.	☐	☐
5. Frau Jablonska arbeitet jetzt in einem Pflegeheim.	☐	☐
6. Frau Jablonska hat ihre Eltern gepflegt.	☐	☐

1.4 Wählen Sie drei Satzanfänge und schreiben Sie über sich selbst.

Als ich nach … kam … • Am Anfang … • Ich hatte viel Erfahrung mit … • Das Leben in … ist … •
Eines habe ich gemerkt: … • Nur eine Sache finde ich schade: … • Demnächst werde ich …

2 **Ein Arbeitsplatz zu Hause oder im Büro?**

2.1 Arbeiten, wenn andere frei haben – Ordnen Sie die Grafiken den Texten in 2.2 zu.

1
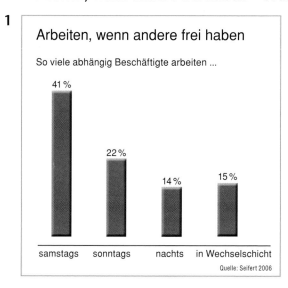

2
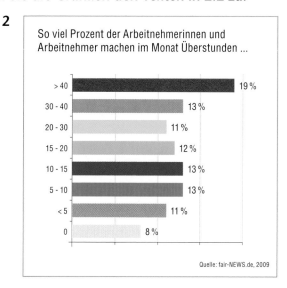

2.2 Ergänzen Sie die Lücken in den Texten.

A

19 Prozent aller Beschäftigten in Deutschland arbeiten jeden _____ 40 Stunden mehr, als in ihrem Arbeitsvertrag steht. Zwischen 30 und 40 Überstunden machen monatlich _____ _____ der Arbeitnehmerinnen und Arbeitnehmer. 20 bis 30 Überstunden machen _____. 12 Prozent kommen auf durchschnittlich _____ Überstunden. 13 Prozent machen _____ Überstunden. Genauso viele müssen 5 bis 10 Überstunden ableisten. Nur _____ machen überhaupt keine Überstunden.

15 bis 20

41 Prozent

Monat

ein Viertel

Freitagnachmittag

8 Prozent

montags

11 Prozent

10 bis 15

14 Prozent

13 Prozent

B

Für immer mehr Beschäftigte in Deutschland gehört die normale Arbeitswoche, die _____ beginnt und am _____ _____ endet, der Vergangenheit an. Am häufigsten ist die Wochenendarbeit. Für _____ der Erwerbstätigen ist regelmäßiges Arbeiten an Samstagen nichts Ungewöhnliches mehr und für fast _____ aller Beschäftigten, nämlich 22 Prozent, steht die Arbeit an Sonntagen im Arbeitsvertrag. Viele Menschen arbeiten in Wechselschicht, d. h. abwechselnd bei Tag und Nacht, werktags, sonntags und feiertags. _____ verzichten regelmäßig auf ihre Nachtruhe.

3 Zur gleichen Zeit

3.1 Schreiben Sie Sätze mit *während*.

1. Die Maschine wird repariert.
   Maria telefoniert mit ihrer Kollegin.
2. Rolf beantwortet seine E-Mails. Jasper kümmert
   sich um den Papierstau im Kopierer.
3. Mareike ist im Kindergarten. Ihre Mutter
   spricht mit den Handwerkern auf der Baustelle.
4. Hua öffnet das Geschäft. Tian parkt den Lieferwagen.
5. Lena schreibt einen Bericht. Viktor verhandelt mit dem Kunden.

> 1. Die Maschine wird repariert,
>   während Maria mit ihrer
>   Kollegin telefoniert.
>   Während Maria mit ihrer
>   Kollegin telefoniert, wird
>   die ...

3.2 Gegensätze – Schreiben Sie Sätze wie im Beispiel.

1. die Arbeit / Carmen / während / am Schreibtisch /
   liebt / , kann Viktor im Sitzen nicht gut arbeiten.
2. führt / sie / wichtige Telefongespräche / während /
   mit Kunden / , will Hannah nicht gestört werden.
3. Frau Brill / während / abholen / ihre Kinder /
   muss / vom Kindergarten / , gehen die Kollegen
   nach der Arbeit noch einen Kaffee trinken.
4. abends / muss / an die Arbeit / Rashmi / denken /
   während / , kann sich Oleg abends gut entspannen.

> 1. Während Carmen die Arbeit
>   am Schreibtisch liebt, kann
>   Viktor im Sitzen nicht gut
>   arbeiten.

4 Homeoffice

P

Eine E-Mail beantworten – Sie haben folgende E-Mail erhalten:

```
Liebe/r …
vielen Dank für deine letzte E-Mail. Du fragst, wie es jetzt bei mir weitergeht. Tja, das
weiß ich auch nicht so recht. Mein Erziehungsurlaub ist ja in einem halben Jahr zu Ende
und ich würde so gerne wieder arbeiten gehen, aber ich will Marie nicht zu lange alleine
lassen. Mein Chef hat mir angeboten, dass ich von zu Hause aus arbeite, „Homeoffice" nennt
er das. Was meinst du, soll ich das machen?
Liebe Grüße
Andrea
```

Antworten Sie Andrea. Schreiben Sie in Ihrer E-Mail etwas zu den folgenden vier Punkten:
– die wichtigsten Vorteile, die ein Homeoffice-Arbeitsplatz hat
– die größten Nachteile, die ein Homeoffice-Arbeitsplatz hat
– was Sie machen würden
– dass Sie sich für Ihre Freundin freuen
Überlegen Sie sich dabei eine passende Reihenfolge der Punkte. Vergessen Sie Datum und Anrede nicht
und schreiben Sie auch eine passende Einleitung und einen passenden Schluss.

5 Arbeiten im Ausland

Was bedeuten 1–5? Arbeiten Sie mit dem Wörterbuch und ordnen Sie a–e zu.

1. Das machte ihm zu schaffen. ____ a) Er hat seine Meinung dazu geändert.

2. Er sieht das jetzt mit anderen Augen. ____ b) Es gab nicht genug davon.

3. Das war nicht gefragt. ____ c) Das ist nicht für jeden das Richtige.

4. Das ist nicht jedermanns Sache. ____ d) Damit hatte er Probleme.

5. Das war Mangelware. ____ e) Keiner interessierte sich dafür.

6 Anfangspunkt in der Vergangenheit: Nebensätze mit *seit*

6.1 Ergänzen Sie bei 1–8 einen Nebensatz mit *seit*. Es gibt verschiedene Möglichkeiten. Vergleichen Sie im Kurs.

1. Lisa fühlt sich viel gesünder, …
2. Die Kollegen sind zufriedener, …
3. Jürgen hat gute Laune, …
4. Olga arbeitet viel schneller, …
5. Die Chefin wirkt viel freundlicher, …
6. Sabine und Ingo verstehen sich viel besser, …
7. Sergej spricht viel besser Deutsch, …
8. Frau Günther schläft viel besser, …

nach der Arbeit in einen Sportverein gehen
neuen Computer haben
sich selbstständig machen
mit seiner Freundin zusammenwohnen
eine Gehaltserhöhung bekommen
aus dem Urlaub zurück sein
im Internet eine neue Stelle finden
in einem schönen, hellen Büro sitzen

> 1. Lisa fühlt sich viel gesünder, seit sie aus dem Urlaub zurück ist.

6.2 Seit wann machen Sie was? Schreiben Sie vier Sätze über sich selbst.

> Seit ich deutsche Bekannte habe, spreche ich viel mehr Deutsch.

6.3 Temporale Nebensätze – Ergänzen Sie die Konjunktionen *bis, nachdem, seit, während*.

1. Frau Zeisig arbeitet von 8 bis 12 Uhr im Büro, _____ ihre Kinder im Kindergarten sind.
2. _____ alle Kollegen da sind, müssen wir mit der Besprechung noch warten.
3. Ingo ist mehr als glücklich, _____ er einen Ausbildungsplatz hat.
4. _____ Sabine mit dem Betriebsrat gesprochen hatte, machte sie einen Termin beim Chef.

7 Selbstständig arbeiten
Ergänzen Sie das Kreuzworträtsel mithilfe des Textes auf Seite 132. Schreiben Sie *ü* als *ue* und *ö* als *oe*.

1. Wenn man selbstständig arbeitet, ist man sein eigener C…
2. Menschen, die von einem Land in ein anderes umziehen, nennt man auch M…
3. Wenn man Geld braucht, bekommt man von der Bank (vielleicht) einen K… Meistens muss man dafür Zinsen bezahlen.
4. Die Inhaberin einer Firma nennt man auch U…
5. Ein anderes Wort für „großer persönlicher Einsatz" ist E…
6. In einer B… findet man Rat und Hilfe.
7. Wenn man viele Beziehungen zu Menschen hat, die einem helfen können, dann ist man gut v…
8. Ein anderes Wort für „finanzielle Unterstützung" ist F…
9. Wenn sich jemand selbstständig macht, nennt man ihn auch einen E…

8 Schritt für Schritt in die Selbstständigkeit

8.1 Lesen Sie 1–12. Welche Aussagen passen eher zu Selbstständigen (S) und welche eher zu Angestellten (A)? Ordnen Sie zu.

___ ___ 1. Ich kann leicht auf Menschen zugehen und habe ein großes Netzwerk an Kontakten.

___ ___ 2. Ich möchte am Wochenende Zeit für meine Familie und meine Freunde haben.

___ ___ 3. Ich habe etwas Geld als Reserve und kann auch ein paar schlechte Monate überstehen.

___ ___ 4. Meine Gesundheit ist nicht so gut. Manchmal muss ich mich krankschreiben lassen.

___ ___ 5. Ich bin nicht der Typ, der anderen Anweisungen gibt.

___ ___ 6. Ich arbeite gerne auch dann, wenn andere schon Freizeit haben.

___ ___ 7. Der Papierkram, also Rechnungen schreiben, Verträge schließen usw., macht mir nichts aus.

___ ___ 8. Ich möchte am Monatsende mein Geld auf dem Konto haben.

___ ___ 9. Ich gehe gerne zur Arbeit, weil ich dort meine Kolleginnen und Kollegen treffe.

___ ___ 10. Meine Familie unterstützt mich, auch wenn ich wenig Zeit für sie habe.

___ ___ 11. Ich mag regelmäßige Arbeitszeiten und mache nicht gerne Überstunden.

___ ___ 12. Ich habe gern einen Chef. Der trägt die Verantwortung, wenn etwas schief geht.

8.2 Testen Sie sich selbst. Welche Aussagen treffen auf Sie zu (+) und welche nicht (–)?

9 Geschäftsideen

9.1 Lesen Sie den Zeitungsartikel. Überlegen Sie: Wozu braucht man Mut?

Man braucht schon etwas Mut

Strohhüte, Filzhüte, Sommer-hüte, Hüte zu jedem Anlass stehen aufgereiht auf den Re-galen. Auf dem großen Ar-
5 beitstisch liegen Nadeln, Schleifen und Stoffe herum. Steffi Bergers Hutladen ist eine eigene Welt.

Hüte in Handarbeit herzustel-
10 len, ist eine langwierige Sache. Steffi beschäftigt keine Mitar-beiter. „Ich bin richtig selbst-ständig", sagt sie ironisch. „Ich mache alles selbst – und das ständig." Sie entwirft,
15 kauft Materialien und Stoffe ein, näht, macht Wer-bung und verkauft über einen Onlineshop und auf kleineren Messen.

Für sie ist trotz 12-Stunden-Tagen und 6-Tage-Wo-chen ein Traum in Erfüllung gegangen. Ursprüng-
20 lich hatte sie mal Modistin gelernt, aber dann wollte sie schnell Geld verdienen und hat einen Job als Verkäuferin in einem Hutgeschäft angenom-men. Als das dann Pleite machte, kam für Steffi der Tag der Entscheidung.
25 Trotz aller Probleme ist sie sicher, es zu packen. „Man braucht schon etwas Mut", sagt sie. „Es gibt Tage, an denen man aufgeben will, aber dann kommt wieder eine Kundin, die total begeistert ist von ihrem neuen Hut, und das gibt dann wieder
30 Kraft, um weiterzumachen."

So hat alles angefangen
Als das Hutgeschäft Anfang 2009 Insolvenz anmelden musste, stand Steffi plötzlich
35 ohne Job da. Bei einer Arbeits-losenrate von über 10 % wa-ren die Chancen auf eine neue Stelle nicht gerade günstig. Deshalb fragte sie gleich beim
40 ersten Besuch in der Arbeits-agentur nach Hilfen für den Schritt in die Selbstständig-keit.

Der Zufall half ihr auch ein bisschen und sie
45 fand schnell einen preiswerten Raum für ihre Ladenwerkstatt. Mit der finanziellen und prak-tischen Hilfe von ein paar guten Freunden konnte sie sechs Wochen nach ihrer Kündigung bereits mit der Renovierung des neuen Ladens begin-
50 nen.
Der Staat half ihr für neun Monate mit einem Gründungszuschuss in Höhe des Arbeitslosengeldes plus 300 € für die Krankenversicherung. Die 300 € zur sozialen Absicherung bekam sie auch noch wei-
55 tere sechs Monate, weil sie eine intensive und hauptberufliche Geschäftstätigkeit nachweisen konnte. „Das war gar kein Problem", lacht Steffi, „das Geschäft geht ganz gut. Vielleicht mach' ich auch noch Taschen und Gürtel. Nur Hüte – da-
60 für bin ich bin viel zu kreativ."

9.2 Steffi Bergers Berufsleben – Ordnen Sie die Ereignisse in die richtige Reihenfolge.

☐ als Verkäuferin in einem Hutgeschäft gearbeitet

☐ Ausbildung zur Modistin gemacht

☐ Laden renoviert

☐ zur Arbeitsagentur gegangen, nach Starthilfe gefragt

☐ kleinen Laden gemietet

☐ Hutgeschäft Pleite gemacht

☐ Kündigung erhalten

☐ Laden eröffnet

9.3 Kreuzen Sie an: a, b oder c?

1. Vor ihrer Selbstständigkeit war Frau Berger …

ⓐ als Verkäuferin angestellt.
ⓑ im Ausland unterwegs.
ⓒ Studentin für Modedesign.

2. Frau Berger verkauft ihre Produkte …

ⓐ in einem lokalen Hutgeschäft.
ⓑ an Freunde und Bekannte.
ⓒ im Internet und auf Messen.

3. Frau Berger ging zur Agentur für Arbeit, …

ⓐ weil sie selbstständig werden wollte.
ⓑ weil sie eine neue Stelle als Modistin suchte.
ⓒ weil sie eine Mitarbeiterin einstellen wollte.

4. Frau Berger bekam …

ⓐ bereits nach sechs Wochen eine neue Stelle.
ⓑ einen staatlichen Gründungszuschuss.
ⓒ viele Jobangebote von der Agentur für Arbeit.

Aussprache

◉ 4.26 **Wortakzent und Rhythmus – Hören Sie und markieren Sie den Wortakzent. Sprechen Sie dann und verstärken Sie den Rhythmus durch Klopfen oder Klatschen.**

1. die Arbeit – das Amt – das Arbeitsamt
2. die Männer – der Beruf – der Männerberuf
3. brutto – das Gehalt – das Bruttogehalt
4. die Arbeit – die Zeit – die Arbeitszeit
5. sozial – die Versicherung – die Sozialversicherung
6. die Umwelt – die Technik – die Umwelttechnik

DAS AR–BEITS–AMT

Schwierige Wörter

◉ 4.27 ① **Hören Sie und sprechen Sie langsam nach. Wiederholen Sie die Übung.**

Selbstständigkeit. ↘ für die Selbstständigkeit. ↘ Herr Maaß entscheidet sich für die Selbstständigkeit. ↘

Praktikumsplätze. ↘ immer mehr Praktikumsplätze. ↘ Es gibt immer mehr Praktikumsplätze. ↘

Krankenversicherung. ↘ monatlich Krankenversicherung. ↘ Er zahlt monatlich Kranken- versicherung. ↘

② **Welche Wörter sind für Sie schwierig? Schreiben Sie drei Lernkarten und üben Sie mit einem Partner / einer Partnerin.**

36 Ein Leben lang lernen

1 Lerngeschichten

1.1 Bilden Sie zusammengesetzte Nomen. Ergänzen Sie die fehlenden Wörter.

1. die Musik	+	_____	=	die Musikschule
2. kochen	+	der Kurs	=	_____
3. _____	+	_____	=	die Tanzschule
4. schwimmen	+	_____	=	die Schwimmhalle
5. _____	+	_____	=	die Fahrschule
6. _____	+	der Kurs	=	der Computerkurs
7. der Sport	+	der Verein	=	_____

⊙ 4.28

1.2 Hören Sie den Text und ergänzen Sie. 🔊 ↓

Viele Menschen haben irgendwann den _____ , eine neue Fremd-sprache zu _____ . Manche benötigen diese für ihren _____ , andere weil sie häufig in bestimmte Länder _____ . Allerdings war es bei mir ganz anders: Ich hatte ganz private Gründe, warum ich eine neue _____ lernen wollte. Mein Sohn hat auf einer Dienstreise eine Chinesin kennengelernt. Sie wollen bald _____ . Zwar _____ meine zukünftige Schwiegertoch-ter etwas Deutsch, bei _____ ist das _____ jedoch schwierig, da in ihrer Familie _____ Deutsch beherrscht. Für mich ist Chinesisch _____ schwierig. Am _____ habe ich gedacht: Das lernst du nie. Doch heute spreche ich schon _____ gut. Zumindest sagt das meine Schwiegertochter. Aber richtig zu _____ werde ich wohl niemals lernen.

🔊 Anfang • Beruf • Familientreffen • ganz • heiraten • lernen • niemand • reisen • Sprache • spricht • Verstehen • schreiben • Wunsch • ziemlich •

2 Meine Lernbiografie

Schreiben Sie einen Text zum Thema „Meine Lernbiografie". Die Fragen helfen Ihnen.

– Welche Schulen haben Sie besucht?
– Welche Schule war für Sie besonders wichtig?
– Welche Fremdsprachen haben Sie gelernt?
– Welchen Schulabschluss haben Sie?
– Welche Ausbildung haben Sie gemacht?
– In welchem Beruf / welchen Berufen haben Sie gearbeitet?

> Mit sechs Jahren bin ich in die Grundschule gekommen. Dort habe ich lesen und schreiben gelernt. Die Grundschule dauerte ...

3 Lernerfahrungen – Interview mit Eva Svoboda

⊙ 4.29 Hören Sie das Interview.

P..... Kreuzen Sie die richtige Antwort an.

1. Eva ist Au-pair-Mädchen …
- a seit 12 Monaten.
- b seit 8 Monaten.
- c seit 6 Monaten.

2. Wann wurde Eva Au-pair-Mädchen?
- a Mit 16 Jahren.
- b Nach ihrer Ausbildung.
- c Nach der Schule.

3. Eva wollte nach Deutschland, …
- a weil sie ihre Freunde treffen wollte.
- b weil sie dort studieren wollte.
- c weil sie schon gut Deutsch sprach.

4. Wie gut spricht Eva jetzt Deutsch?
- a Sie kann ein bisschen besser reden.
- b Sie muss noch mehr Deutschkurse besuchen.
- c Sie kommt im Alltag sehr gut zurecht.

5. Was denkt Eva über ihre Zeit als Au-pair?
- a Das ist eine wichtige Erfahrung für sie.
- b Die Arbeit mit den Kindern ist schwierig.
- c Sie kann nicht immer alle Probleme lösen.

4 Partizipien als Adjektive

4.1 Ein Traum: Wiederholung Adjektivdeklination – Ersetzen Sie das Adjektiv *rosa* durch passende Adjektive mit den richtigen Endungen. Vergleichen Sie im Kurs.

Einige mögliche Adjektive:

dunkel • grün • bunt • groß • gefährlich • rot • lang • dumm • braun • tief • dick • grau • seltsam • schön • traurig • weiß • klein • lieb • böse • modern • faul • fleißig • krank • arm • schwarz • riesig • furchtbar • intelligent • schrecklich • stark • friedlich • komisch • lustig • weich • …

Letzte Nacht hatte ich einen rosa[1] Traum. Ich ging in einem Wald mit rosa[2] Bäumchen spazieren. Über mir flog ein rosa[3] Vogel mit rosa[4] Flügeln. Gerade als ich ihm nachschaute, kam ein rosa[5] Reh zwischen den rosa[6] Bäumen hervor und schaute mich aus rosa[7] Augen an. „Bambi", sagte ich, da verschwand es wieder im rosa[8] Wald. Plötzlich stand der rosa[9] Wolf vor mir. Er hatte ein rosa[10] Fell und einen rosa[11] Schwanz. Er öffnete sein rosa[12] Maul und ich konnte seine rosa[13] Zunge und seine rosa[14] Zähne sehen. Neben dem Wolf stand das rosa[15] Rotkäppchen. Es trug ein rosa[16] Kleid und rosa[17] Schuhe und auf dem Kopf natürlich die rosa[18] Mütze. „Rotkäppchen", sagte ich, da lief es schnell in den rosa[19] Wald. Im gleichen Moment sprang der rosa[20] Wolf mit einem rosa[21] Sprung auf mich zu. Ich fiel hin, er riss sein rosa[22] Maul auf und da erwachte ich.

Letzte Nacht hatte ich einen bösen/traurigen/schwarzen Traum …

4.2 Partizip I und II – Ergänzen Sie die Tabelle.

Infinitiv	Partizip I	Partizip II
fahren	*fahrend*	*gefahren*
schreiben	_____	_____
lernen	_____	_____
notieren	_____	_____
lesen	_____	_____
verstehen	_____	_____
zuhören	_____	_____

4.3 Partizip I und II als Adjektive – Bilden Sie Wortgruppen wie im Beispiel. Achten Sie darauf, wo Partizip I und wo Partizip II stehen muss.

Nein, verehrte Dame, ich bin ein verzauberter Frosch, und Sie?

Na, du schöner Vogel, bist du ein sprechender Papagei?

1. das/ein (fahren) Auto
2. die/eine (schreiben) E-Mail
3. der/ein (sprechen) Papagei
4. die/eine (blühen) Rose
5. das/ein (streichen) Zimmer
6. die/eine (schützen) Umwelt

7. der/ein (singen) Vogel
8. die/eine (gut bezahlen) Arbeit
9. die/eine (lesen) Studentin
10. das/ein (lesen) Buch
11. der/ein (bügeln) Mann
12. das/ein (bügeln) Hemd

1. das fahrende Auto / ein fahrendes Auto

4.4 Ergänzen Sie die Endungen der Partizipien.

1. Ich bin gelernt_____ Koch und habe eine studierend_____ Tochter. Sie will Ärztin werden.

2. Ein ausgebildet_____ Facharbeiter verdient besser als ein ungelernt_____ Hilfsarbeiter.

3. Die Firma Heider sucht einen gut ausgebildet_____ Elektriker.

4. Mein Sohn hat seine Bewerbung schon an viele ausbildend_____ Handwerksbetriebe geschickt.

5. Milan hat für seinen Arabisch sprechend_____ Freund beim Ausländeramt übersetzt.

6. Das falsch ausgefüllt_____ Formular muss noch einmal ausgefüllt werden.

7. Ein nicht unterschrieben_____ Antrag ist ungültig.

8. Alle falsch gelöst_____ Aufgaben solltest du wiederholen.

5 Wie man am besten eine Fremdsprache lernt

5.1 Machen Sie eine Tabelle mit den folgenden Wörtern. Notieren Sie die Nomen mit Artikel.

~~schrift~~ • sprechen • klein • satz • leise • aussprache • kennen • wortschatz • wiederholen •
mündlich • wort • verstehen • falsch • text • fließend • können • bedeuten • aussprechen •
frage • tipp • schwierig • stimme • buchstabieren • einfach • sich merken

Nomen	Verben	Adjektive
die Schrift		

5.2 Ergänzen Sie Ihre Tabelle mit eigenen Wörtern.

**5.3 Lesen Sie die Tipps. Welche Tipps finden Sie am wichtigsten? Notieren Sie von 5
(sehr wichtig) bis 0 (unwichtig). Welche Tipps würden Sie ergänzen?**

1 Melde dich zu einem Kurs an, der deinem Können entspricht.

2 Lerne die Regeln der neuen Sprache. Das hilft dir, deine Sätze richtig zu formulieren, und ist wichtig, um Fortschritte zu machen.

3 Verlier deine Angst. Trau dich, in der neuen Sprache zu sprechen und Fehler zu machen. Nur so kannst du dich Stück für Stück verbessern.

4 Such den Kontakt mit Muttersprachlern. Konversationsgruppen oder Freunde sind wichtig, um in einer fremden Sprache Fuß zu fassen.

5 Lass dich korrigieren und lerne aus deinen Fehlern.

6 Hör gut zu und sprich nach! Jede Sprache hat ihre eigenen Laute, Melodien und ihren Rhythmus.

7 Versuch zu lernen, wie du deine Aussprache verbessern kannst, und lass dir bei schwierigen Wörtern immer helfen.

8 Hör Lieder in der fremden Sprache. Im Internet kannst du die Texte für die meisten Lieder finden. Lerne Wörter und Ausdrücke aus den Liedern.

9 Sieh dir Filme und Videos an. Wenn es notwendig ist, dann aktivier die Untertitel in deiner Sprache. Notier dir neue Wörter und Ausdrücke, die du später benutzen kannst.

10 Führ ein Vokabelheft oder mach dir Lernkarten mit den neuen Wörtern. Es gibt auch „Vokabelkästen" für deinen Computer.

6 Eine Nachricht von Eva

6.1 Welche Präposition ist richtig? Markieren Sie.

1. Thomas hat **am** / **im** / **vom** Mai Prüfung.
2. Der Chef kommt **in** / **seit** / **an** einer Stunde.
3. Maike hat mich **im** / **vor** / **am** Abend angerufen.
4. **Nach** / **Seit** / **Vom** Montag funktioniert der Drucker nicht mehr.
5. Sie geht **nach** / **bei** / **seit** dem Essen immer spazieren.
6. **An** / **In** / **Bei** der Nacht regnete es.
7. Familie Schubert möchte **am** / **beim** / **im** Sommer ans Meer fahren.
8. Dieses Geschäft ist nur **von** / **an** / **seit** Montag **in** / **bis** / **an** Freitag geöffnet.

6.2 Ergänzen Sie die Präpositionen.

1. _am_ Vormittag
2. _____ der Nacht
3. _____ Abend
4. _____ Montag
5. _____ Herbst
6. _____ August
7. _____ 20 Uhr
8. _____ den Ferien
9. _____ Wochenende
10. _____ Anfang des Monats
11. _____ Ende der Woche
12. _____ Frühling

6.3 Beantworten Sie die Fragen.

1. Wann haben Sie Geburtstag?
2. Von wann bis wann haben Sie Ihren Beruf gelernt?
3. Seit wann dürfen Sie Auto fahren?
4. Wann haben Sie Ihren Mann/Freund / Ihre Frau/Freundin kennengelernt?
5. Wann sind Sie das letzte Mal im Urlaub gewesen?
6. Wann gehen Sie am liebsten in Urlaub?
7. Seit wann haben Sie einen Internetanschluss?
8. Wie lange sitzen Sie täglich am Computer?
9. Bis wann haben in Ihrer Stadt die Supermärkte geöffnet?
10. Wann gehen Sie normalerweise einkaufen?

> 1. Ich habe am 14. August Geburtstag.

6.4 Ergänzen Sie die Endungen.

1. Ich habe am kommend_____ Montag leider keine Zeit.
2. Im letzt_____ Sommer hat es sehr viel geregnet.
3. Können Sie am nächst_____ Freitag in die Sprechstunde kommen?
4. In der letzt_____ Juliwoche beginnen die Ferien.
5. In meiner knapp_____ Freizeit treibe ich nur wenig Sport.
6. Am Anfang des nächst_____ Jahres verreise ich für zwei Wochen.
7. Kommend_____ Woche beginnt mein Spanischkurs.
8. Letzt_____ Freitag war ich krank.

7 Ratschläge geben

7.1 Formulieren Sie die Sätze mit *nicht brauchen zu*.

1. An deiner Stelle würde ich nicht die ganze Nacht lernen.
2. Du musst mich nicht jeden Tag anrufen.
3. Auf keinen Fall musst du heute alle Aufgaben schaffen.
4. Es wäre nicht so gut, wenn du alle Wörter auf einmal lernst.
5. Du musst nicht jeden Tag lernen.

> *1. Du brauchst nicht die ganze Nacht zu lernen.*

7.2 Schreiben Sie die Sätze ohne *nicht brauchen zu*.

1. Du brauchst nicht jeden Tag einkaufen zu gehen.
2. Du brauchst mir heute nicht zu helfen.
3. Du brauchst morgen nicht zu arbeiten. Du hast frei.
4. Ihr braucht heute nicht zum Kurs zu kommen. Die Lehrerin ist krank.
5. Ihr braucht die Tür nicht abzuschließen. Ich bin noch im Büro.

> *1. Du musst nicht jeden Tag einkaufen gehen.*

8 Was Sie unbedingt noch lernen sollten: Zungenbrecher

⊙ 4.30 Hören Sie zu. Sprechen Sie erst langsam, dann schnell.

**Wenn Grillen grillen,
grillen Grillen Grillen.**

Ob er aber über Oberammergau
oder aber über Unterammergau
oder ob er überhaupt net kommt,
des is net g'wiss.

In Ulm und um Ulm und um Ulm herum.

*Zwischen zwei Zwetschgenzweigen
zwitschern zwei geschwätzige Schwalben.*

Ein chinesischer Chirurg schenkt tschechischen
Skifreunden frisch gebackene Shrimps.
Frisch gebackene Shrimps schenkt ein chinesischer
Chirurg tschechischen Skifreunden.

*Wenn Fliegen hinter Fliegen fliegen,
fliegen Fliegen Fliegen nach.*

Wir Wiener Waschweiber würden Willys
weiße Windeln waschen,
wenn wir wüssten, wo warmes Wasser wäre.

9 28:7 – Ein Sketch

Welche Erklärung stimmt?

Warum gibt es in vielen Ländern der Welt „Sommerzeit" (Normalzeit + 1 Stunde)?

- [a] Weil man gemerkt hat, dass Kühe so mehr Milch geben und Hühner mehr Eier legen.
- [b] Weil es im Sommer wärmer ist und man so die kühleren Abende besser nutzen kann.
- [c] Weil dadurch das Tageslicht besser ausgenutzt wird und man hofft, Energie zu sparen.

C ist richtig. Seit 1916 wurde in Deutschland mit Sommerzeiten experimentiert. Seit 1996 gibt es eine gemeinsame europäische Sommerzeit. Die Hoffnung auf Energieeinsparung hat sich aber nicht erfüllt. Quelle: www.zeitumstellung.de

Hören – Aussagen zu einem Thema verstehen

P DTZ

⊙ 4.31–34

Sie hören Aussagen zu einem Thema. Lesen Sie zunächst die Sätze a–f. Dazu haben Sie eine Minute Zeit. Entscheiden Sie dann beim Hören, welcher Satz zu welcher Aussage passt.

Nr.	Beispiel	1	2	3
Lösung	d			

a) Es ist gut, dass man hier nicht ein Jahr wiederholen muss, wenn man schlechte Noten hat.
b) Mir gefällt, dass man am Gymnasium in kurzer Zeit sehr viel lernt.
c) Am meisten lernt man, wenn man viele Hausaufgaben bekommt.
d) Es kann eine Hilfe sein, die Klasse zu wechseln.
e) Wenn man das Lernen gut organisiert, hat man weniger Schulstress.
f) Es ist toll, dass ich zu Hause nie lernen muss.

Lesen – Informationen, Meinungen und formelle Mitteilungen verstehen

P DTZ

Lesen Sie die drei Texte. Zu jedem Text gibt es zwei Aufgaben. Entscheiden Sie bei jedem Text, ob die Aussage richtig oder falsch ist und welche Antwort (a, b oder c) am besten passt.

Zwischen zwei Welten
Die junge Autorin Aynur Özoguz stellt ihr erstes Buch vor

Aynur Özoguz berichtet in dem Buch von ihrem Leben in zwei völlig verschiedenen Welten: Ihre Eltern stammen aus der Türkei, ihr Vater hatte die Schule abgebrochen – und sie macht gerade auf einem Frankfurter Gymnasium ihr Abitur. Später möchte sie Politik studieren und dann am liebsten Diplomatin werden. Aynur macht sich gerne abends schön für die Disco – dorthin kann sie aber nur mit ihren deutschen Klassenkameradinnen. Ihre türkischen Freundinnen dürfen leider nicht dabei sein – ihre Freunde verbieten es.
Aynurs Problem ist, dass sie nirgends ganz dazugehört. Sie möchte mit dem Buch erreichen, dass mehr über Menschen wie sie diskutiert wird und dass Migranten dieselben Chancen bekommen wie die Deutschen.

① Aynur fühlt sich eindeutig als Türkin. [Richtig] [Falsch]

② Wenn sie abends ausgeht, …
  [a] kommen türkische und deutsche Mädchen mit.
  [b] sind die Freunde von ihren Mitschülerinnen dabei.
  [c] zieht sie sich gerne gut an.

Liebe Eltern,

nächsten Mittwoch findet wieder der Laufwettbewerb „Rund um den Waldsee" statt. Wir treffen uns um 9:40 Uhr an der Schule, um mit dem Bus zum Waldsee zu fahren. Nach etwa drei bis vier Stunden fahren wir dann wieder gemeinsam zurück, sodass wir ca. um 14 Uhr an der Schule sein werden.
Bitte achten Sie darauf, dass Ihr Kind an diesem Tag gut frühstückt. Sorgen Sie bitte unbedingt dafür, dass Ihr Kind ein T-Shirt und eine Hose zum Wechseln sowie ein Handtuch dabeihat.
Nach dem Lauf benötigen die Kinder sehr viel zu trinken. Geben Sie Ihrem Kind bitte genug zu essen und einen Trinkbecher mit.

Mit freundlichen Grüßen

Bettina Michelsen
Klassenlehrerin

3 Die Kinder laufen von der Schule bis zum See.　　Richtig　　Falsch

4 Die Kinder sollen an dem Tag …

[a] Badesachen mitnehmen.
[b] Kleidung zum Umziehen mitnehmen.
[c] morgens wenig essen.

Sehr geehrter Herr Thoma,

vielen Dank für Ihre Mitteilung. Für die Ihnen entstandene Verspätung auf der Fahrt von Magdeburg nach Stuttgart entschuldigen wir uns im Auftrag der Deutschen Bahn.
Wir haben die uns von Ihnen zugeschickte Fahrkarte geprüft und kommen zu folgendem Ergebnis: Sie erhalten für die Verspätung am Zielort eine Entschädigung von 10,40 €. Diesen Betrag haben wir heute auf das von Ihnen genannte Konto überwiesen.
Informationen zu Ihren Rechten im Verspätungsfall finden Sie auf unserer Homepage unter www.bahn.de.
Haben Sie noch Fragen? Dann rufen Sie uns gerne an! Sie erreichen uns unter der Telefonnummer 01805 20 21 78 täglich von 06.00 bis 22.00 Uhr.

Mit freundlichen Grüßen

Nadia Pardun
Leiterin Servicecenter Fahrgastrechte

5 Der Zug von Herrn Thoma war nicht pünktlich.　　Richtig　　Falsch

6 Herr Thoma …

[a] bekommt von der Bahn eine neue Fahrkarte.
[b] bekommt von der Bahn Geld.
[c] soll bei der Bahn anrufen.

Lesen (selektives Verstehen) – Anzeigentexte

P ZD — Lesen Sie zuerst die zehn Situationen (1–10) und dann die zwölf Anzeigen (a–l). Welche Anzeige passt zu welcher Situation? Sie können jede Anzeige nur <u>einmal</u> verwenden. Wenn Sie das, was Sie suchen, nicht finden, schreiben Sie „x".

① Ihr Kind muss sich für eine zweite Fremdsprache entscheiden, weiß aber nicht, für welche. ____

② Sie wollen sich einen neuen Fotoapparat kaufen und suchen das günstigste Angebot. ____

③ Das Sozialamt hat Ihren Antrag abgelehnt. Sie suchen Unterstützung. ____

④ Sie wollen nach London fahren, sprechen aber nur wenig Englisch. ____

⑤ Sie haben bald Ihre praktische Führerscheinprüfung und sind schon ganz nervös. ____

⑥ Ihr Handy funktioniert nicht mehr. Sie suchen ein günstiges neues Modell. ____

⑦ Ihr Sohn hört gern Musik und Sie möchten ihm zum Geburtstag ein neues Radio schenken. ____

⑧ Sie interessieren sich für die deutsche Hauptstadt und wollen an einer Führung teilnehmen. ____

⑨ Ihre Nachbarin, 70, möchte ihren Enkeln SMS schicken und weiß nicht, wie das geht. ____

⑩ Sie merken, dass Sie immer mehr vergessen und wollen etwas dagegen tun. ____

ⓐ Keine Angst vor Tests!
Wie baue ich Stress und Blockaden
sehr schnell und dauerhaft ab?
In diesem Workshop wird gezeigt,
wie man seine Aufmerksamkeit
effektiv auf das lenken kann, was
für einen gerade wichtig ist.
So ist man gut gewappnet gegen
Prüfungsstress.
23.04., Mittwoch, 10–16 Uhr, VHS
Löhrstraße

ⓑ Babysitterkurs
Der Kurs wendet sich an Jugendliche,
die einen Nebenjob ausüben, als Au-pair
ins Ausland gehen oder einen Beruf in
der Kinderbetreuung erlernen möchten.
Es werden folgende Themen behandelt:
Ernährung, Pflege, Krankheitszustände,
Erste-Hilfe-Maßnahmen, Umgang mit
Problemkindern und Möglichkeiten für
die Beschäftigung von Säuglingen, Klein-
kindern und Kindern.
28.04.–23.06., Montag, 17.45–19.15,
VHS Löhrstraße

**ⓒ Mobiltelefone: Preis-
vergleich und Beratung**
Der Markt für Mobiltelefone wird
immer größer.
Wie finde ich nun aber für mich
das Gerät, das zu mir passt und
bei dem der Preis-Leistungsver-
gleich stimmt? Der unabhängige
Medienexperte Holger Schaffler
gibt Ihnen einen Überblick über
die verschiedenen Angebote und
erklärt, worauf Sie beim Kauf
achten sollten.
10.05., Sa. 18–19.30 Uhr,
VHS Löhrstraße

ⓓ Gedächtnistraining
„Das Gedächtnis nimmt ab, wenn man
es nicht übt" (Cicero). Mit zunehmen-
dem Alter ist es wichtig, sich geistig fit
zu halten, da das persönliche Erleben
der Lebenszufriedenheit und auch die
Bewältigung von Alltagsanforderungen
immer mehr von der geistigen Beweg-
lichkeit abhängen. Der „Denkmuskel"
muss trainiert werden. Im Kurs erfolgt

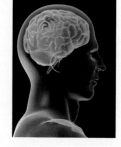

dies unterhaltsam mit praxisnahen Übungen zu spezifischen
Grundfunktionen der Gedächtnisleistung wie z. B. Konzentration und Aufmerksamkeit.
11.03.–06.05., Di. 17:30–19:00 Uhr, VHS Löhrstraße

e) Radio von und für Kids und Jugendliche

Hier sind 12- bis 16-Jährige gefragt, die mehr als nur hinter die Kulissen des „Radiomachens" schauen wollen. Eine Radiosendung selber machen, ein Hörspiel produzieren, als Moderator durch die Sendung führen, Musik für die Sendungen auswählen, mit dem Aufnahmegerät Menschen auf der Straße nach ihrer Meinung fragen oder Prominente und Experten interviewen: All das könnt ihr an den vier Ferientagen erfahren, erleben und sogar selber machen. In Zusammenarbeit mit dem Sächsischen Ausbildungs- und Erprobungskanal (SAEK).
22.04.– 25.04., 9–15 Uhr SAEK, Uni Leipzig, Universitätsstr. 5

g) Souveräner Umgang mit Handys

Handys gehören heute zum Alltag – auch für ältere Leute. Praktisch sind sie ja auch. Dass man vor diesen kleinen technischen Wunderwerken keine Angst haben muss, wird im Kurs gezeigt. Schwerpunkte sind u. a. Verschicken von Nachrichten und das Speichern und Abrufen von Telefonnummern.
14.07., Mo. 14–15.30 Uhr, VHS Löhrstraße

i) Berlin – politischer, sozialer und kultureller Brennpunkt

Der Studientag in Berlin beginnt mit einer thematischen Stadtrundfahrt durch das alte und neue Berlin. Im Reichstagsgebäude haben wir Gelegenheit, uns mit der

Arbeit des Deutschen Bundestages näher vertraut zu machen. Wir besuchen den Plenarsaal, hören einen sachkundigen Vortrag und besichtigen die Kuppel. Außerdem besuchen wir den Potsdamer Platz, das neue Zentrum der Bundeshauptstadt.
03.04., Do. 07.30–18 Uhr, Abfahrt: Goethestraße

k) Grundlagen der Fotografie

Dieser Kurs wendet sich an Anfänger im Bereich der Digitalfotografie. Schwerpunkte sind: Kameratechnik, Licht, Genres der Fotografie (z. B. Architektur, Landschaft, Porträt) und künstlerische Gestaltungsmöglichkeiten. Hinzu kommt eine Einführung in die digitale Bildbearbeitung.
13.03.–10.07., donnerstags, 19.45–21.15 Uhr, VHS Löhrstraße

f) *Fremdsprachen – die Qual der Wahl*

Die Welt ist durch moderne Kommunikationsmittel und schnelle Verkehrswege enger zusammengerückt. Englischkenntnisse und am besten auch noch die Beherrschung weiterer Fremdsprachen sind in vielen Berufen unabdingbar. Diese Veranstaltung erläutert, welche Rolle die einzelnen Sprachen in Europa spielen, wie sich die Sprachvielfalt in Zukunft entwickeln wird und welche Sprachen wir lernen sollten. Zur Orientierung besonders für Schüler/innen und Eltern.
14.04., Mi. 18–20.15 Uhr, VHS Löhrstraße

h) Englisch für unterwegs

Reisen Sie gern ins Ausland? Möchten Sie sich auf Englisch so weit verständigen, dass Sie die Situationen des täglichen Lebens sprachlich meistern? Haben Sie geringe englische Vorkenntnisse? Dann ist dieser Kurs der richtige für Sie! Geplante Kursdauer: 2 Semester. Eine viertägige Exkursion in Englands Hauptstadt wird als Abschluss angeboten.
25.02.– 08.07., dienstags, 9.30–11 Uhr, VHS Löhrstraße

j) *Berlin in der deutschen Literatur*

Die Stadt Berlin hat von jeher Schriftstellerinnen und Schriftsteller zum Schreiben inspiriert. An unserem literarischen Abend bekommen Sie eine Einführung in bekannte Werke wie Döblins „Berlin Alexanderplatz", Isherwoods „Leb wohl, Berlin" oder Kästners „Fabian", aber auch modernere Werke wie Sven Regeners „Herr Lehmann" werden besprochen. Auch Gedichte kommen dabei nicht zu kurz.
09.05., Fr. 19.30 – 22.00 Uhr, Buchhandlung am Markt

l) Ärger mit Behörden und kein Ende?

Jeder hat es schon erlebt, dass auf seinen Antrag bei einer Behörde ein endloses Verwaltungsverfahren eingesetzt hat. Andere Anträge werden von Behörden mit Standardschreiben abgelehnt. Welche Rechtsmittel kann der Bürger einlegen? Lohnt sich ein Anwalt und welche Kosten entstehen dabei? Der Vortrag gibt einen Überblick über das Funktionieren deutscher Behörden.
10.04., Do. 18.00–19.30 Uhr, VHS Löhrstraße

Sprachbausteine

P ZD   Lesen Sie den folgenden Text und entscheiden Sie, welches Wort a–o in die Lücken 1–10 passt. Sie können jedes Wort im Kasten nur einmal verwenden. Nicht alle Wörter passen in den Text.

*Sie wollen schnell und ohne Kosten eine Fremdsprache lernen? Dann machen Sie mit bei **eTandem**! Dass zwei Personen sich regelmäßig treffen und voneinander ihre Sprachen lernen, das hat es schon immer gegeben. **eTandem** ist Tandem auf Entfernung über elektronische Medien wie z. B. E-Mail, Telefon und Chat.*
Wollen Sie Tandempartner werden? Nähere Informationen unter:
www.slf.ruhr-uni-bochum.de oder www.uni-leipzig.de/tandem

Sehr geehrte Damen und Herren,

ich habe Ihre Anzeige im Internet gelesen und __1__ neugierig geworden. Seit einem halben Jahr lerne ich __2__ einem Sprachinstitut Deutsch. Ich __3__ im nächsten Jahr für eine längere Zeit nach Deutschland gehen. Dafür muss ich die Sprache __4__ gut beherrschen. Der Sprachkurs ist intensiv. Wir sind nur eine kleine Gruppe von fünf Personen. Noch intensiver wäre es aber, __5__ ich einen deutschen Partner hätte, __6__ dem ich Deutsch lernen könnte. So __7__ ich die Möglichkeit, meine Deutschkenntnisse zu erweitern, und mein deutscher Partner oder meine deutsche Partnerin __8__ auf diese Weise Tschechisch lernen. Ich würde mich sehr __9__ freuen, wenn Sie __10__ helfen könnten, einen Tandempartner zu finden.

Mit freundlichen Grüßen

Magdalena Swoboda

a) ____ AN	b) ____ BIN	c) ____ DAMIT
d) ____ DARÜBER	e) ____ HÄTTE	f) ____ KÖNNTE
g) ____ MIR	h) ____ OB	i) ____ SEHR
j) ____ ÜBER	k) ____ VON	l) ____ WÄRE
m) ____ WENN	n) ____ WERDE	o) ____ WURDE

Schreiben

P ZD   Sie haben seit Kurzem einen Brieffreund, der Ihnen folgenden Brief geschrieben hat:

Liebe(r) ...,

vielen Dank für deine Urlaubskarte. Ich habe mich sehr darüber gefreut. Sicherlich seid ihr gut erholt aus dem Urlaub zurück und du arbeitest schon wieder. Deine Arbeit klingt sehr interessant – schreib mir doch bitte mal ein bisschen mehr darüber!
Ich war leider noch nicht im Urlaub. Nächste Woche ist meine Deutschprüfung und ich lerne Tag und Nacht. Ich muss diese Prüfung gut bestehen, denn ich will in Deutschland studieren.
Hast du nicht einige nützliche Tipps für mich? Du hast doch deine Prüfungen immer sehr gut bestanden. Ich bin gespannt. Ich hoffe, deiner Familie geht es gut.
Herzliche Grüße an alle
dein Christian

Schreiben Sie Ihrem Bekannten einen Antwortbrief, der die folgenden Punkte enthält:

– was Sie an Ihrem Beruf mögen – was Sie im Urlaub gemacht haben
– wie Sie immer gelernt haben   – wie es Ihrer Familie geht

Bevor Sie den Brief schreiben, überlegen Sie sich die passende <u>Reihenfolge</u> der Punkte, eine passende <u>Einleitung</u> und einen passenden <u>Schluss</u>. Vergessen Sie auch nicht das Datum und die Anrede.
Sie haben 30 Minuten Zeit.

Sprechen – Über Erfahrungen sprechen

P DTZ

Teilnehmer/in A

Mögliche Fragen:

Teil A
Was sehen Sie auf dem Foto?
Was für eine Situation zeigt dieses Bild?

Teil B
Wie wohnen Sie jetzt?
Wenn Sie viel Geld hätten, wie würden Sie dann gerne wohnen?
Wie haben Sie in Ihrem Heimatland gewohnt?
Wie wohnen alte Menschen in Ihrer Heimat meistens?

Teilnehmer/in B

Mögliche Fragen:

Teil A
Was sehen Sie auf dem Foto?
Was für eine Situation zeigt dieses Bild?

Teil B
Wie finden Sie Ihre Wohnung hier in Deutschland?
Wie sieht Ihr Traumhaus aus?
Wo und wie wohnen Ihre Eltern?
Wo wohnen in Ihrem Land junge Familien am liebsten?

Sprechen – Gemeinsam etwas planen

P DTZ
P ZD

Ihre Kinder besuchen zusammen die Grundschule. Im Sommer ist die gemeinsame Grundschulzeit nun zu Ende. Deshalb wollen Sie mit der Klasse ein Abschlussfest feiern. Sie sollen dieses Fest organisieren.

Planen Sie, was Sie tun möchten. Hier sind einige Notizen:

Termin?
Ort?
Essen/Getränke?
Geschenke für die Lehrerinnen und Lehrer?
Programm?
...?

Unregelmäßige Verben

abbiegen, biegt ab, bog ab, ist abgebogen
abraten, rät ab, riet ab, abgeraten
abschneiden, schneidet ab, schnitt ab, abgeschnitten
angreifen, greift an, griff an, angegriffen
ansteigen, steigt an, stieg an, ist angestiegen
anwenden, wendet an, wandte an, angewandt
auffallen, fällt auf, fiel auf, ist aufgefallen
aufgeben, gibt auf, gab auf, aufgegeben
aufgreifen, greift auf, griff auf, aufgegriffen
aufreiben, reibt auf, rieb auf, aufgerieben
ausblasen, bläst aus, blies aus, ausgeblasen
ausdenken, denkt aus, dachte aus, ausgedacht
ausgleichen, gleicht aus, glich aus, ausgeglichen
aushalten, hält aus, hielt aus, ausgehalten
auswandern, wandert aus, wanderte aus, ist ausgewandert
backen, backt/bäckt, backte, gebacken
befinden, befindet, befand, befunden
beginnen, beginnt, begann, begonnen
begreifen, begreift, begriff, begriffen
behalten, behält, behielt, behalten
beitragen, trägt bei, trug bei, beigetragen
bekommen, bekommt, bekam, bekommen
beraten, berät, beriet, beraten
beschreiben, beschreibt, beschrieb, beschrieben
besitzen, besitzt, besaß, besessen
besprechen, bespricht, besprach, besprochen
bestehen, besteht, bestand, bestanden
betragen, beträgt, betrug, betragen
betreiben, betreibt, betrieb, betrieben
betreten, betritt, betrat, betreten
beweisen, beweist, bewies, bewiesen
bewerben, bewirbt, bewarb, beworben
beziehen, bezieht, bezog, bezogen
bieten, bietet, bot, geboten
bitten, bittet, bat, gebeten
bleiben, bleibt, blieb, ist geblieben
braten, brät, briet, gebraten
bringen, bringt, brachte, gebracht
da sein, ist da, war da, ist da gewesen
dazuladen, lädt dazu, lud dazu, dazugeladen
dazunehmen, nimmt dazu, nahm dazu, dazugenommen
denken, denkt, dachte, gedacht
dortbleiben, bleibt dort, blieb dort, ist dortgeblieben
durchgehen, geht durch, ging durch, ist durchgegangen
dürfen, darf, durfte, dürfen/gedurft
einfallen, fällt ein, fiel ein, ist eingefallen
einladen, lädt ein, lud ein, eingeladen
einsteigen, steigt ein, stieg ein, ist eingestiegen
eintragen, trägt ein, trug ein, eingetragen
einziehen, zieht ein, zog ein, ist eingezogen
empfangen, empfängt, empfing, empfangen
empfehlen, empfiehlt, empfahl, empfohlen
empfinden, empfindet, empfand, empfunden
entgegennehmen, nimmt entgegen, nahm entgegen,
    entgegengenommen
enthalten, enthält, enthielt, enthalten
entkommen, entkommt, entkam, ist entkommen
entlassen, entlässt, entließ, entlassen

entscheiden, entscheidet, entschied, entschieden
entschließen, entschließt, entschloss, entschlossen
entstehen, entsteht, entstand, ist entstanden
entzweigehen, geht entzwei, ging entzwei,
    ist entzweigegangen
erfahren, erfährt, erfuhr, erfahren
erfinden, erfindet, erfand, erfunden
erhalten, erhält, erhielt, erhalten
erkennen, erkennt, erkannte, erkannt
ernst nehmen, nimmt ernst, nahm ernst, ernst genommen
erraten, errät, erriet, erraten
ertragen, erträgt, ertrug, ertragen
erziehen, erzieht, erzog, erzogen
erzwingen, erzwingt, erzwang, erzwungen
essen, isst, aß, gegessen
fahren, fährt, fuhr, ist gefahren
fallen, fällt, fiel, ist gefallen
fernsehen, sieht fern, sah fern, ferngesehen
fertigschreiben, schreibt fertig, schrieb fertig,
    fertiggeschrieben
finden, findet, fand, gefunden
fliegen, fliegt, flog, ist geflogen
fliehen, flieht, floh, ist geflohen
folgen, folgt, folgte, ist gefolgt
freibekommen, bekommt frei, bekam frei, freibekommen
fressen, frisst, fraß, gefressen
geben, gibt, gab, gegeben
gefallen, gefällt, gefiel, gefallen
gehen, geht, ging, ist gegangen
gelten, gilt, galt, gegolten
genießen, genießt, genoss, genossen
geschehen, geschieht, geschah, ist geschehen
gewinnen, gewinnt, gewann, gewonnen
gießen, gießt, goss, gegossen
großschreiben, schreibt groß, schrieb groß,
    großgeschrieben
haben, hat, hatte, gehabt
halten, hält, hielt, gehalten
hängen, hängt, hing, gehangen
heißen, heißt, hieß, geheißen
helfen, hilft, half, geholfen
herausfinden, findet heraus, fand heraus,
    herausgefunden
hierherkommen, kommt hierher, kam hierher,
    ist hierhergekommen
hinbringen, bringt hin, brachte hin, hingebracht
kaputtgehen, geht kaputt, ging kaputt, ist kaputtgegangen
kennen, kennt, kannte, gekannt
klettern, klettert, kletterte, ist geklettert
kommen, kommt, kam, ist gekommen
können, kann, konnte, können/gekonnt
laden, lädt, lud, geladen
langlaufen, laufe lang, lief lang, ist langgelaufen
lassen, lässt, ließ, gelassen
laufen, läuft, lief, ist gelaufen
leidtun, tut leid, tat leid, leidgetan
lesen, liest, las, gelesen
liegen, liegt, lag, gelegen

loskommen, kommt los, kam los, ist losgekommen
messen, misst, maß, gemessen
möchten, möchte, mochte, gemocht
mögen, mag, mochte, mögen/gemocht
müssen, muss, musste, müssen/gemusst
nachgehen, geht nach, ging nach, ist nachgegangen
nachkommen, kommt nach, kam nach,
   ist nachgekommen
nachschlagen, schlägt nach, schlug nach,
   nachgeschlagen
nehmen, nimmt, nahm, genommen
nennen, nennt, nannte, genannt
passieren, passiert, passierte, ist passiert
raten, rät, riet, geraten
rausgehen, geht raus, ging raus, ist rausgegangen
rausmüssen, muss raus, musste raus,
   rausmüssen/rausgemusst
reisen, reist, reiste, ist gereist
reiten, reitet, ritt, ist geritten
riechen, riecht, roch, gerochen
rudern, rudert, ruderte, ist gerudert
rufen, ruft, rief, gerufen
scheinen, scheint, schien, geschienen
scheitern, scheitert, scheiterte, ist gescheitert
schlafen, schläft, schlief, geschlafen
schlagen, schlägt, schlug, geschlagen
schließen, schließt, schloss, geschlossen
schneiden, schneidet, schnitt, geschnitten
schreiben, schreibt, schrieb, geschrieben
schreien, schreit, schrie, geschrien
schweigen, schweigt, schwieg, geschwiegen
schwimmen, schwimmt, schwamm,
   hat/ist geschwommen
segeln, segelt, segelte, ist gesegelt
sehen, sieht, sah, gesehen
sein, ist, war, ist gewesen
singen, singt, sang, gesungen
sinken, sinkt, sank, ist gesunken
sitzen, sitzt, saß, gesessen
skaten, skatet, skatete, ist geskatet
snowboarden, snowboardet, snowboardete,
   ist gesnowboardet
sollen, soll, sollte, sollen/gesollt
sprechen, spricht, sprach, gesprochen
springen, springt, sprang, ist gesprungen
stattfinden, findet statt, fand statt, stattgefunden
stehen, steht, stand, ist gestanden
steigen, steigt, stieg, ist gestiegen
sterben, stirbt, starb, ist gestorben
streichen, streicht, strich, gestrichen
streiten, streitet, stritt, gestritten
tauchen, taucht, tauchte, ist getaucht
teilnehmen, nimmt teil, nahm teil, teilgenommen
tragen, trägt, trug, getragen
treffen, trifft, traf, getroffen
treiben, treibt, trieb, getrieben

treten, tritt, trat, ist getreten
trinken, trinkt, trank, getrunken
trocknen, trocknet, trocknete, ist getrocknet
tun, tut, tat, getan
überweisen, überweist, überwies, überwiesen
umsteigen, steigt um, stieg um, ist umgestiegen
umziehen, zieht um, zog um, ist umgezogen
unterhalten, unterhält, unterhielt, unterhalten
unternehmen, unternimmt, unternahm, unternommen
unterschreiben, unterschreibt, unterschrieb,
   unterschrieben
unterstreichen, unterstreicht, unterstrich, unterstrichen
verbieten, verbietet, verbat, verboten
verbinden, verbindet, verband, verbunden
verbringen, verbringt, verbrachte, verbracht
vergeben, vergibt, vergab, vergeben
vergehen, vergeht, verging, ist vergangen
vergessen, vergisst, vergaß, vergessen
vergleichen, vergleicht, verglich, verglichen
verhalten, verhält, verhielt, verhalten
verlassen, verlässt, verließ, verlassen
verleihen, verleiht, verlieh, verliehen
verlieren, verliert, verlor, verloren
vermeiden, vermeidet, vermied, vermieden
verreisen, verreist, verreiste, ist verreist
versaufen, versäuft, versoff, versoffen
verschieben, verschiebt, verschob, verschoben
verstehen, versteht, verstand, verstanden
vertreten, vertritt, vertrat, vertreten
verweisen, verweist, verwies, verwiesen
vorbeifliegen, fliegt vorbei, flog vorbei, ist vorbeigeflogen
vorgehen, geht vor, ging vor, ist vorgegangen
vornehmen, nimmt vor, nahm vor, vorgenommen
vorschlagen, schlägt vor, schlug vor, vorgeschlagen
vortragen, trägt vor, trug vor, vorgetragen
vorwerfen, wirft vor, warf vor, vorgeworfen
wachsen, wächst, wuchs, ist gewachsen
wahrnehmen, nimmt wahr, nahm wahr, wahrgenommen
waschen, wäscht, wusch, gewaschen
werben, wirbt, warb, geworben
werden, wird, wurde, ist geworden
werfen, wirft, warf, geworfen
widersprechen, widerspricht, widersprach, widersprochen
wissen, weiß, wusste, gewusst
wollen, will, wollte, wollen/gewollt
zerbrechen, zerbricht, zerbrach, zerbrochen
zerschneiden, zerschneidet, zerschnitt, zerschnitten
ziehen, zieht, zog, gezogen
zurückbringen, bringt zurück, brachte zurück,
   zurückgebracht
zurückgeben, gibt zurück, gab zurück, zurückgegeben
zurückhaben, hat zurück, hatte zurück, zurückgehabt
zurückkommen, kommt zurück, kam zurück,
   ist zurückgekommen
zwingen, zwingt, zwang, gezwungen

Verben mit Präpositionen

Mit Akkusativ

achten	auf	Ich achte sehr auf gute Kleidung.
ärgern (sich)	über	Er ärgert sich über seinen Kollegen.
bewerben (sich)	um	Anna bewirbt sich um eine neue Stelle.
beziehen (sich)	auf	Meine Frage bezieht sich auf Ihren Beruf.
einmischen (sich)	in	Misch dich nicht in die Diskussion ein!
einsetzen (sich)	für	Werner setzt sich für den Tierschutz ein.
einstellen (sich)	auf	Ich stelle mich auf gutes Wetter ein.
eintreten	für	Lisa tritt für den Umweltschutz ein.
engagieren (sich)	für	Immer weniger Leute engagieren sich für soziale Projekte.
entschließen (sich)	für	Mathilde hat sich für eine Ausbildung entschlossen.
erinnern (sich)	an	Erinnerst du dich gut an deine Kindheit?
hineinfallen	in	Der Schmutz fällt genau in die Tüte hinein.
hoffen	auf	Er hofft auf eine gute Note.
impfen	gegen	Martin lässt sich gegen Tetanus impfen.
interessieren (sich)	für	Ich interessiere mich sehr für Mode.
kümmern (sich)	um	Die Politik muss sich um die Probleme der Bürger kümmern.
liefern	an	Der Lkw liefert Waren an die Supermärkte.
nachdenken	über	Ich denke oft über das Leben nach.
sehnen (sich)	nach	Ich sehne mich nach meiner Heimat.
spezialisieren	auf	Diese Firma ist auf Computerprogramme spezialisiert.
verlassen (sich)	auf	Auf meine Familie kann ich mich immer verlassen.
verlieben (sich)	in	Ich habe mich vor zwei Jahren in meinen Kollegen verliebt.
verzichten	auf	Herr Weber kann auf den Fernseher nicht verzichten.
vorbereiten (sich)	auf	Birgit hat sich gut auf die Arbeit vorbereitet.
wenden (sich)	an	Du kannst dich an die Beratungsstelle wenden.
wundern (sich)	über	Ich wundere mich über deine Reaktion.

Mit Dativ

abraten	von	Die Freundin rät ihr von diesem Kauf ab.
auffordern	zu	Er fordert sie zum Tanzen auf.
auseinandersetzen (sich)	mit	Lisa setzt sich mit Rassismus auseinander.
bedanken (sich)	bei	Olga bedankt sich bei Frau Wohlfahrt.
beitragen	zu	Bäume tragen zur Verbesserung des Klimas bei.
beschäftigen (sich)	mit	Die Gruppe beschäftigt sich nur mit einem Thema.
beschweren (sich)	bei	Frau Müller beschwert sich bei der Nachbarin.
bestehen	aus	Die meisten Haushalte bestehen heute aus einer Person.
chatten	mit	Gestern habe ich mit meiner Freundin gechattet.
diskutieren	mit	Ich diskutiere gerne mit anderen Menschen.
einigen (sich)	mit	Ich habe mich nach vielen Diskussionen mit meinem Ex-Mann geeinigt.
erholen (sich)	von	Veronika erholt sich in den Alpen vom Alltagsstress.
erkundigen (sich)	nach	Ich möchte mich nach Kursangeboten erkundigen.
experimentieren	mit	Der Maler experimentiert mit Farben.
festhalten	an	Alle halten gern an ihren Gewohnheiten fest.
fliehen	vor	Einstein musste vor den Nazis ins Ausland fliehen.
halten	von	Was halten Sie von der Elternzeit?
handeln	von	Der Text handelt von einem jungen Mann.
mitarbeiten	bei	Ich arbeite bei einem Projekt mit.
orientieren (sich)	an	Der Kindergarten orientiert sich an den Wünschen der Eltern.
raten	zu	Der Arzt rät ihm zu einer Therapie.
richten (sich)	nach	Ich richte mich ganz nach dir.
riechen	nach	Es riecht nach Olivenöl.
scheitern	an	Er scheitert an der einfachsten Aufgabe.
schuld sein	an	Du bist schuld an meinem Unglück!
schützen	vor	Handschuhe schützen die Hände vor Kälte.
streiten (sich)	mit	Maria streitet sich oft mit ihren Geschwistern.
teilnehmen	an	Die Mannschaft nimmt an vielen Wettkämpfen teil.
unterhalten (sich)	mit	Sibylle unterhält sich mit ihrem Freund.
vorbeifahren	an	Das Auto fährt an der Schule vorbei.
warnen	vor	Der Betriebsrat warnt vor zu vielen Überstunden.
zusammenwohnen	mit	Sie wohnt mit ihrem Freund zusammen.

Alphabetische Wortliste

Diese Informationen finden Sie im Wörterverzeichnis:

In der Liste finden Sie die Wörter aus den Kapiteln 25–36 von *Berliner Platz 3 NEU*.

Wo Sie das Wort finden – Kapitel, Nummer der Aufgabe, Seite:
Altenheim, das, -e 30/7, 68

Den Wortakzent – kurzer Vokal • oder langer Vokal –:
Blut, das (*Sg.*) 30/1, 64
Bonbon, das, -s 30/5, 67

Bei unregelmäßigen Verben finden Sie den Infinitiv, die 3. Person Singular Präsens, das Präteritum und das Partizip Perfekt:
anschreien, schreit an, schrie an, angeschrien 29/7, 58

Bei Verben, die das Perfekt mit *sein* bilden – Infinitiv, 3. Person Singular Präsens, Präteritum und Perfekt:
entstehen, entsteht, entstand, ist entstanden 28/1, 44

Bei Nomen – das Wort, den Artikel, die Pluralform:
Augenblick, der, -e 26/3, 21

Bei Adjektiven – das Wort und die unregelmäßigen Steigerungsformen:
scharf, schärfer, am schärfsten 27/1, 29

Bei verschiedenen Bedeutungen eines Wortes – das Wort und Beispiele:
Kraft (1), die, "-e (*Der Fitnesstrainer hat viel Kraft in den Armen.*) 26/6, 24
Kraft (2), die (*Sg.*) (*Der neue Vertrag ist gestern in Kraft getreten.*) 28/3, 46

Fett gedruckte Wörter gehören zum Deutsch-Test für Zuwanderer- bzw. Zertifikats-Wortschatz. Diese Wörter müssen Sie auf jeden Fall lernen.

Eine Liste mit allen unregelmäßigen Verben von *Berliner Platz NEU* finden Sie auf Seite 242.
Eine Liste aller Verben mit Präpositionen von *Berliner Platz NEU* finden Sie auf Seite 244.

Abkürzungen und Symbole

"	Umlaut im Plural (bei Nomen)
,	keine Steigerung (bei Adjektiven)
(*Sg.*)	nur Singular (bei Nomen)
(*Pl.*)	nur Plural (bei Nomen)
(+ *A.*)	Präposition mit Akkusativ
(+ *D.*)	Präposition mit Dativ
(+ *A./D.*)	Präposition mit Akkusativ oder Dativ
(+ *G.*)	Präposition mit Genitiv

ab und zu 30/3, 66
abbauen 25/10, 15
abbuchen 32/6, 93
Abfall, der, "-e 33/4, 104
Abfallwirtschaft, die (*Sg.*) 33/5, 105
Abgabe, die, -n 35/8, 133
Abgas, das, -e 33/1, 101
abgasarm, abgasärmer, am abgasärmsten 33, 109
Abo, das, -s 32/4, 92
Abokündigung, die, -en 32/6, 93
abonnieren 32/4, 92
abraten (von + *D.*), rät ab, riet ab, abgeraten 34/9, 122
abreisen 26, 26
abschaffen 28/12, 51
abschalten 33/7, 107
Abschleppdienst, der, -e 35/7, 132
abschneiden, schneidet ab, schnitt ab, abgeschnitten (*Manche Länder schneiden bei der Umfrage sehr gut ab.*) 32/12, 97
Abstellplatz, der, "-e 31/10, 86
abwechslungsreich 26/6, 24
abwesend *,* 36/9, 142
ähnlich 28/8, 48

Akku, der, -s (*Akkumulator*) 34, 125
Aktie, die, -n 32/11, 96
alkoholisch 27/3, 30
Alleinstehende, der/die, -n 25/4, 10
Allergie, die, -n 30, 72
allerwichtigste 33/2, 103
allgemein 33/6, 106
Alltagsstress, der (*Sg.*) 26/6, 24
Almhütte, die, -n 26/6, 24
Alpen, die (*Pl.*) 26/7, 25
Alpspitze, die, -n 26/6, 24
als 28/1, 45
Altbauwohnung, die, -en 25/4, 10
Alte, der/die, -n 25/4, 10
Altenheim, das, -e 30/7, 68
Altenpfleger, der, - 30/9, 69
Ältere, der/die, -n 25, 13
Alternative, die, -n 26/6, 24
Aluminiumverpackung, die, -en 33/4, 104
Anästhesie, die, -n 30/1, 65
Anbau, der, -ten 33/6, 106
anbauen 33/6, 107
anfänglich 35/5, 130
anfangs 36/3, 138
Anfangspunkt, der, -e 35/6, 131

anfühlen (sich) (*Es fühlt sich gut an, wenn man sich viel leisten kann.*) 32/12, 97
angestellt *,* 35/1, 127
angreifen, greift an, griff an, angegriffen 29/7, 58
Angriff, der, -e 28, 44
Anlage, die, -n 33/6, 106
Anliegen, das, - 32/10, 95
anschließend 28, 52
anschreien, schreit an, schrie an, angeschrien 29/7, 58
ansprechbar *,* 30/2, 65
Ansicht, die, -en 34/9, 123
ansteigen, steigt an, stieg an, ist angestiegen 35, 126
anstelle (+ *G.*) 36/4, 139
Anstrengung, die, -en 36, 144
Antibiotikum, das, Antibiotika 30/9, 69
anwenden, wendet an, wendete an / wandte an, angewendet/angewandt 36/3, 138
anziehen, zieht an, zog an, angezogen (*Bitte den Arm anziehen!*) 30/7, 68
Apfelkuchen, der, - 36/9, 143
applaudieren 28/12, 51

Briefträger, der, - 31/10, 86
Bub, der, -en 36/9, 142
Bundesagentur, die, -en (die Bundes-
    agentur für Arbeit) 35/5, 130
Bürgerrecht, das, -e 28/11, 50
Bürgerfest, das, -e 28/3, 46
bürgerfreundlich 28/9, 49
Bürofläche, die, -n 35/4, 131
Bürokratie, die, -n 28/9, 49
Businessplan, der, "-e 35/7, 132
Callcenter, das, - 35/5, 130
Carsharing, das (Sg.) 33/1, 101
Check, der, -s 33/2, 102
Chefarzt, der, "-e 30/1, 64
chemisch *,* 33/4, 104
Chipkarte, die, -n 30/9, 69
Chirurgie, die, -n 30/1, 65
Collage, die, -n 26, 25
Computerführerschein, der, -e
    36/3, 138
Computerkurs, der, -e 36/3, 138
Computersoftware, die, -s 35/5, 130
contra 28/11, 50
Currysoße, die, -n 27/5, 32
Currywurst, die, "-e 27/5, 32
Dach, das, "-er 33/1, 100
Dachterrasse, die, -n 25/4, 10
dadurch 33/5, 105
damit 29/9, 60
Dampfmaschine, die, -n 33/6, 106
daneben 33/4, 104
dank (+ G.) 28/9, 49
danken 25, 16
darin 33/4, 104
darstellen 28/9, 49
darüber hinaus 28, 44
darunter 25/4, 10
Daten, die (Pl.) 28/4, 46
davon 28, 44
dazukommen, kommt dazu, kam dazu,
    ist dazugekommen 28/9, 49
dazuladen, lädt dazu, lud dazu,
    dazugeladen 36/9, 143
dazunehmen, nimmt dazu, nahm dazu,
    dazugenommen 36/9, 142
dazuverdienen 35, 126
dazuzahlen 30/6, 67
Definition, die, -en 30/9, 69
demnächst 33/2, 102
Demokratie, die, -n 28/4, 46
demokratiefeindlich 28/9, 49
Demonstration, die, -en (Demo) 34, 125
derselbe 32/12, 97
deswegen 33/6, 106
Detail, das, -s 32/5, 93
deutlich 32/7, 94
Deutschlektion, die, -en 35/9, 133
Deutschlerner, der, - 25, 15
Diagnose, die, -n 30/1, 64
Diktatur, die, -en 28/4, 46
Diplomat, der, -en 34/9, 122
diplomatisch 34/9, 122
Disziplin, die (Sg.) 31/9, 85
Dolmetscher, der, - 35/5, 130

Döner, der, - 27/5, 32
doppelt 27/3, 30
Doppelte, das (Sg.) 27/5, 32
dortbleiben, bleibt dort, blieb dort,
    ist dortgeblieben 35/5, 130
Dozent, der, -en 36/4, 139
dran 36/9, 143
drehen (sich) (Die Erde dreht sich um sich
    selbst.) 32/11, 96
Dreirad, das, "-er 30/10, 71
dreisprachig *,* 28/9, 49
drin 27/10, 35
drinstecken 29/7, 58
Drittel, das, - 27/5, 32
Droge, die, -n 32/3, 91
Druck, der (Sg.) 30/9, 69
Du/Sie-Aussage, die, -n 29/7, 58
dumm, dümmer, am dümmsten
    31/10, 86
durch (Was ist 28 durch 7?) 36/9, 142
durchatmen 26/6, 24
durchgehen, geht durch, ging durch,
    ist durchgegangen 36/9, 143
durchschnittlich 27/5, 32
Durchsetzungsfähigkeit, die (Sg.)
    35/1, 127
durchteilen 36/9, 143
effizient 33/5, 105
egoistisch 31/9, 85
Eigenschaft, die, -en 29/3, 56
einchecken 26/1, 18
Eindruck, der, "-e 28/12, 51
einführen 28/3, 46
Einführung, die, -en 29/9, 60
eingepackt 26/6, 24
einigen (sich) (mit + D.) 30/6, 67
Einigung, die, -en 28/3, 46
einkalkulieren 29/3, 56
Einkaufstasche, die, -n 33/5, 105
einmischen (sich) (in + A.) 36/9, 142
Einnahme, die, -n 32/11, 96
Einnahmen, die (Pl.) 26/1, 18
einnehmen, nimmt ein, nahm ein,
    eingenommen 30/3, 66
einpacken 30/9, 69
Einsamkeit, die (Sg.) 25, 17
Einsatzort, der, -e 26/5, 23
Einschreiben, das, - 32/4, 92
eintreffen, trifft ein, traf ein,
    ist eingetroffen 28/5, 47
Einweisung, die, -en 30/4, 66
Einwohner, der, - 31/10, 86
Einzelheit, die, -en 36/3, 138
Einzelkind, das, -er 29/6, 58
Einzelne, der/die, -n 33/5, 105
Einzelzimmer, das, - 26/2, 20
Eisbär, der, -en 36/9, 143
Eisenbahn, die (Sg.) 33/6, 106
Eishockey, das (Sg.) 31/2, 81
Eisschnelllaufen, das (Sg.) 31/3, 82
Elefant, der, -en 26/2, 21
Elektrikerlehre, die, -n 28, 52
Element, das, -e 30/9, 69
Elternabend, der, -e 35/7, 132

Elterngeld, das (Sg.) 29/9, 60
Elternhaus, das, "-er 34/5, 119
Elternteil, der, -e 29/9, 60
Elternzeit, die (Sg.) 29/10, 61
Empfang, der, "-e 26/1, 18
empfinden, empfindet, empfand,
    empfunden 29/7, 58
energieaufwendig 33/2, 102
Energiesparen, das (Sg.) 28, 44
energiesparend 33/5, 105
Energiesparlampe, die, -n 33/4, 104
Enkelsohn, der, "-e 36/3, 138
Entbindung, die, -en 30/1, 64
Entbindungsstation, die, -en 30/10, 70
Entbindungszimmer, das, - 30/10, 71
enorm *,* 35/5, 130
entgegennehmen, nimmt entgegen,
    nahm entgegen, entgegen-
    genommen 32/9, 95
enthalten, enthält, enthielt,
    enthalten 27/1, 29
entkommen, entkommt, entkam,
    ist entkommen 26/6, 24
entlassen, entlässt, entließ,
    entlassen 30/4, 66
Entscheidung, die, -en 29/9, 60
entschließen (sich) (für + A.), ent-
    schließt, entschloss,
    entschlossen 27/4, 31
entschlossen 28/12, 51
entsorgen 33/4, 104
entspannen (sich) 30/10, 70
entsprechend 31/11, 87
entstehen, entsteht, entstand, ist
    entstanden 28, 44
Enttäuschung, die, -en 29/1, 54
entweder ... oder 29/3, 56
Entwicklung, die, -en 33/4, 104
entzweigehen, geht entzwei,
    ging entzwei, ist entzweigegangen
    32/11, 96
Erdbeben, das, - 28/4, 46
Erdbeere, die, -n 33/2, 102
erfahren, erfährt, erfuhr, erfahren
    25/10, 14
Erfindung, die, -en 33/6, 106
Erfolgsgeschichte, die, -n 28/9, 49
Erfüllung, die (Sg.) (Mein Wunsch geht in
    Erfüllung.) 36/6, 140
Ergebnis, das, -se 25/2, 8
erhalten *,* (In den Containern finden sich
    oft gut erhaltene Kleider.) 33/4, 104
erholen (sich) (von + D.) 26/6, 24
Erholung, die (Sg.) 27/1, 28
erhöhen 32/12, 97
erkältet *,* 35/6, 131
Erkrankung, die, -en 30, 72
erkundigen (sich) (nach + D.) 25/8, 11
Erlebnis, das, -se 26/6, 24
erlebnisreich 26/6, 24
ermitteln 35/8, 133
ermorden 28, 44
Ernährungsberater, der, - 27/1, 29
Ernährungspyramide, die, -n 27/3, 30

Golf, das (Sg.) 31/2, 89
Gott, der, "-er 36/9, 143
Gras, das, "-er 30/9, 69
Grenzübergang, der, "-e 28/1, 45
Großraumbüro, das, -s 35/5, 130
großschreiben, schreibt groß, schrieb
    groß, großgeschrieben 35/7, 132
Großstadtkind, das, -er 26/6, 24
Gründer, der, - 35/7, 132
Grundform, die, -en 26/7, 24
Grundgehalt, das, "-er 26/5, 23
grundsätzlich 35/4, 129
Gründung, die, -en 35/7, 132
Grundstück, das, -e 25/4, 10
Gummibärchen, das, - 30/5, 67
Gummibaum, der, "-e 36/9, 142
guttun, tut gut, tat gut, gutgetan
    27/3, 30
Gynäkologie, die, -n 30/1, 65
Haarshampoo, das, -s 28/12, 51
halt 36/9, 142
halten (von + D.), hält, hielt, gehalten
    (Was halten Sie von der Elternzeit?)
    29/9, 60
Handeln, das (Sg.) 32/12, 97
handeln (von + D.) 35/5, 130
Händler, der, - 32/4, 92
handlungsfähig 28/3, 46
Handyrechnung, die, -en 32/4, 92
Hardware, die, -s 35/5, 130
hassen 31/3, 82
Hauptgericht, das, -e 27/9, 34
Hauptjob, der, -s 35, 126
Hauptperson, die, -en 30/10, 70
hauptsächlich 35/1, 127
Hauptverkehrsstraße, die, -n 26/3, 21
Häuschen, das, - 33/7, 107
Hausfrau, die, -en 35/4, 129
Haushaltsgerät, das, -e 33/2, 102
Hausmüll, der (Sg.) 33/4, 104
Hausrat, der (Sg.) 33/4, 104
Hausschuh, der, -e 30/5, 67
Hebamme, die, -n 30/10, 70
Heimatregion, die, -en 28, 49
Heimatstadt, die, "-e 28, 49
Heimweh, das (Sg.) 34/4, 119
heizen 33/1, 100
Heizkosten, die (Pl.) 33/1, 101
hektisch 30/10, 70
her 30/3, 66
herausfinden, findet heraus, fand
    heraus, herausgefunden 32/4, 92
herzeigen 36/9, 142
Herzinfarkt, der, -e 29/3, 56
Herzlichkeit, die (Sg.) 35/5, 130
heutzutage 25/10, 14
hierherkommen, kommt hierher, kam
    hierher, ist hierhergekommen 31/3, 82
Hilfsbereitschaft, die (Sg.) 25/4, 10
hinbringen, bringt hin, brachte hin,
    hingebracht 33/4, 104
hintereinander 36/9, 143
Hit, der, -s 26/6, 24
Hobbysportler, der, - 31/11, 87

höchstens 29/9, 60
Hoffnung, die, -en 28/10, 50
Höhe, die, -n 32/5, 93
Homeoffice, das, -s 35/1, 127
Homeoffice-Arbeitsplatz, der, "-e
    35/2, 128
Hotelbranche, die, -n 26/4, 22
Hotelrestaurant, das, -s 26/3, 21
Hundefutter, das, - 28/12, 51
hungrig 27/1, 28
Hurrikan, der, -e/-s 28/4, 46
Ich-Aussage, die, -n 29/7, 58
illustrieren 34/6, 120
Imbissbude, die, -n 27/8, 34
impfen (gegen + A.) 30, 72
Impfpass, der, "-e 30/4, 66
indirekt 25/8, 13
Industrie, die, -n 28/3, 46
Infinitivgruppe, die, -n 27/4, 31
Inflation, die, -en 28/6, 47
industriell *,* (die industrielle Revolution)
    33/6, 106
Info, die, -s 33/6, 106
Informationsgespräch, das, -e 25/9, 13
Informationsmappe, die, -n 36, 141
Infrastruktur, die, -en 28/3, 46
Innenstadt, die, "-e 28/3, 46
inner- 30/1, 65
innere Medizin, die (Sg.) 30/1, 65
innerhalb 32/4, 92
Insel, die, -n 26/8, 25
inszenieren 36/9, 142
Integrationsbeauftragte, der/die, -n
    34/9, 122
Integrationspreis, der, -e 35/7, 132
Intercityexpress, der (Sg.) (ICE) 34, 125
interessiert 25/10, 14
Interkulturalität, die (Sg.) 34/9, 122
interviewen 34/9, 123
Interviewer, der, - 34/9, 123
Intonation, die (Sg.) 32/11, 96
investieren 25/4, 10
inzwischen 25/4, 10
irgendwann 34/7, 120
IT-Unternehmen, das, - 35/5, 130
Jahrestag, der, -e 28/3, 46
Jahrhundert, das, -e 28, 53
jawohl 36/9, 142
jedenfalls 31/7, 85
jedermann 35/5, 130
jedoch 29/9, 60
Jeep, der, -s 33/2, 102
Journalismus, der (Sg.) 34/9, 122
Jude, der, -n 28, 44
Judo, das (Sg.) 31/2, 81
Jugend, die (Sg.) 25/10, 14
Jüngere, der/die, -n 26/6, 24
Junggeselle, der, -n 35/2, 128
Jüngste, der/die, -n 28/8, 48
Kalbfleisch, das (Sg.) 27/5, 32
Kalorie, die, -n 27/1, 29
Kämpfer, der, - 34/9, 122
kämpferisch 34/9, 122
Kap, das, -s 26/8, 25

kaputtgehen, geht kaputt, ging kaputt,
    ist kaputtgegangen 32/11, 96
Karikatur, die, -en 32/12, 97
Karneval, der (Sg.) 34/2, 117
Kassenbon, der, -s 32/6, 93
käuflich 32/3, 91
kaum 27/1, 29
Kennzeichen, das, - 34/9, 123
Ketchup, der/das, -s 27/5, 32
Kettenspiel, das, -e 30/5, 67
Kieferklinik, die, -en 30/1, 65
Killerphrase, die, -n 29/7, 58
Kilogramm, das, -e (kg) 33/2, 102
kilometerlang *,* 33/6, 106
Kilowatt, das, - 33/2, 103
Kinderarzt, der, "-e 30/7, 68
Kindergärtner, der, - 28/8, 48
Kinderklinik, die, -en 30/1, 65
Kinderkrankheit, die, -en 30/7, 68
Kinderpflege, die (Sg.) 29/10, 61
kinderreich 33/6, 106
Kindertagesstätte, die, -n (Kita) 34, 125
Kindheit, die, -en 33/6, 107
Klang, der, "-e 36/5, 139
Klavier, das, -e 36, 141
Kleidercontainer, der, - 33/4, 104
Kleingarten, der, "- 33/6, 107
Kleingartenanlage, die, -n 33/6, 106
Kleingartenkolonie, die, -n 33/6, 106
Kleingartenverein, der, -e 33/6, 106
Kleingärtner, der, - 33/6, 106
Kleingruppe, die, -n 25, 15
klettern, klettert, kletterte,
    ist geklettert 31/2, 81
Kletterpark, der, -s 35, 126
Klima, das (Sg.) 33/1, 100
Klimaanlage, die, -n 33/2, 103
klimafreundlich 33/1, 101
Klimakatastrophe, die, -n 28/12, 51
klimaschädlich 33/2, 102
Klimaschutz, der (Sg.) 33/2, 103
Klimaschutzorganisation, die, -en
    33/2, 102
Klinik, die, -en 30/7, 68
knapp 28/3, 46
Kohl, der, -e 33/2, 102
Kolonie, die, -n 33/6, 106
komisch 30/10, 71
kompliziert 35/5, 130
Kompromiss, der, -e 25/4, 10
kompostierbar 33/4, 104
Konjunktion, die, -en 29/4, 57
Konkurrenz, die (Sg.) 34/8, 121
konsequent 33/2, 102
konsumieren 32/3, 91
Konsumverhalten, das, - 27/5, 32
Kontext, der, -e 36/7, 141
Konzentrationslager, das, - 28, 44
Kopfhörer, der, - 30/5, 67
Kopfschmerztablette, die, -n 30/3, 66
kostbar 32/12, 97
kostengünstig 33/5, 105
Kraft (1), die, "-e (Der Fitnesstrainer hat viel
    Kraft in den Armen.) 26/6, 24

Kraft (2), die (Sg.) (Der neue Vertrag ist gestern in Kraft getreten.) 28/3, 46
krankmelden (sich) 30, 72
Krankengymnast, der, -en 30/7, 68
Krankenhauspersonal, das (Sg.) 30/1, 64
Kredit, der, -e 32/11, 96
Kreislauf, der, "-e 30/10, 70
Kreislaufprobleme, die (Pl.) 30, 72
kriegen 36/9, 142
kritisieren 26/3, 21
Krise, die, -n 28/8, 48
Kritiker, der, - 33/5, 105
kritisch 33/2, 102
Kulturbeutel, der, - 30/5, 67
kulturell 33/6, 106
Kulturschock, der, -s 35/5, 130
Kundenname, der, -n 32/9, 95
Kundennummer, die, -n 32/9, 95
kündigen 32/4, 92
Kündigung, die, -en 32/4, 92
Kündigungsbrief, der, -e 32/4, 92
Kundschaft, die, -en 26/3, 21
Kunst, die, "-e 25/10, 14
Kürbis, der, -se 33/2, 102
Kursangebot, das, -e 25/10, 15
Kursbeginn, der (Sg.) 25/9, 13
kursieren 32/11, 96
kursiv 26/2, 21
Kursteilnehmer, der, - 36/3, 138
kurzfristig 32/12, 97
kürzlich 33/2, 102
Kurzreportage, die, -n 35/9, 133
Lachen, das (Sg.) 34/5, 119
Lack, der, -e 33/4, 104
laden, lädt, lud, geladen (Bernd lädt das Fahrrad ins Auto.) 31/10, 86
lallen 36/3, 138
landen (Alles, was nicht mehr gebraucht wird, landet im Müll.) 33/4, 104
Landkarte, die, -n 32/12, 97
Landschaft, die, -en 26/6, 23
Landwirtschaft, die, -en 28, 44
langfristig 33/2, 102
langlaufen, laufe lang, lief lang, ist langgelaufen 31/2, 81
längst 35/7, 132
Laube, die, -n 33/6, 106
lebendig 25/4, 10
Lebensaufgabe, die, -n 34/9, 122
Lebensgefahr, die, -en 30/1, 64
Lebensgewohnheit, die, -en 27/5, 32
Lebensglück, das (Sg.) 32/12, 97
Lebensqualität, die (Sg.) 33/6, 106
Lebensraum, der, "-e 33/6, 106
Lebensversicherung, die, -en 32/4, 92
Lebensweise, die, -n 25/10, 14
Lebenszufriedenheit, die (Sg.) 32/12, 97
lecker 27/5, 32
leer 27/2, 29
Lehrbuch, das, "-er 35/5, 130
lehren 36, 144
leid sein (Ich bin es leid.) 36/9, 143
Leihenkel, der, - 25/6, 11
Leihoma, die, -s 25/6, 11

leisten (sich) (Es macht Spaß, sich ab und zu etwas zu leisten.) 32/12, 97
Leistungssport, der (Sg.) 31/3, 82
lenken 32/11, 96
Lernangebot, das, -e 36, 141
Lernbiografie, die, -n 36/2, 137
Lerngeschichte, die, -n 36/1, 136
Lernmethode, die, -n 36/3, 138
Lernmotivation, die (Sg.) 36/3, 138
Lerntipp, der, -s 36/4, 139
Leselampe, die, -n 36/9, 142
liebenswürdig 29/4, 57
Liebenswürdigkeit, die, -en 29/3, 56
Lieblingsessen, das, - 27/5, 32
Lieblingsstadt, die, "-e 26, 25
Lieblingswurst, die, "-e 27/5, 32
Lieblingszeile, die, -n 34/6, 120
Liedtext, der, -e 32/3, 91
Liedzeile, die, -n 32/3, 91
Limonade, die, -n 27/3, 30
loben 26/7, 25
lohnen (sich) (Ein jährlicher Check der Haushaltsgeräte lohnt sich.) 33/2, 102
Lokal, das, -e 27/8, 34
lokal *,* 27/9, 34
loskommen, kommt los, kam los, ist losgekommen 35/4, 129
Lösungsmöglichkeit, die, -en 30/6, 67
Löwe, der, -n 26/2, 21
Lücke, die, -n 27/9, 34
lüften 33/1, 101
Luftverschmutzung, die (Sg.) 35/5, 130
lustig 29/5, 57
mächtig 32/3, 91
Macke, die, -n 29/3, 56
Macken-Hitparade, die, -n 29/5, 57
Magen, der, "- 27/2, 29
malen 25/10, 14
Manager, der, - 31/6, 84
Mangel, der, "- 32/4, 92
Mangelware, die (meist Sg.) 35/5, 130
Männerberuf, der, -e 35/1, 127
märchenhaft 26/6, 24
Massentourismus, der (Sg.) 33/6, 106
Masseur, der, -e 31/7, 85
Materialkosten, die (Pl.) 25/9, 13
materiell 32/12, 97
Mauerfall, der (Sg.) 28/3, 46
maximal 25/9, 13
Mayonnaise, die, -n 27/5, 32
mechanisch 33/6, 106
Medikamentenliste, die, -n 30/5, 67
Mehrbettzimmer, das, - 30/6, 67
Mehrgenerationenhaus, das, "-er 25/4, 10
mehrmals 33/1, 101
meinetwegen 36/9, 142
meist 33/6, 106
Meisterbrief, der, -e 28, 52
Meldung, die, -en 30/2, 65
messen, misst, maß, gemessen 30/7, 68
Metallverarbeitung, die, -en 35/1, 127
meterhoch *,* 26/6, 24
Metzger, der, - 27/5, 32

Migrantenangelegenheiten, die (Pl.) 34/9, 122
Migration, die (Sg.) 34/9, 123
Migrationshintergrund, der, "-e 35, 126
mild 27/1, 29
mischen 30/9, 69
Mischung, die, -en 34/9, 123
Missverständnis, das, -se 29/7, 58
mitdrehen (sich) (Wir drehen uns mit der Welt mit.) 32/11, 96
Miteinanderreden, das (Sg.) 29/7, 58
Mitgliedsstaat, der, -en 28/9, 49
mithilfe (+ G.) 35/1, 127
mitplanen 25/4, 10
Mitspieler, der, - 31/11, 89
Modell, das, -e 35/4, 129
Moderator, der, Moderatoren 28/12, 51
möglichst 28/1, 45
Monarchie, die, -n 28/4, 46
Monster, das, - 28/9, 49
montieren 33/1, 100
Moped, das, -s 28/1, 45
motorisiert 33/6, 106
Mühe, die, -n 36/3, 138
Müllabfuhr, die, -en 33/4, 104
Müllberg, der, -e 33/4, 104
Müllentsorgung, die (Sg.) 33/4, 104
Mülltonne, die, -n 33/4, 104
Müllverbrennungsanlage, die, -n 33/4, 104
Mundklinik, die, -en 30/1, 65
munter 30/10, 71
Musiker, der, - 34/8, 121
Musikinstrument, das, -e 35/9, 133
Muss, das (Sg.) 26/6, 24
Mutterschutz, der (Sg.) 29/11, 61
Mutterschutzfrist, die, -en 29/9, 60
Muttersprache, die, -n 36/5, 139
Mutter-Tochter-Verhältnis, das, -se 34/9, 122
Nachbarschaft, die, -en 25/4, 10
nachdem 28/1, 45
nachdenklich 28/12, 51
Nachspeise, die, -n 27/5, 32
Nachtschwester, die, -n 30/9, 69
nach wie vor 34/9, 122
nachgehen, geht nach, ging nach, ist nachgegangen (Immer mehr Menschen gehen nicht nur einer Arbeit nach.) 35, 126
Nachhinein (Sg.) (Im Nachhinein war es eine tolle Erfahrung.) 35/5, 130
nachkommen, kommt nach, kam nach, ist nachgekommen 33/2, 102
Naherholung, die (Sg.) 33/6, 106
Nahrungsmittel, das, - 27/3, 30
Narkose, die, -n 30/1, 64
naslang *,* (Alle nas(e)lang kommst du zu mir und willst etwas.) 36/9, 142
Naturerfahrung, die, -en 26/6, 24
Naturerlebnis, das, -se 26/6, 24
Naturfreund, der, -e 31/11, 87

Naturliebhaber, der, - 26/6, 24
n-Deklination, die, -en 26/2, 21
nebenbei 25/10, 14
nebensächlich 32/3, 91
Negative, das (Sg.) 28/10, 50
nerven 29/4, 57
nervig 29/3, 56
nervös 29/1, 54
Netbook, das, -s 30/5, 67
Nettoeinkommen, das, - 29/9, 60
Nettogehalt, das, "-er 29/9, 60
neulich 32/4, 92
neutral 32/8, 94
nicht nur ... sondern auch 29/2, 55
Nichtverstehen, das (Sg.) 26/5, 23
niedergeschlagen 29/3, 56
Niederlage, die, -n 28/12, 51
noch 29/4, 57
noch mal 36/9, 143
normalerweise 32/1, 90
Notarzt, der, "-e 30/1, 64
Notaufnahme, die, -n 30/1, 64
Notfall, der, "-e 30/2, 65
Notfallambulanz, die, -en 30/1, 65
nötig 35/8, 133
Notizzettel, der, - 30/4, 66
Notruf, der, -e 30/2, 65
notwendig 26/4, 22
nun mal 31/10, 86
nur noch 30/7, 68
Nuss, die, "-e 27/3, 30
Nutzen, der (Sg.) 35/9, 133
nützlich 32/3, 91
nutzlos 32/12, 97
ob 25/8, 13
Ober, der, - 27/9, 35
obwohl 27/7, 33
ohnmächtig 30/10, 70
Ohrstöpsel, der, - 30/9, 69
okay 27/10, 35
Ökobewegung, die, -en 28, 44
Ökologie, die (Sg.) (Öko) 34, 125
ökologisch 25/4, 10
Ökonom, der, -en 32/12, 97
Ökonomie, die (Sg.) 32/12, 97
Oper, die, -n 34/8, 121
organisch 33/4, 104
Operation, die, -en 30/1, 64
operieren 30/3, 66
Orientierungskurs, der, -e 36/6, 140
Originalverpackung, die, -en 32/9, 95
Orthopädie, die, -n 30/1, 65
Ostseestrand, der, "-e 26, 26
Paar, das, -e 25/4, 10
Paketporto, das, -s 32/9, 95
Panne, die, -n 28/1, 45
Papierflugzeug, das, -e 31/11, 87
Paradies, das, -e 33/6, 106
Paralympics, die (Pl.) 31/3, 82
Parkplatznutzung, die, -en 25/4, 10
Partnerregion, die, -en 28, 49
Partnerschaft, die, -en 25/2, 9
Partnerstadt, die, "-e 28, 49
Partyservice, der, -s 35/7, 132

Patienteninformation, die, -en 30/1, 64
per 26/4, 22
Periode, die, -n 28/9, 49
Personal, das (Sg.) 26/2, 21
Personalausweis, der, -e 30/4, 66
Personalchef, der, -s 32/6, 93
Personalleiter, der, - 25/9, 13
Personenauto, das, -s 31/10, 86
pflanzen 33/6, 106
pflanzlich *,* 33/2, 102
Pflaster, das, - 31/11, 87
pflegebedürftig 35/9, 133
Pflegebett, das, -en 30/1, 64
Pflicht, die, -en 32/11, 96
Phrase, die, -n 29/7, 58
picknicken 31/3, 82
Physiotherapeut, der, -en 30/7, 68
Pinguin, der, -e 36/9, 143
Pizzeria, die, Pizzerien 28/2, 45
Plastiktüte, die, -n 31/11, 87
Plastikverpackung, die, -en 33/4, 104
Plusquamperfekt, das (Sg.) 28/7, 47
polieren 36/9, 142
Pommes, das, - 27/5, 32
Portier, der, -s 26/1, 18
Porträt, das, -s 28/8, 48
Porzellan, das (Sg.) 32/11, 96
positiv 28/10, 50
Positive, das (Sg.) 28/10, 50
Post, die (Sg.) 26/4, 22
prägen 34/9, 122
Praktikumsplatz, der, "-e 35/6, 131
Präsentation, die, -en 25, 13
privatisieren 28/3, 46
Privatleben, das (Sg.) 34/9, 123
pro 28/11, 50
Probezeit, die (Sg.) 35/2, 128
problematisch 30/8, 68
Produkt, das, -e 33/2, 102
Produktion, die, -en 33/2, 102
Produzent, der, -en 33/5, 105
produzieren 33/1, 101
Professor, der, -en (Prof.) 35/4, 129
Profi, der, -s 26/4, 22
Profisportler, der, - 31/11, 87
profitieren 25, 13
programmieren 25/10, 14
prost 27/10, 35
protestieren 28, 44
provoziert 29/7, 58
Psychologe, der, -n 29/7, 58
Pudding, der, -s/-e 30/10, 71
Putsch, der, -e 28/4, 46
Pyramide, die, -n 27/3, 30
Qualifikation, die, -en 25/6, 11
Quark, der (Sg.) 27/3, 30
Quatsch, der (Sg.) 29/3, 56
Quecksilber, das (Sg.) 33/4, 104
Rad, das, "-er 31/8, 85
Radfahrer, der, - 31/10, 86
Radiointerview, das, -s 34/9, 123
Radiologie, die, -n 30/1, 65
Rahmen, der, - 35/7, 132
Rangliste, die, -n 30/5, 67

rasen, rast, raste, ist gerast 30/10, 70
Rasierer, der, - 30/5, 67
Rasierwasser, das, - 30/5, 67
Rassismus, der (Sg.) 34/9, 122
raten (zu + D.), rät, riet, geraten
    (Er rät ihm zu einer Therapie.) 29/7, 58
Raumtemperatur, die, -en 33/1, 101
rausgehen, geht raus, ging raus,
    ist rausgegangen 36/9, 143
rauskriegen (Der Sohn kriegt die
    Rechenaufgabe nicht raus.) 36/9, 142
rausmüssen, muss raus, musste raus,
    rausmüssen/rausgemusst 36/9, 143
Realität, die, -en 34/8, 121
Rechenaufgabe, die, -n 36/9, 142
recherchieren 26, 25
Rechnungsdatum, das,
    Rechnungsdaten 32/9, 95
Rechnungsnummer, die, -n 32/9, 95
recht (Ich weiß nicht so recht.) 34/3, 118
Recorder, der, - 32/4, 92
recyclebar 33/4, 104
Redemittel, das, - 26/5, 23
Regionalgeschichte, die (Sg.) 28, 49
Reichtum, der, "-er 32/12, 97
Reihe, die, -n 26/6, 23
Reinigung, die, -en 26/1, 18
Reiseangebot, das, -e 26/6, 24
Reiseland, das, "-er 26/8, 25
reiten, reitet, ritt, ist geritten 31/2, 81
Reklamation, die, -en 32/4, 92
Rennschule, die, -n 31/6, 84
Restaurantfachmann, der, "-er 26/5, 23
Restaurator, der, -en 35/5, 130
Rettungsassistent, der, -en 30/1, 64
Rettungsdienst, der, -e 30/2, 65
Rezeptionist, der, -en 26/1, 18
riesig 30/10, 71
Rinderschlachthalle, die, -n 35/7, 132
Risiko, das, Risiken 35/8, 133
roh 30/10, 71
Rohstoff, der, -e 33/5, 105
Rolle, die, -n 29/7, 58
Rollenvorgabe, die, -n 30/6, 67
Rollstuhl, der, "-e 30/10, 71
Rösterei, die, -en 35, 126
Rote Bete, die (Sg.) 27/10, 35
Rotwein, der, -e 27/5, 32
Routineuntersuchung, die, -en
    30/4, 66
Rückgabe, die, -n 32/4, 92
rückgängig 32/4, 92
rudern, rudert, ruderte, ist
    gerudert 31/2, 81
rumtrödeln 36/9, 143
Rundfunkanstalt, die, -en 34, 125
runterdrehen 33/1, 101
Sack, der, "-e 33/4, 104
Saison, die, -s 27/9, 34
Salatplatte, die, -n 27, 36
Sammelstelle, die, -n 33/4, 104
Sandwich, das/der, -s 27/5, 32
sanft 26/6, 24
sanieren 28/3, 46

teilnehmen (an + D.), nimmt teil, nahm
teil, teilgenommen 31/3, 82
Teilnehmer, der, - 25, 16
Teilzeit, die (Sg.) 26/5, 23
teilweise 35/4, 129
Telefonanbieter, der, - 32/4, 92
Telefonanlage, die, -n 29/2, 55
Telefongesellschaft, die, -en 32/4, 92
Telefonrechnung, die, -en 32/4, 92
Tellerrand, der, "-er 35/5, 130
Temperatur, die, -en 26/8, 25
temporal 36/6, 140
Tendenz, die, -en 31/10, 86
Tennis, das (Sg.) 31/2, 81
Tennisspieler, der, - 31/7, 85
tief 26/6, 24
Tier, das, -e 26/6, 24
tierisch *,* 33/2, 102
tolerant 28/12, 51
total *,* 33/2, 103
Tour, die, -en 26/6, 24
Tourismusmanagement, das, -s 26/4, 22
traditionell 27/5, 32
Trainer, der, - 31/6, 84
Transport, der, -e 33/2, 102
Transportweg, der, -e 33/1, 101
traumhaft 26/6, 24
Treffen, das, - 25/5, 11
treiben, treibt, trieb, getrieben (Günther
treibt regelmäßig Sport.) 26/6, 24
treten, tritt, trat, ist getreten (Der Vertrag
trat 2009 in Kraft.) 28/3, 46
Trikot, das, -s 31/2, 81
Trinkgeld, das, -er 27/9, 35
trotz (+ G.) 32/4, 92
trotzdem 25/4, 10
Tumorerkrankung, die, -en 30/7, 68
Türkeiurlaub, der, -e 34/9, 122
Turnlehrer, der, - 31/3, 82
Turnschuh, der, -e 30/10, 71
Übergewicht, das (Sg.) 27/1, 29
Überprüfung, die, -en 32/4, 92
Überschwemmung, die, -en 28/4, 46
um (...herum) 25/4, 10
um (Viele nutzen das Rad, um zur Arbeit zu
kommen.) 31/10, 86
um zu 27/2, 29
Umgebung, die, -en 31/6, 84
umstellen 35/6, 131
umstrukturieren 28/3, 46
Umtausch, der (Sg.) 32/5, 93
umtauschen 32/6, 93
Umweltaktivist, der, -en 33/5, 105
umweltfreundlich 33/1, 101
umweltgerecht 33/5, 105
umweltschädlich 33/2, 102
Umweltschutz, der (Sg.) 33/2, 102
Umwelttechnik, die (Sg.) 35/1, 127
Umweltverschmutzung, die, -en 28, 44
unbedingt 26/4, 22
und so weiter (usw.) 35, 135
Unfallstation, die, -en 30/1, 64
Unfreundlichkeit, die, -en 32/8, 94
ungestört 35/6, 131

unglaublich 30/7, 68
Unglück, das, -e 30/1, 64
unglücklich 32/12, 97
unmodern 33/4, 104
unnötig 33/2, 103
unqualifiziert 36/9, 143
unpünktlich 29/3, 56
Unpünktlichkeit, die (Sg.) 29/4, 57
unsicher 36/3, 138
unter anderem (u. a.) 35, 135
untereinander 29/9, 60
Untergrundbahn, die, -en (U-Bahn)
34, 125
unternehmen, unternimmt,
unternahm, unternommen 31/5, 83
Unternehmen, das, - 35/1, 127
Unternehmertyp, der, -en 35/8, 163
unterschätzen 32/12, 97
unterstreichen, unterstreicht,
unterstrich, unterstrichen 27/7, 33
Untersuchung, die, -en 30/1, 64
Ursache, die, -n 27/1, 29
Ururgroßvater, der, "- 28/8, 48
Vanille, die (Sg.) 34/9, 122
vegetarisch *,* 27/9, 34
Verabschiedung, die, -en 25/9, 13
Verbesserung, die, -en 33/6, 106
verbrauchen 33/2, 102
Verbraucher, der, - 32/4, 92
Verbraucherberatung, die, -en
32/4, 92
Verbraucherzentrale, die, -n 32/4, 92
verbringen, verbringt, verbrachte,
verbracht 26/6, 24
verdammt 36/9, 143
Verdienst, der, -e 35/7, 132
vereinen 28/7, 47
vergehen, vergeht, verging,
ist vergangen 36/6, 140
Vergesslichkeit, die (Sg.) 29/4, 57
Vergleich, der, -e 32/12, 97
Verhältnis, das, -se 25, 13
verhunzen 36/9, 143
Verkehrssystem, das, -e 31/10, 86
verkleinern 33/4, 104
Verlag, der, -e 32/4, 92
verlassen (sich) (auf + A.), verlässt,
verließ, verlassen 29/1, 54
verletzen (sich) 30/2, 65
verletzt 30/1, 64
Verletzte, der/die, -n 30/2, 65
Verletzung, die, -en 30/2, 65
verlieben (sich) (in + A.) 29/1, 54
verlieren, verliert, verlor, verloren
28, 44
vermissen 34/3, 118
Vermittlungsservice, der, -s 35/9, 133
vermutlich 29/7, 58
vernetzen 35/4, 129
vernünftig 33/2, 102
Verordnung, die, -en 28/9, 49
Verpackung, die, -en 33/4, 104
verringern 33/4, 104
verrückt 29/3, 56

versaufen, versäuft, versoff,
versoffen 32/3, 91
verschicken 32/12, 97
Versicherung, die, -en 35/8, 133
Verstand, der (Sg.) 29/1, 54
Verständigung, die (Sg.) 35/5, 130
verständlich 36/3, 138
Verständnis, das (Sg.) 25/10, 15
versteckt 26/6, 24
versuchen 27/4, 31
Vertrauen, das (Sg.) 25/6, 11
Vertraute, der/die, -n 34/9, 122
verursachen 33/2, 102
Verwaltung, die, -en 26/2, 21
verwechseln 32/12, 97
verwelken 34/5, 119
verwenden 29/7, 58
verwirklichen 36/8, 141
Verzeihung, die (Sg.) 26/3, 21
verzichten (auf + A.) 30/6, 67
vielmehr 34/3, 118
vierzehntägig *,* 33/4, 104
Vier-Zimmer-Wohnung, die, -en
33/6, 106
Visite, die, -n 30/1, 65
Vitamin, das, -e 27/1, 29
Vokabel, die, -n 36/4, 139
Volksschule, die, -n 31/6, 84
vollkommen 26/6, 24
Vollkornbrot, das, -e 27/3, 30
Vollkornnudel, die, -n 27/3, 30
Vollzeit, die (Sg.) 26/4, 22
Vollzeitkraft, die, "-e 26/5, 23
von ... aus (Viele Deutsche möchten von zu
Hause aus nicht arbeiten.) 35/4, 129
vorangehen, geht voran, ging voran,
ist vorangegangen 28/3, 46
vorbei 27/5, 32
vorbeifliegen, fliegt vorbei, flog vorbei,
ist vorbeigeflogen 32/11, 96
vorbeischauen 30/7, 68
vorbeiziehen, zieht vorbei, zog vorbei,
ist vorbeigezogen 26/6, 24
Vorbild, das, -er 34/9, 123
vorgehen, geht vor, ging vor,
ist vorgegangen (Wie sollen wir bei
diesem Projekt vorgehen?) 35/8, 133
Vormonat, der, -e 32/4, 92
vornehmen (sich), nimmt vor,
nahm vor, vorgenommen
(Ich hatte mir vorgenommen, Fußballer zu
werden.) 31/7, 85
vorrechnen 33/2, 102
vorspielen 31/2, 81
vorstellen (sich) (Stellen Sie sich eine
Blumenwiese vor.) 25/4, 10
vortragen, trägt vor, trug vor,
vorgetragen 32/11, 96
vorwerfen, wirft vor, warf vor,
vorgeworfen 33/2, 103
Vorwurf, der, "-e 29/7, 58
wachsen, wächst, wuchs, ist
gewachsen 28/6, 47
Wahnsinn, der (Sg.) 36/9, 143

Quellenverzeichnis

Fotos, die im Folgenden nicht aufgeführt sind: Vanessa Daly
Karte auf der vorderen Umschlagsinnenseite: Polyglott-Verlag München

S. 8	Foto B: Theo Scherling
S. 9	Zeichnung: Marco Diewald; Foto D: Archiv Bild & Ton; Foto E: Manuela Hasler
S. 10	iStockphoto
S. 11	links: iStockphoto; Mitte: Logo des Kinderbüros der Stadt Karlsruhe mit freundlicher Genehmigung des Kinderbüros; rechts: Fotolia.com; unten: Anne Köker
S. 12	AWO Bundesverband e.V.
S. 13	shutterstock.com
S. 14	Fotos und Logo: Homepage des Friedrich-Ebert-Gymnasiums Bonn, Projektleiterin Dr. Iris Grote
S. 15	Corbis
S. 19	Foto H: Annalisa Scarpa-Diewald
S. 22	Foto 1: Lutz Rohrmann; Foto 2: Sergey Smolyaninov – Fotolia.com; Foto 3 und 4: Fotolia.com; Foto 5: Alistair Cotton – Fotolia.com
S. 23	Lutz Rohrmann
S. 24	Tourist Information Garmisch-Partenkirchen
S. 25	oben: Lutz Rohrmann; unten: Jan Schuler – shutterstock.com
S. 26	Martina Berg – Fotolia.com
S. 28	Foto B: Zsolt Nyulaszi – iStockphoto
S. 29	Foto C: Fotolia.com; Foto D: Eric Hood – iStockphoto; Foto E: shutterstock.com
S. 30	Annalisa Scarpa-Diewald
S. 32	Foto 1 und Foto 3 links: pixelio.de; Foto 2: Fotolia.com; Foto 3 rechts: Albert Ringer
S. 33	oben: Sandra Henkel – Fotolia.com; Mitte: Fotolia.com; unten: Yuri Arcurs – Fotolia.com
S. 38	Nikola Lainović
S. 39	Foto 6: Christiane Lemcke; Foto 8: Sandra Henkel – Fotolia.com; Foto 10: Corbis; Foto 11: Annalisa Scarpa-Diewald
S. 40	www.arttec-grafik.de
S. 41	© Eith-Verlag, St. Goarshausen
S. 43	oben: Studentenwerk Mannheim; unten: Hilla Südhaus, aid
S. 44	Foto A: Daimler AG; Foto B: Ullstein Bild; Foto C: dpa / picture-alliance
S. 45	Foto D: Ullstein Bild; Foto E: dpa
S. 46	Karte Grenze BRD-DDR: BUND Projektbüro; links unten: Fotolia.com; Mitte: Fotolia.com; rechts oben und unten: Ullstein Bild
S. 47	© Deutsches Museum
S. 48	links: Christian Weibell – iStockphoto; Mitte links: Fotolia.com; Mitte rechts: Pedro Monteiro – Fotolia.com; rechts: Fotolia.com; unten: Philip Devlin
S. 49	Foto A: Grischa Georgiew – Fotolia.com; Foto B: Fotolia.com; Foto C: Thaut Images – Fotolia.com; Foto D: Annerose Bergmann; unten: Creative Commons by High Contrast
S. 50	oben links: Ashwin – Fotolia.com; oben Mitte: Cosmin-Ovidiu Munteanu – Fotolia.com; oben rechts: shutterstock.com; unten: Annalisa Scarpa-Diewald
S. 52	oben: Martina Topf – Fotolia.com; unten: Tanja Bagusat – Fotolia.com
S. 53	Fotolia.com
S. 54	Annalisa Scarpa-Diewald
S. 55	Foto C: Ludovic LAN – Fotolia.com; Foto D: Albert Ringer
S. 56	Annalisa Scarpa-Diewald
S. 57	Annalisa Scarpa-Diewald
S. 58	Fotolia.com
S. 59	Galina Barskaya – shutterstock
S. 61	Günter Menzl – Fotolia.com
S. 64	Foto A: Das Fotoarchiv; Foto C: Maria P. – Fotolia.com
S. 65	Foto D: Monkey Business – Fotolia.com; Foto F: Gina Sanders – Fotolia.com; Foto G: Fotolia.com
S. 66	bilderbox – Fotolia.com
S. 68	oben links: Walter Luger – Fotolia.com; oben rechts: Andres Rodriguez – Fotolia.com; unten: Ragne Kabanova – Fotolia.com
S. 69	Annalisa Scarpa-Diewald
S. 72	Fotolia.com
S. 76	Foto 1: BUND Projektbüro; Foto 2: ddp images GmbH; Foto 3: akg-images
S. 77	Foto 4: Klaus Leidorf; Foto 5: dpa; Foto 6: Xaver Klaußner – Fotolia.com
S. 78	Thomas Aumann – Fotolia.com
S. 79	links oben: pixelio.de; links unten: JayDee – Fotolia.com; rechts: Michael Kügler – Fotolia.com
S. 80	A Rainer Sturm – pixelio.de; B Paul Rusch; C Annalisa Scarpa-Diewald
S. 81	D Artmann Witte – Fotolia.com; E Patrizia Tilly – Fotolia.com; F Andrejs Pidjass – Fotolia.com
S. 82	A shutterstock.com; B Esther Hildebrandt – Fotolia.com; C mit freundlicher Genehmigung des Deutschen Rollstuhl-Sportverbands e.V., Duisburg; D Bernd Leitner – Fotolia.com
S. 84	Paul Rusch; Karte: Polyglott-Verlag
S. 86	Angela Kilimann
S. 90	A corbis; B Lutz Rohrmann; C shutterstock.com; D Lutz Rohrmann
S. 91	E Ullstein Bild; F Tyler Olson – shutterstock.com; unten: Annalisa Scarpa-Diewald; Liedtext „Geld ist schön": Sebastian Krumbiegel © 1995 Moderato Musik-produktion GmbH / George Glueck Musik GmbH / BMG GmbH
S. 92	1 pixelio.de; 2 Rainer Sturm – pixelio.de; 3 Ursula Bleisinger – pixelio.de
S. 94	oben: Nikola Bilic – Fotolia.com; unten: Benjamin Thorn – Fotolia.com
S. 96	Erich Kästner: Die Zeit fährt Auto. aus: „Herz auf Taille" © Atrium Verlag Zürich und Thomas Kästner
S. 100	A DB AG – Bernhard Huber; B Lutz Kilimann
S. 101	D Chris Rogers – iStockphoto; E Christiane Lemcke; F Daniel Schoenen – Fotolia.com; G Fotolia.com; Tim: Konstantin Gastmann – pixelio.de; Ana: Claudia Nippgen – pixelio.de
S. 102	A Gina Sanders – Fotolia.com; B Klaus-Peter Adler – Fotolia.com; C Elenathewise – Fotolia.com
S. 104	links: Thommy Weiss – pixelio.de; rechts: Archiv Bild & Ton
S. 105	Dose: Rick Sargeant – Fotolia.com; Wurst, Pralinen, Tüte: Fotolia.com; Glas: L. Shat – Fotolia.com
S. 106	Manfred Wegener
S. 107	oben: Christiane Lemcke; unten von links nach rechts: Pires Pereira – iStockphoto; Annalisa Scarpa-Diewald; Quartierhof Weinegg
S. 110	Lutz Rohrmann
S. 111	5 Lutz Rohrmann; 9 Annalisa Scarpa-Diewald
S. 112	oben rechts: Fotolia.com; Rest: pixelio.de; unten: Annalisa Scarpa-Diewald
S. 113	pixelio.de; unten: Annalisa Scarpa-Diewald
S. 114	links oben: mit freundlicher Genehmigung des Tourismusverbandes Rosengarten Latemar.com, Birchabruck, Italien; oben rechts: shutterstock.com; unten: Rudi Ratlos – pixelio.de
S. 116	A Fotolia.com; B Christiane Lemcke; C Lutz Rohrmann
S. 117	D Emilie Isaac – Fotolia.com; E Yvonne Bogdanski – Fotolia.com; F Lutz Rohrmann; G Getty Images
S. 118	1 Yellow Crest – Fotolia.com; 2 Daniel Ernst – Fotolia.com; 3 Christian Jung – Fotolia.com; 4 Fotolia.com; unten: Annalisa Scarpa-Diewald
S. 119	Gedicht mit freundlicher Genehmigung von Zeynel Sahin
S. 120	Nikola Lainović

S. 122   oben: Mike Wolff – Tagesspiegel; unten: mit freundlicher Genehmigung von Gabriele Gün Tank; Text: Interview taz 5. 1. 2008 von Johannes Gernert
S. 123   oben: WDR Funkhaus Europa; unten: Annalisa Scarpa-Diewald
S. 124   links: Annalisa Scarpa-Diewald; rechts oben: Lutz Rohrmann; rechts unten: Contrastwerkstatt – Fotolia.com
S. 126   A Susan Kaufmann; B Sven Lambert
S. 127   C Kzenon – Fotolia.com; D Mauritius; E shutterstock.com
S. 128   links: Michael Kempf – Fotolia.com; rechts: Albert Schleich – Fotolia.com
S. 130   Muriel Lasure – shutterstock.com
S. 132   Unternehmer ohne Grenzen
S. 136   A Andrea Fiore – Fotolia.com; B Doc RaBe – Fotolia.com; C Otisthewolf – Fotolia.com; D Edith Ochs – Fotolia.com
S. 137   E Lisa Lucia – Fotolia.com; F Jürgen Holzenleuchter – laif; G Christophe Schmid – Fotolia.com; H A. Buck
S. 138   links: Franz Pfluegl – Fotolia.com; rechts: Lutz Rohrmann
S. 140   oben: Lutz Rohrmann; unten: Annalisa Scarpa-Diewald
S. 141   Lutz Rohrmann
S. 142   aus Otto Waalkes: Otto – das zweite Buch, 1984, S. 7/8, mit freundlicher Genehmigung der Rüssl Musikverlag GmbH, Hamburg
S. 146   A Susan Kaufmann; B Theo Scherling; C Lutz Rohrmann; unten: Annalisa Scarpa-Diewald
S. 147   oben: Vanessa Daly; Rest und Zeichnung: Annalisa Scarpa-Diewald
S. 148   Polyglott Verlag
S. 152   Foto Familienfeier: Lutz Rohrmann; Foto Mädchen: Archiv Bild & Ton; Foto Frühling: Lutz Rohrmann
S. 153   Fotolia.com
S. 154   oben: Anne Köker; unten: Anne Clark – iStockphoto; Text: „Lebensabend: Familie oder Altenheim?" nach Jutta Brinkmann und Ulrike Michels, Köln
S. 155   Chris Schmidt – iStockphoto; Text: „Wohnen im Alter 2" von Jutta Brinkmann und Ulrike Michels, Köln
S. 157   oben links: iStockphoto; oben rechts: Fotolia.com; unten: Homepage des Friedrich-Ebert-Gymnasiums Bonn, Projektleiterin Dr. Iris Grote
S. 158   Mauritius Images
S. 161   James Steidl – Fotolia.com
S. 163   oben: Mauritius Images; unten: wikimedia public domain
S. 164   links: Stanislav Fadyukhin – iStockphoto; Mitte: Peeter Viisimaa – iStockphoto; rechts: Deanna Bean – iStockphoto
S. 172   Text 1: mit freundlicher Genehmigung von Marvellino's AG Guides & Services, Düsseldorf; Text 2: mit freundlicher Genehmigung der Abendzeitung München; Text 3 und Foto: mit freundlicher Genehmigung der Edition XXL GmbH, Reichelsheim-Beerfurth; Text 4: Arbeitsgemeinschaft Ernährungsverhalten e. V. Freising
S. 173   Pavel Losevsky – Fotolia.com
S. 174   oben: Ullstein Bild; unten: Associated Press
S. 175   oben: Fotolia.com; Beethoven: Süddeutsche Zeitung Photo; Einstein: Lutz Rohrmann; Heidi: Heidi nach Johanna Spyri, illustriert von Maja Duskov 2009, Nord Süd Verlag AG, CH-8005 Zürich
S. 176   oben: Dmitry Maslov – iStockphoto; unten: Maria Buchfelder
S. 177   Grischa Georgiew – Fotolia.com
S. 178   Umschläge und Blechschachtel: Annerose Bergmann; Foto A, B, D: Archiv Bild & Ton; Foto C: Lutz Rohrmann
S. 179   Archiv Bild & Ton
S. 180   Lutz Rohrmann
S. 181   Annalisa Scarpa-Diewald
S. 184   Fotolia.com
S. 185   Günter Menzl – Fotolia.com
S. 188   Fotolia.com
S. 189   wikimedia creative commons by Ernstl
S. 190   links: dpa / picture-alliance; rechts: Anatoly Tiplyashin – Fotolia.com
S. 192   links: Fotolia.com; Text und Foto rechts: mit freundlicher Genehmigung des Städtischen Krankenhauses Kiel
S. 193   Andres Rodriguez – Fotolia.com
S. 194   Annalisa Scarpa-Diewald
S. 196   shutterstock.com
S. 199   oben: Paul Rusch; unten links: shutterstock.com; unten rechts: LKG-Archiv
S. 200   links: Angelika Klauser; Mitte: Joachim Busch; rechts: Tilman Roßmöller – alle Fotos mit freundlicher Genehmigung des Presseamtes Münster
S. 201   A shutterstock.com; B Radin Myroslav – Fotolia.com; C Gitti Moser – pixelio.de
S. 203   Lutz Rohrmann
S. 209   Logo: STATTAUTO München; VW Golf: Volkswagen AG
S. 210   links: Gina Sanders – Fotolia.com; rechts: Tersina Shieh – Fotolia.com
S. 211   Bea Tuerk – Fotolia.com
S. 212   Frank-Peter Funke – Fotolia.com
S. 213   Karin Jähne – pixelio.de
S. 215   oben im Uhrzeigersinn: Walter Luger – Fotolia.com; Bidouze Stéphane – shutterstock.com; Sean Nel – shutterstock.com; Wiktor Bubniak – shutterstock.com; Fotolia.com; unten im Uhrzeigersinn: Andreas Wolf – Fotolia.com; Ásgeirsson – shutterstock.com; Fotolia.com; Maria Lanznaster – pixelio.de
S. 218   von links nach rechts: Fotolia.com; LKG-Archiv; Lisa F. Young – Fotolia.com; shutterstock.com
S. 219   von oben nach unten: Jörg Jahn – Fotolia.com; Robert Kneschke – Fotolia.com; shutterstock.com
S. 220   Text aus der Zeitschrift „Publik", Ver.di, © Barbara Kerneck; Fotos: © Maximilian Lautenschläger, Berlin
S. 221   Nikola Lainović
S. 222   Ahisha – Fotolia.com
S. 224   alle Fotos: Fotolia.com
S. 228   Susan Kaufmann
S. 229   Susan Kaufmann
S. 230   Rainer Sturm – pixelio.de
S. 231   Franz Pfluegl – Fotolia.com
S. 233   Annalisa Scarpa-Diewald
S. 238   a Michael Raab – pixelio.de; d Sebastian Kaulitzki – shutterstock.com
S. 239   e Lothar Segeler – Fotolia.com; h und i Lutz Rohrmann
S. 241   iStockphoto